中山市社会科学界联合会 / 编

中山社会科学论丛

2021

暨南大学出版社
JINAN UNIVERSITY PRESS

中国·广州

图书在版编目（CIP）数据

中山社会科学论丛. 2021/中山市社会科学界联合会编. —广州：暨南大学出版社，2021. 12
ISBN 978 - 7 - 5668 - 3367 - 9

Ⅰ. ①中…　Ⅱ. ①中…　Ⅲ. ①社会科学—文集　Ⅳ. ①C53

中国版本图书馆 CIP 数据核字（2021）第 277165 号

中山社会科学论丛（2021）
ZHONGSHAN SHEHUI KEXUE LUNCONG（2021）
编　者：中山市社会科学界联合会
···

出 版 人：张晋升
责任编辑：冯 琳　詹建林　颜 彦
责任校对：刘舜怡　王燕丽　黄亦秋
责任印制：周一丹　郑玉婷

出版发行：暨南大学出版社（511443）
电　　话：总编室（8620）37332601
　　　　　营销部（8620）37332680　37332681　37332682　37332683
传　　真：(8620) 37332660（办公室）　37332684（营销部）
网　　址：http：//www. jnupress. com
排　　版：广州尚文数码科技有限公司
印　　刷：佛山市浩文彩色印刷有限公司
开　　本：787mm×1092mm　1/16
印　　张：12. 5
字　　数：267 千
版　　次：2021 年 12 月第 1 版
印　　次：2021 年 12 月第 1 次
定　　价：60. 00 元

目　录

■ 学党史、悟思想、办实事、开新局主题征文

马克思主义信仰观视域中的学史增信　张国启　/002

百年大党何以风华正茂　魏传光　/005

听党话　感党恩　跟党走
　　——坚持自主创新　坚守产业报国　张传卫　/009

从党的百年经济史中汲取推动高质量发展的强大动力　邵念荣　/011

情怀·品格·使命：理解红色家风的三重维度
　　——以革命先驱杨殷的家风为例　杨海亮　/014

在中国式现代化新道路上再谱壮丽华章　匡和平　/018

以伟大建党精神推动中山高质量发展　肖丽平　/021

伟大建党精神
　　——中国共产党的精神之源　庄新岸　/024

学史明理　研学铸魂　牢牢把握新时期公安事业的人民属性　江　平　/027

画出最大同心圆　携手启航新征程　杨绍平　/030

从百年党史中汲取赓续奋斗伟力　全面推动中山高质量跨越式发展
　　曹丽萍　/033

把党史学习教育融入大学生思想政治工作　陈化水　/036

三个历史阶段下的"四最按语"　吴　祺　/038

■ 社会经济

改革创新与中山经济高质量发展　曹细玉　/042

粤港澳大湾区建设背景下中山市制造业转型升级的路径与策略研究　课题组　/047

中山装备制造产业集群发展现状及对策研究　课题组　/062

加快中山市市镇两级行政服务中心建设的对策思考　赵晷湘　/073

社会治理

中山"全民阅读"的调研报告　方　燕　/080

"互联网＋政务服务"模式下中山市政府治理现代化　洪丽华　/091

探索产业扶贫新路径的"中山版本"　胡汉超　/098

国家—市场—社会三维视野下的小区治理研究

　　　　——以中山南区为例　课题组　/105

优化交通管理保障高质量发展的实践探索　袁庆金　/117

关于加强中山市生态环保司法保障的几点思考　郑　骅　/124

香山文化

黄培芳年谱　曾欢玲　/132

香山名人唐露园的非凡人生　褚梦宇　/146

岐澳古道历史文化遗产活化利用研究　葛丹丹　/156

水上运动与民俗旅游资源整合开发路径探索

　　　　——以中山市"非遗"项目为例　黄金湖　/165

模范县时期的翠亨建设

　　　　——以中山县立乡村师范学校和中山农事试验场为视角　庄　迎　/176

中山探花牌坊探疑　易建鹏　/189

后　记　/196

学党史、悟思想、办实事、开新局
主题征文

为庆祝中国共产党成立100周年，回顾党的光辉历程，牢记党的初心使命，在中山市全市营造知史爱党、知史爱国的浓厚氛围，推动党史学习教育往深里走、往实里走，助力中山加快高质量发展，中共中山市委宣传部、中山市社会科学界联合会、中山日报社启动了"学党史、悟思想、办实事、开新局"主题征文活动，现将该次征文部分获奖文章发表如下，以飨读者。

马克思主义信仰观视域中的学史增信

张国启*

学史增信既是开展党史学习教育的重要目的，也是衡量党史学习教育效果的基本标志。在党史学习动员教育大会上，习近平总书记指出："全党同志要做到学史明理、学史增信、学史崇德、学史力行，学党史、悟思想、办实事、开新局。"这一重要论述，一方面强调了开展党史学习教育的极端重要性，另一方面也为学史增信提供了方法论指导。党史学习教育既要注重"办实事、开新局"，也要重视"悟思想、固信仰"，中国共产党的百年党史，既是"为人民谋幸福、为中华民族谋复兴"的奋斗史，也是中国人学习马克思主义、践行马克思主义并把它作为崇高信仰的百年历史画卷。新时代开展党史学习教育，必须高度重视学史增信问题，从马克思主义信仰观视域系统理解和把握学史增信的科学内涵，为"以昂扬姿态奋力开启全面建设社会主义现代化国家新征程，以优异成绩迎接建党一百周年"提供精神动力支撑。

学史增信，主要强调在党史学习教育中广大党员干部要进一步坚定信仰、信念、信心。在庆祝改革开放 40 周年大会上，习近平总书记指出："信仰、信念、信心，任何时候都至关重要。小到一个人、一个集体，大到一个政党、一个民族、一个国家，只要有信仰、信念、信心，就会愈挫愈奋、愈战愈勇，否则就会不战自败、不打自垮。"习近平总书记的讲话揭示了信仰、信念、信心对社会进步、个体发展的重要性，开展党史学习教育，必须坚定广大党员干部对马克思主义的信仰、对中国特色社会主义的信念、对实现中华民族伟大复兴中国梦的信心。从马克思主义信仰观视域看学史增"信"，就是要立足中国共产党发展的百年历史长河，科学阐释中国共产党为什么"能"；就是要立足马克思主义中国化的百年历史进程，正确领悟马克思主义为什么"行"；就是要引导人们进一步坚定"四个自信"，科学理解中国特色社会主义为什么"好"，在强化广大党员干部马克思主义信仰的过程中着力实现中华民族伟大复兴的中国梦，在"解释世界"中引导广大党员干部投身于"改变世界"的伟大历史进程之中。

坚定党员干部的马克思主义信仰是学史增信的核心内容。信仰是人类所特有的精

---

* 作者简介：张国启，华南理工大学马克思主义学院副院长、教授，广东省习近平新时代中国特色社会主义思想研究中心特约研究员。

神活动，是一种对某种主张、主义、宗教的极度尊崇和敬仰，在人类社会发展史上，自然图腾、宗教信仰都曾经作为人们精神生活的动力源泉而备受崇拜和敬仰，并引导人们建构一种与之相适应的社会生活秩序。信仰确立的过程，既体现为人们对价值取向的选择及其衍生精神的仰慕与信服，在一定程度上也涵养了个体对超越生命有限性的精神追求。当然，这种精神追求是崇高还是虚幻，马克思在《关于费尔巴哈的提纲》中说："这不是一个理论的问题，而是一个实践的问题。人应该在实践中证明自己思维的真理性。"马克思在《黑格尔法哲学批判》导言中指出，"宗教是人民的鸦片"，"是人的本质在幻想中的实现"，宗教信仰既不能给人们带来科学的理论以"解释世界"，更不可能引导人们在伟大的社会革命中"改变世界"，近代中国的太平天国运动、义和团运动，都曾经试图借助宗教信仰探索救国救民的道路，结果都先后失败。十月革命一声炮响，给中国送来了马克思列宁主义，先进的中国人在探索救国救民道路的过程中确立了马克思主义信仰，并以其为理论基础和指导思想创立了中国共产党，中国革命的面貌从此焕然一新。在中国共产党的正确领导下，中国人民经历了革命、建设与改革的百年奋斗历程，写下了国家富强、民族振兴、人民幸福的壮丽篇章，全面开启了建设社会主义现代化国家的新征程。中国共产党的百年奋斗史表明，马克思主义是把崇高的精神追求扎根于社会历史进步和人类文明发展大道的科学信仰，学史增信，就是要坚定人们的马克思主义信仰，在"为人民谋幸福，为人类求解放"的历史进程中"感悟马克思主义的真理力量和实践力量"。

坚定党员干部对中国特色社会主义的信念是学史增信的关键环节。在庆祝中国共产党成立95周年大会上的讲话中，习近平总书记指出"坚定的理想信念，必须建立在对马克思主义的深刻理解之上，建立在对历史规律的深刻把握之上"。开展党史学习教育，就是为了更好地把握历史规律，加深对马克思主义的理解，从而进一步坚定党员干部对中国特色社会主义的信念。一段时期以来，"信仰危机""信念失落"的现象曾经困扰了许多人，极个别党员干部忽视理论学习和党史学习教育，对马克思主义信仰不够坚定、对中国特色社会主义缺乏信心，一度导致所谓"信仰危机""信念失落"现象的发生。其根源不是马克思主义理论自身的缺陷，而是个体缺乏学习教育所彰显的问题。消除这一问题，既要重视"科学的理论武装人"，又要紧密结合中国特色社会主义的实践历程引导广大党员干部坚定"四个自信"，在学史增信中坚定党员干部对中国特色社会主义的信念。因为"历史观决定价值观，价值观的主动权来源于历史观的力量，拥有道德制高点的关键是拥有历史制高点"。

坚定党员干部依靠人民群众实现中华民族伟大复兴中国梦的信心是学史增信的基本要求。在党史学习教育动员大会上，习近平总书记指出："党的百年历史，就是一部践行党的初心使命的历史，就是一部党与人民心连心、同呼吸、共命运的历史。"解决人民日益增长的美好生活需要和不平衡不充分的发展之间的矛盾，关键在党、根本在党，加强党史学习教育，就是"要教育引导全党深刻认识党的性质宗旨，坚持一切为了人民、一切依靠人民，始终把人民放在心中最高位置、把人民对美好生活的向往作为奋斗目标，推动改革发展成果更多更公平惠及全体人民"。要站在历史制高点上科学阐释中国近现代历史发展规律，深刻领悟和系统解读中国共产党"立党为公、执政为民"的使命担当和"人民至上"的执政理念，深刻领悟和系统解读"江山就是人民，人民就是江山"所反映的唯物史观，深刻领悟和系统解读中国共产党为什么"能"的历史规律，驳斥各种历史虚无主义思潮，在传承好、发扬好党的成功经验的过程中坚定依靠人民群众实现中华民族伟大复兴中国梦的信心。

（本文获征文比赛一等奖）

百年大党何以风华正茂

魏传光 *

中国共产党迎来百年华诞。经历一百年的披荆斩棘和砥砺奋进，中国共产党已经成为拥有 9 514.8 万名党员的世界最大政党，并且在新中国 70 余年发展史上、170 多年马克思主义发展史上、500 多年社会主义发展史上、5 000 多年中华民族发展史上都书写出了气势恢宏的壮丽篇章。虽历经百年，但中国共产党的"时间视角"是以千年为计，所以习近平总书记在庆祝中国共产党成立一百周年大会上的讲话指出："中国共产党立志于中华民族千秋伟业，百年恰是风华正茂！"百年大党何以风华正茂，保持年轻心态？世界最大的政党何以始终保持凝聚力和生机活力？当然，我们判断一个政党是风华正茂还是垂垂老矣，不是看其存在的时间长短，而是看其是否不忘初心、励精图治、孜孜以求、矢志革新。从这个角度看，中国共产党之所以历经百年而风华正茂，是因为始终立志千秋大业，坚守初心和使命；是因为始终创造创新，站立于时代潮流；是因为始终坚持自我革命，自我革新。

一、立志千秋大业呼唤中国共产党风华正茂

中国共产党因使命而生，因使命而在。初心如磐，使命在肩，要求中国共产党必须永葆蓬勃朝气。立志于为中国人民谋幸福、为中华民族谋复兴的千秋大业，是百年大党不忘初心、牢记使命的"时间誓言"。历史学家将 100 年称为"世纪"，社会学家将 30 年称为"世代"，但不论是"世纪"还是"世代"，都不过是中国共产党为完成使命，解决初心课题的时间单位，在"世纪"的时间标识中充盈着的是人民的期盼和民族的福祉，是"一户不落下"的脱贫攻坚和"一个不能少"的全面小康。作为一个典型的马克思主义使命型政党而不是现实型政党，中国共产党能够摆脱以往一切政治力量追求自身特殊利益的局限，确立长远的历史使命与宏伟的目标蓝图，最终就是为了实现自身所追求的高远使命与目标蓝图。

胸怀千秋志，风华恰少年。中国共产党从诞生之日起就是一个使命型政党，在各个不同历史发展阶段，它所确定并付诸实行的各项任务，都是为了完成历史使命。当

---

* 作者简介：魏传光，暨南大学马克思主义学院副院长、教授、博士生导师。

完成一个时代使命，进入"世纪"时间，我们需要庆祝、总结，但中国共产党更清楚时代使命与最终使命之间还存在张力，志存高远的中国共产党回忆历史，不是为了从成功中寻求慰藉，更不是为了躺在功劳簿上，而是为了总结历史经验，增强开拓前进的勇气和力量。

在人类的历史长河中，我们也看到了一些政党在长期执政的环境中忘记了初心使命，从而丧失生机活力被人民和历史所抛弃，中国共产党即使长期执政也坚守如初，所以虽历经百年风霜却青春依旧。百年只是历史长河中的瞬间，担负千秋大业使命的中国共产党需要保持活力，保持青春力量，去迎接完成最终使命征程的一个个时代挑战和课题。对于中国共产党来说，也只有不忘初心、牢记使命，才能永远年轻，才能形成长盛不衰的动力之源。

二、勇立时代潮头彰显中国共产党风华正茂

习近平总书记在博鳌亚洲论坛 2018 年年会开幕式上指出，"在历史前进的逻辑中前进、在时代发展的潮流中发展"。历史从不眷顾因循守旧、满足现状者，机遇属于勇于创新、永不自满者。时代性是马克思主义政党的鲜明特征。一百年来，我们党勇于追赶和引领时代潮流，以创新创造精神去创造、去发现、去把握时代机遇。作为中国人民和中华民族的领导者、引路人的中国共产党为了完成历史使命，也必须时刻站在时代前列，不断与时俱进，让自己、让中国赶上时代、引领时代。

勇立时代潮头首先表现在中国共产党积极回答"时代之问"。问题是时代的先声，每个时代都有属于自己的"时代之问"。回顾党史、新中国史、改革开放史、社会主义发展史，我们党先后系统回答了"什么是社会主义、怎样建设社会主义""建设什么样的党、怎样建设党""实现什么样的发展、怎样发展""新时代坚持和发展什么样的中国特色社会主义、怎样坚持和发展中国特色社会主义"等重大"时代之问"，在对"时代之问"的创新创造回答中，深化了对共产党执政规律、社会主义建设规律、人类社会发展规律的认识。只要不断开启新征程，奋进新时代，我们党就会保持风华正茂。

勇立时代潮头其次表现为中国共产党不断推进理论创新和实践创新。在革命、建设、改革进程中，中国共产党人以实践为源泉，以问题为导向，始终尊重人民首创精神，不断根据时代特点推进马克思主义中国化，不断总结创新性理论成果，形成了毛泽东思想和包括邓小平理论、"三个代表"重要思想、科学发展观在内的中国特色社会主义理论体系。党的十九大报告把党的十八大以来党的理论创新成果概括为习近平新时代中国特色社会主义思想，开辟了当代中国马克思主义发展新境界。不仅如此，中国共产党不断推进实践创新，在革命年代，走出了一条农村包围城市、武装夺取政

权的新民主主义革命之路，创造了"革命的世界奇迹"；建设年代，中国共产党领导出了一条中国特色社会主义实践道路，创造了"发展的世界奇迹"；进入新时代，在习近平新时代中国特色社会主义思想的引领下，全面建成小康社会胜利在望，全面建设社会主义现代化国家新征程已经开启。只要不断催生新的理论成果，形成新的实践方案，在时代大潮中继承、创新、再生，这样的政党就会处于风华正茂的阶段。

三、勇于自我革命锻造中国共产党风华正茂

我们党之所以能够始终勇立时代潮流，内在原因在于我们党始终保持了自我革命精神。社会生活在本质上是实践的、变化的，辩证法在本质上是批判的、革命的，革命者永远年轻，政党的生机活力是在自我革命中锻造出来的。中国共产党坚守马克思主义的实践品格和批判精神，形成了勇于自我革命的鲜明品格，建构了永葆活力的机制和精神保障。在百年非凡历程中，中国共产党始终保持蓬勃生机和旺盛活力，根本在于具有彻底的自我革命精神，历来勇于以自我革新的实际行动开创事业新局面。换而言之，就是中国共产党始终坚持真理、修正错误，敢于正视问题、克服缺点，勇于刮骨疗毒、去腐生肌。

1941年，我们党在延安开展了反对主观主义以整顿学风、反对宗派主义以整顿党风、反对党八股以整顿文风的"整风运动"，极大提高了党的马克思主义理论水平，从那时起，自我革命就升华为一种精神，融入党的血脉，形成了自我净化、自我完善、自我革新、自我提高的精神品质。中国共产党的自我革命不是简单的自我修复，而是拿起手术刀革除自身的病症，是刮骨疗毒、深刻改造、深度重塑。我们党历来主张，在思想上不断开展积极的思想斗争，保证信仰的坚定性；在组织上不断加强组织建设，保证队伍的纯洁性；在政治上不断强化纪律和规矩意识，保证党能够完成肩负的历史重任和崇高使命。

一百年来，中国共产党一刻不放松地解决自身存在的问题，渐渐形成了一套深化自我革命的内生机制，成为党永葆生机活力而风华正茂的动力支撑。具体来讲，包括中国共产党以马克思主义政党先进性、纯洁性的要求驱动自我革命，以伟大事业坚强领导核心的目标谋划自我革命，以严格的主基调贯通自我革命，以党内突出问题的化解聚力自我革命，以整风精神深化自我革命，以"关键少数"带动自我革命。经过长期的自我革命，形成了中国共产党追求进步、自我完善的精神之魂，以及克服困难、战胜风险的基本法宝，从这个意义上讲，自我革命是一种意志、一种精神、一种追求、一种勇气，更是一种突破陈规、开拓创新的实际行动。只要以永远在路上的劲头解决自身存在的问题，就能以朝气蓬勃的精神面貌推进各项事业走向新发展新超越。

历史照亮未来，征程未有穷期。站在"两个一百年"奋斗目标的历史交汇点上，

中山市紧紧围绕学党史、悟思想、办实事、开新局的总目标，把党史学习教育与加快中山高质量发展紧密结合起来，从党的百年历史中汲取力量，提振干事创业精气神，以风华正茂的态度、激情、活力，通过抓经济促发展、谋改革聚合力、造平台塑优势、补短板提品质、抓机遇谋长远，创新创造中山发展的新奇迹，奋力开创中山工作新局面，以优异成绩庆祝中国共产党成立100周年。

（本文获征文比赛一等奖）

听党话　感党恩　跟党走
——坚持自主创新　坚守产业报国

张传卫[*]

在党史学习教育动员大会上，习近平总书记强调全党同志要做到学史明理、学史增信、学史崇德、学史力行，学党史、悟思想、办实事、开新局，以昂扬姿态奋力开启全面建设社会主义现代化国家新征程。认真学习领会习近平总书记重要讲话精神，回顾中国共产党百年奋斗的光辉历程，展望中华民族伟大复兴的光明前景，令人振奋、催人奋进。

一、欲知大道，必先为史

学党史，就是要进一步把握历史发展规律和大势，始终掌握党和国家事业发展的历史主动。开展党史学习教育，就要教育引导全党胸怀中华民族伟大复兴战略全局和世界百年未有之大变局，树立大历史观，从历史长河、时代大潮、全球风云中分析演变机理、探究历史规律，提出因应的战略策略，增强工作的系统性、预见性、创造性。

当今世界，能源转型正加速进入以新能源为引领的绿色低碳时代，在中央财经领导小组第六次会议上，习近平总书记创造性地提出"四个革命、一个合作"重大能源安全新战略，充分彰显中国负责任大国对人类的担当作为和历史贡献，更是历史赋予我们的光荣使命和时代重任。

作为一名中共党员和一名坚守实业兴国、产业报国为己任的民营企业家，通过开展党史学习教育，坚定信念把企业发展同国家繁荣、民族兴盛、人民幸福紧密结合在一起，增强家国情怀、担当社会责任，坚决贯彻落实"碳达峰、碳中和"伟大战略目标和构建以新能源为主体的新型电力系统，更加坚定信念做好绿色、低碳发展的主力军，努力当好新时代推动高质量发展、构建新发展格局、在率先实现社会主义现代化上走在前列的生力军。

二、坚持自主创新，坚守产业报国

办实事，就是要进一步深化对党的性质宗旨的认识，始终保持马克思主义政党的

＊　作者简介：张传卫，全国人大代表、广东省工商联副主席、广东明阳风电产业集团有限公司党委书记、董事长。

鲜明本色。作为中国清洁能源高端装备制造领军企业，明阳集团一直坚持自主创新，始终坚守实业，牢牢把握以创新为源动力的全球新能源革命主动权和话语权，整合全球研发资源，从定制化、个性化产品服务到全生命周期的整体解决方案，创新突破从陆上戈壁滩、草原到高原，从海上潮间带、近海到深远海，从低风速到抗台风等一系列重大课题，变不可能为可能，使原本不具备开发条件的风电禁区在中国人手里变成了极具规模开发价值的巨大富矿，实现风电重大装备和关键部件不受制于人重大突破，推动中国新能源发展从跟随到并跑和领跑的伟大跨越，以实际行动践行新发展理念、"双碳"目标和"四个革命、一个合作"战略，让中国在新一轮能源革命中真正把握主动权和话语权，成为走向世界的一张靓丽名片。

明阳集团在创新实践中，有力推动和促进了空气动力学、弹性力学、材料科学、流体力学、电力电子等多学科交叉的系统科学和工程研究。在创新发展的过程中，始终把人才作为第一资本，面向全球吸纳高端人才，先后引进四批海外高层次创新团队，拥有超过 2 000 人的研发队伍，除了在中山建立研发总部外，还在北京、上海、深圳建立了研发中心，正在打造粤港澳大湾区世界级高端装备产业创新中心，吸引全球高端人才向广东聚集。

明阳人秉持一份信念——以自主创新践行大国重器之担当，摆脱新能源高端重大装备技术落后于人、受制于人的局面；始终坚持一份绿色梦想——以智慧能源普惠全球，不让人类因发展而失去碧水蓝天。目前，明阳全球装机所产生的环境效益，相当于每年减少二氧化碳排放 4 200 万吨，每年再造森林 2 300 万立方米。

三、江山就是人民，人民就是江山

我们党的百年历史，就是一部践行党的初心使命的历史，就是一部党与人民心连心、同呼吸、共命运的历史。明阳集团牢记初心和使命，贯彻以人民为中心的发展思想，紧紧抓住绿色能源、高端装备产业扶贫的"牛鼻子"，在粤东西北和革命老区、云南大理、青海德令哈、河南信阳、甘肃酒泉以及内蒙古和吐鲁番等全国 10 多个贫困边远地区、中央苏区以及工业欠发达和少数民族聚集区布局新能源产业基地，在扶贫攻坚中留住了绿水青山，建设生态美丽乡村，助力国家乡村振兴战略，为当地经济高质量发展、能源转型和扶贫攻坚提供有力支撑。

胸怀千秋伟业，恰是百年风华。明阳集团始终与党中央保持高度一致，坚定不移听党话、跟党走，坚决贯彻落实党的路线方针政策和决策部署，全面实施"海上三峡"和"两个一体化"智慧能源重大工程，加快关键核心技术攻关，即将推出全球单机容量最大的漂浮式海上风机，构建经济新体系，打造产业新支柱，为广东海洋经济和粤港澳大湾区绿色发展、打造世界级海上风电产业集群和"海上三峡"宏伟工程建设贡献智慧和力量！用绿色清洁能源服务新时代、奉献新时代！

（本文获征文比赛一等奖）

从党的百年经济史中汲取推动高质量发展的强大动力

邵念荣[*]

2021 年 2 月 20 日，习近平总书记在党史学习教育动员大会上强调，"把学习党史同总结经验、观照现实、推动工作结合起来，把学习成效转化为工作动力和成效"。"把党史学习教育同党和国家中心工作紧密结合起来"，奋力开启全面建设社会主义现代化国家新征程。推进民族的伟大复兴和造福人民，实现共同富裕，归根到底靠的是经济建设和经济发展。1992 年春天，小平同志"南方谈话"曾反复强调，"贫穷不是社会主义"，要"抓住时机，发展自己，关键是发展经济"。以史为鉴，学史力行，在深入学习党史的过程中，从党的百年经济史中汲取丰厚营养，以新发展理念推动经济高质量发展具有非常重要的现实意义。

一、党的百年经济工作史是理解和把握党的全面历史的基础和枢纽，理解党的百年经济工作史的历史主题主线和内涵，意义重大

1941 年 5 月 19 日，毛泽东同志在《改造我们的学习》一文中，提出应该动手去研究"近百年的经济史"。党的百年经济史的主题，就是探索中国特色的现代化和民族复兴道路。历史主题的决定因素是特定历史时代的基本矛盾。党自成立以来，我国社会主义初级阶段的社会经济发展的主要矛盾是落后的社会生产与人民日益增长的物质文化需要之间的矛盾。解决这一矛盾的基本途径是解放和发展社会生产力，逐步实现从传统社会、传统经济向现代社会、现代经济的转变。经济工作在党的各项工作中的主次、轻重地位决定经济工作的方式与成就。在革命战争年代，经济工作是为战争服务的，衡量经济工作成就的标志是看是否为"打得赢"提供强有力的物质支撑和群众基础。新中国成立以后，党的工作重心开始向经济建设转移，但一度受到频繁的政治运动的冲击，衡量经济工作成败的标准主要是政治标准。1979 年以后，党的工作重心真正向经济建设转移，发展成为党执政兴国的第一要务，经济工作成为党的中心工作，衡量经济工作成败的标准也转变为生产力标准。

---

* 作者简介：邵念荣，中山金融投资控股有限公司董事长、博士。

二、党的百年经济工作，是面对不同时期主要矛盾，实施不同历史任务的成功典范

在革命战争年代，党以革命党的身份，直接目的是支撑革命战争的胜利，早在1933年8月，毛泽东同志就撰写了《必须注意经济工作》，强调经济工作在党的工作中处于十分重要的地位。新中国成立后，作为执政党开展经济工作，范围是全区域的，直接目的是解放和发展生产力，实现中国的现代化。"站起来""富起来"和"强起来"是党的百年经济史的三个时期。在"站起来"的过程中，主要是推翻束缚生产力发展的"三座大山"。"富起来"的过程，包括曲折中探索社会主义建设道路和改革开放中完善社会主义经济制度。"强起来"则是党的十八大以来，经济体制和经济发展模式日臻成熟，形成了新发展理念，开拓了中国特色社会主义经济发展的新境界，为中华民族的伟大复兴奠定了坚实的基础。

三、把握党的百年经济工作史的成就和经验，必须长期坚持、不断丰富发展新时代中国特色社会主义经济思想

党的百年经济工作的基本成就，集中体现在中国现代化与民族复兴的推进方面，奠定了中国实现现代化和实现中华民族伟大复兴的坚实基础，形成了国际社会广泛认同的"中国模式"。党的百年经济的探索，形成最重要的历史经验，是根据不同时期的具体实际为经济工作定位，从革命战争"三大任务之一"到"工作重心"和"第一要务"，把发展作为解决中国一切问题的关键。具体还包括，确立和确保经济工作在党的全部工作中的重要地位；在经济工作大政方针中确定科学决策，坚持走自己的路；注重战略思维，加强能力建设，掌握经济工作主动权；不断探索和改进经济工作方法，尊重市场规律。2017年12月18日，习近平总书记在中央经济工作会议上强调，党的十八大以来，形成了以新发展理念为主要内容的新时代中国特色社会主义经济思想，必须长期坚持、不断丰富发展，推动我国经济发展产生更深刻、更广泛的历史性变革。

四、从党的百年经济史中汲取丰富营养，以新发展理念引领高质量发展，推动实现经济高质量崛起

发展是解决一切问题的基础和关键。在党的十九大报告中，习近平总书记指出："发展必须是科学发展，必须是坚定不移贯彻创新、协调、绿色、开放、共享的发展理念。"新发展理念是指挥棒、红绿灯，在经济由高速增长转向高质量发展的过程中，使市场在资源配置中起决定性作用，更好地发挥政府作用。高质量发展的核心和关键是，把推进供给侧结构性改革作为主线，建设现代化经济体系。就区域经济发展而言，在当前和今后一段时期，要立足以国内大循环为主体，逐步形成国内国际双循环相互促进的新发展格局，促进内需带动经济增长，促进产业转型升级和区域经济一体化发展，强化创新要素驱动，在更高层次加快形成改革开放新局面。

　　珠江潮涌，熏风南来。敢为人先，先行先试，中山曾以经济的繁荣活跃带来城市的声名鹊起。经历了转型阵痛和发展迟滞，在"双区驱动"和"双城联动"等重大发展机遇中重拾信心。"十四五"规划为中山高质量发展明确了目标，厘清了路径。发展的问题还是要通过发展来解决。习近平总书记反复强调，要"牢牢扭住经济建设这个中心""必须坚持发展为第一要务""毫不动摇坚持发展是硬道理"。刚刚闭幕的市委十四届十三次全会勾勒了"六边形"城市竞争模型，提出了发展路径和核心举措。我们要着眼于机遇，着眼于实践，着眼于创新，"不争论""不折腾"，加快高质量崛起。

（本文获征文比赛一等奖）

情怀·品格·使命：理解红色家风的三重维度
——以革命先驱杨殷的家风为例

杨海亮*

红色家风，指的是老一辈无产阶级革命家和各个时代的优秀中国共产党人在长期的革命实践、社会主义建设和改革开放历史进程中形成的一种家庭风尚。红色家风以"红色"为标识，明显区别于传统家风，具有丰富的内涵。作为我党红色家庭的杰出代表，革命先驱杨殷一家体现了强烈的家国情怀、崇高的政治品格和神圣的历史使命，为我们解读红色家风提供了三个重要视角，对新时期继承和弘扬红色家风具有重要意义。

一、家国情怀：红色家风的内核

中华儿女素有浓厚的家国情怀。"烽火连三月，家书抵万金""死去元知万事空，但悲不见九州同""先天下之忧而忧，后天下之乐而乐"等，从这些广为流传的名诗名句中可知，中华儿女心中的"家"与"国"始终是同构的、一体的。中华儿女对乡邦之土、父母之国的热爱、认同和卫护，盈注于中华民族的漫长历史。特别是在内忧外患、救亡图存之际，中华儿女为了保家卫国，更是挺身而出、舍生忘死。正是这种朴素而强烈的家国情怀，维系着中华文明的薪火世代相传，使中华民族虽历经磨难却总能浴火重生。

家国情怀作为红色家风的内核，一个重要体现就是爱党爱国、忠于信仰。这在杨殷一家表现得极为突出。杨殷少年时候，胸怀壮志，追求进步，在学校积极宣传反帝反清革命思想，后为推翻封建王朝统治多方奔走。接触马克思主义以后，杨殷认识到中国共产党是中华民族的救星、中国人民的希望，毅然加入中国共产党，从此把个人的命运同党的事业、民族的解放、国家的独立紧密连在一起。入党之后，无论何时何地，杨殷都能忠于信仰，为马克思主义、共产主义而不懈奋斗。革命期间，他变卖家里的房产、田产，还把已故妻子留下的纪念品及珠宝、首饰等一同捐给组织，作为革命经费。同样，杨氏家族是一个能够接近、接受先进思想的家族。杨殷的堂叔杨鹤龄是早期兴中会会员，为了追随孙中山，毅然放弃富家子弟的优裕生活，投身革命。杨

＊　作者简介：杨海亮，中山市作家协会会员。

殷的胞兄杨琛如是同盟会元老，在香港榨粉街的家中备了大量衣服、帽子、胡须等物品，以供杨殷化装所用。杨殷的晚辈杨高，不仅将香港希路道的一座洋房提供给杨殷作活动据点，还无偿借给杨殷数万元港币用于革命。此外，家族中仗义疏财、毁家纾难的还大有人在。尤其可贵的是，继杨殷之后，杨氏家族的杨日韶、杨日暄、杨维学、杨少白等人，均为了革命壮烈牺牲。在党史学习教育动员大会上，习近平总书记说："世界上没有哪个党像我们这样，遭遇过如此多的艰难险阻，经历过如此多的生死考验，付出过如此多的惨烈牺牲。"毫无疑问，杨殷一家就是这样遭遇过"艰难险阻""生死考验""惨烈牺牲"的一家。

继承和弘扬红色家风，从杨殷光辉一生汲取砥砺奋进的精神力量，就是要具有爱党爱国、忠于信仰的家国情怀。继承和弘扬红色家风，应该和增强对马克思主义、共产主义的信仰结合起来。一方面，要做到心中有党，始终在党言党、在党忧党、在党为党，始终对党绝对忠诚，永远跟着党走；要做到热爱祖国，热爱祖国的山河、热爱祖国的人民，捍卫国家领土完整、主权统一、民族尊严、人民利益。另一方面，要增强对马克思主义、共产主义的信仰，在党史学习教育中从党的百年奋斗历程感悟信仰的力量，做到虔诚而执着、至信而深厚，炼就钢筋铁骨，筑牢铜墙铁壁，不忘初心、牢记使命，为共产主义奋斗终身。

二、政治品格：红色家风的基石

理解红色家风，必须追根溯源。红色家风孕育于革命年代，烙着深刻的时代印记。无数革命先辈光荣的一生经历了血雨腥风的战火洗礼和新旧交替的时代变迁，对理想与现实、家庭与社会、个人与国家都有着比常人更加深刻的理解和洞察。由于条件所限，他们的思想、经验、体会，不一定形成文字、变成家训，但他们的身体力行、言传身教本身蕴含着丰富的教育因素和精神资源，特别是老一辈无产阶级革命家展现出来的政治品格，永远是感染、教育后人的教科书、营养剂。

政治品格作为红色家风的基石，一个重要体现就是担当作为、坚守信念。这在杨殷身上表现得十分鲜明。1924 年 9 月，杨殷组织开展工人罢工期间遭到资本家雇佣的亡命之徒狂殴毒打。但他不顾个人安危，坚持斗争，最后资方代表无条件接受工人要求。1925 年 8 月，廖仲恺被暗杀后，杨殷负责查案。杨殷物色、培养了数名中共党员作情报交通员，为党的情报保卫工作作了开拓性贡献。1927 年 12 月，广州起义前夕，杨殷除了协助张太雷部署指挥战斗外，还兼任西路军作战指挥，同时肩负着肃清反革命的重任。张太雷不幸牺牲后，杨殷临危受命，继任广州苏维埃政府代理主席，继续领导起义部队进行战斗。此外，杨殷还为中国工农红军的建设发展做了大量工作。1929 年 8 月，因叛徒告密，杨殷被捕。在写给党中央的信中，字里行间，表现出一名共产党人至死不渝、视死如归的理想信念和英雄气概。杨殷牺牲时，大义凛然，留下一句"朝闻道，夕死可矣"。杨殷的一生，虽然短暂，却是我党担当作为、坚守信念的光辉典范。

继承和弘扬红色家风，从杨殷光辉一家汲取砥砺奋进的精神力量，就是要锤炼担当作为、坚守信念的政治品格。继承和弘扬红色家风，应该和增强对中国特色社会主义的信念结合起来，同步进行，相得益彰。回首百年，中国共产党人英勇斗争、顽强拼搏、牺牲奉献、开拓进取，谱写了新篇章、新辉煌。党带领人民付出巨大代价、战胜一切困难，开创了中国特色社会主义。历史和现实充分证明：中国特色社会主义是历史的选择、人民的选择，是当代中国大踏步赶上时代、引领时代发展的康庄大道，是党和人民团结的旗帜、奋进的旗帜、胜利的旗帜，必须长期坚持、永不动摇。继承和弘扬红色家风，倡导立足岗位、担当作为的同时，要增强中国特色社会主义信念，要弄懂习近平新时代中国特色社会主义思想的理论体系和思想脉络，始终坚持中国特色社会主义道路自信、理论自信、制度自信、文化自信。只有坚守中国特色社会主义信念，坚持和发展中国特色社会主义，才能把党和国家各项事业继续推向前进。

三、历史使命：红色家风的延续

习近平总书记多次强调，要把红色资源利用好，把红色传统发扬好，把红色基因传承好。红色家风展现了一定时期形成的革命精神，承载着中国共产党人的价值观，诠释了中国共产党人的优秀品质和高尚品格，是当下党员、干部修身、齐家的宝贵精神财富。千家万户，特别是党员家庭、干部家庭更应该重家教、严家规、守家训，营造良好的家风，共同促进社会主义新文明、新风尚。

历史使命作为红色家风的延续，一个重要体现就是继往开来、坚定信心。这在杨殷后代表现得特别出色。杨殷的为人处世、高风亮节、丰功伟绩等，对杨氏家族的子孙后代产生了巨大的感召力和影响力。杨殷在写给长女杨爱兰的信中提到："除读书外，各事不必沾染，打牌、闲游、看戏等，尤万不可做……穿衣尤须朴实，与人来往要谨慎。"谨遵父训的杨爱兰日子过得十分勤俭，哪怕遭遇重大变故，也不曾要求组织照顾，"我不能依靠父亲的伟大牺牲来换取自己的福利，那是一种耻辱"。杨爱兰始终以父亲为自己的人生榜样，始终无限忠诚地坚持爱党爱国。2006 年 11 月，杨爱兰将杨殷故居以及其他祖辈所遗房产捐给政府，表示"作为烈士的后人，支持家乡建设、回馈家乡人民，是很应该的，也是义不容辞的"。2008 年 5 月，汶川地震的消息传来，杨爱兰从自己微薄的生活补贴中取出 800 元捐给了灾区人民。2008 年 7 月，已是 95 岁高龄的杨爱兰加入中国共产党，实现了"半个世纪以来最大的心愿"。杨爱兰的子女中，有的是教师，有的是医生，有的是军嫂。其中，五女崔静薇 20 岁时辞去广州歌舞团的舒适工作，积极响应党的援疆号召，扎根新疆最艰苦的阿勒泰地区长达 37 年。崔静薇说："外公（杨殷）对党的赤胆忠诚和坚定信仰，一直是我战胜各种困难的精神支柱和强大动力。"

继承和弘扬红色家风，从杨殷光辉一生汲取砥砺奋进的精神力量，就是要承担继往开来、坚定信心的历史使命。继承和弘扬红色家风，应该和增强对实现中华民族伟大复兴的信心结合起来，同步进行，相辅而成。红色家风是一种强大的精神动力，"红色"之魂植入家教、家规、家训之中，红色家风所蕴含的道德规范、行为方式、理想目标，能更好地助力家庭建设，进而引领全社会形成健康向上的良好风气。同时，我们正在为实现"两个一百年"奋斗目标和中华民族伟大复兴的中国梦而努力奋斗。在这个关键时刻，继承和弘扬红色家风，坚定对实现中华民族伟大复兴的信心，更是有着特殊意义。在庆祝中国共产党成立 100 周年大会上，习近平总书记说："今天，我们比历史上任何时期都更接近、更有信心和能力实现中华民族伟大复兴的目标。"但"伟大梦想不是等得来、喊得来的，而是拼出来、干出来的"，我们必须团结一致，乘势而上，以实际行动为伟大复兴凝聚磅礴力量。

总之，老一辈无产阶级革命家和优秀中国共产党人创立和保持的红色家风代代传承，具有重要的理论意义和实践意义。继承和弘扬红色家风，就是要爱党爱国、担当作为、继往开来，就是要不断增强对马克思主义、共产主义的信仰，对中国特色社会主义的信念，对实现中华民族伟大复兴的信心。全面深入地理解和把握红色家风，从红色家庭汲取砥砺奋进的精神力量，红色家风的弘扬和传承一定会在新的历史时期散发出更加迷人的光彩。

（本文获征文比赛一等奖）

在中国式现代化新道路上再谱壮丽华章

匡和平*

现代化最早起源于西方。欧美率先以工业化推动现代化，强调"以资本为中心"，以期走上资本主义道路。马克思和恩格斯在其所著《共产党宣言》中明确揭示了这一现象虽然为现代化的发展、为现代文明的开启作出了巨大贡献，但对工人阶级进行了残酷的剥削与压迫。因此提出要在发展资本主义现代化的基础之上，走出一条能够"以人民为中心"的现代化道路。中国共产党通过马克思主义中国化，使马克思和恩格斯的愿望成为现实。在庆祝中国共产党成立 100 周年大会上，习近平总书记指出，我们坚持和发展中国特色社会主义，推动物质文明、政治文明、精神文明、社会文明、生态文明协调发展，创造了中国式现代化新道路，创造了人类文明新形态。

中国式现代化新道路，既有各国现代化的共同特征，又有基于国情的中国特色。中国式现代化无论在体量、程度、布局、路径和方式上都有异于西方现代化（即"新"之所在），是人口规模巨大的现代化，是全体人民共同富裕的现代化，是物质文明和精神文明相协调的现代化，是人与自然和谐共生的现代化，是走和平发展道路的现代化。在全面建成社会主义现代化国家、实现中华民族伟大复兴的新的赶考路上，必须科学把握中国式现代化新道路的基本内涵与基本特征，锚定第二个百年奋斗目标，坚定不移地沿着中国式现代化新道路砥砺前行，奋力再谱壮丽华章。

首先，再谱壮丽华章必须要有"主心骨"，要有坚强的领导核心。在当代中国，这个核心只能是作为最高政治领导力量的中国共产党。党的领导是中国特色社会主义最本质的特征，是中国特色社会主义制度的最大优势，是党和国家的根本所在、命脉所在。历史已经并将继续证明，没有中国共产党的领导，民族复兴必然是空想，为全面建设社会主义现代化国家，实现第二个百年目标，必须坚持和加强党的全面领导，增强"四个意识"，坚定"四个自信"，做到"两个维护"。在具有许多新的历史特点的伟大斗争中，要永远坚持和加强党的领导，把伟大建党精神继承下去、发扬光大，赓续共产党人精神血脉，不断筑牢信仰之基、补足精神之钙、把稳思想之舵，做到理想信念更加坚定、政治品格更加纯粹、斗争精神更加昂扬、奋斗激情更加饱满。

---

* 作者简介：匡和平，中山职业技术学院思政部教授、博士。

其次，再谱壮丽华章，当然离不开人民群众的赞成和拥护。"江山就是人民、人民就是江山，打江山、守江山，守的是人民的心。"人民群众是历史的创造者，要始终坚持人民群众的主体地位，秉持"以人民为中心"的理念，把人民利益摆在至高无上的地位，将造福人民作为目标，努力"推动人的全面发展、全体人民共同富裕取得更为明显的实质性进展"。在十九届中央政治局第二十七次集体学习时的讲话中指出，"共同富裕本身就是社会主义现代化的一个重要目标"。我们必须既要做大"蛋糕"，又要分好"蛋糕"，在现代化进程中自觉、主动地解决地区差距、城乡差距和收入差距问题，扎实推进共同富裕，坚决防止两极分化，使全体人民共享现代化成果。同时，必须全面推进经济建设、政治建设、文化建设、社会建设、生态文明建设，促进现代化建设各个方面、各个环节相协调，在相互协调中促进人的全面发展。

再次，再谱壮丽华章，必须用马克思主义中国化的理论创新成果武装头脑。马克思主义是普遍的、一般性的思想原则，中国共产党立足于建设有中国特色社会主义的实际，将马克思主义普遍原理与中国具体实际相结合，不断与时俱进，提出新的思路、新的战略和新的举措，并进一步指导实践，使得中国道路越走越宽广。在推进中国式现代化进程中，要从党的百年奋斗史中感悟真理的力量，不断深化对共产党执政规律、社会主义建设规律、人类社会发展规律的认识，深化对中国化马克思主义既一脉相承又与时俱进的理论品质的认识，以科学的态度对待科学，以真理的精神追求真理，不断赋予马克思主义以新的时代内涵，用马克思主义的真理光芒照耀我们的前行之路。要坚持把马克思主义基本原理同中国具体实际相结合、同中华优秀传统文化相结合，形成中国特色社会主义理论体系，以推动中国式现代化稳步前进。要继续推进马克思主义中国化、时代化、大众化，继续把推进理论创新、制度创新、科技创新、文化创新以及其他各方面创新有机衔接起来，形成推进改革开放的强大合力，为发展注入新动能。

最后，再谱壮丽华章，必须同时造福世界。"以至诚为道，以至仁为德。"中华民族历来讲求"天下一家"，主张民胞物与、协和万邦、天下大同，憧憬"大道之行，天下为公"的美好世界。中国用了几十年的时间走了西方几百年的路，创造了世所罕见的经济快速发展奇迹和社会长期稳定奇迹。但是，中国决不"输出"中国模式，更不要求别国"复制"中国的做法，而是站在全人类的高度，高举和平、发展、合作、共赢旗帜，弘扬和平、发展、公平、正义、民主、自由的全人类共同价值，积极倡导构建"人类命运共同体"，推动共建'一带一路'高质量发展，以中国的新发展为世界提供新机遇。当今世界正经历百年未有之大变局，坚持相互尊重、平等协商，坚持走对话而不对抗、结伴而不结盟的新路，是一条通过合作共赢实现共同发展、和平发展的现代化道路。

"履不必同，期于适足。"走自己的路，是党的全部理论和实践的立足点，更是党百年奋斗得出的历史结论。中国式现代化新道路是实现社会主义现代化、创造人民美好生活的必由之路，全体党员要不断提高政治判断力、政治领悟力、政治执行力，更加自觉地增强道路自信、理论自信、制度自信、文化自信，保持"千磨万击还坚劲"的政治定力，坚持"逢山开路遇水搭桥"的实干精神，为实现中华民族伟大复兴再谱壮丽华章！

（本文获征文比赛二等奖）

以伟大建党精神推动中山高质量发展

肖丽平[*]

在庆祝中国共产党成立 100 周年大会上，习近平总书记对伟大建党精神作了深刻诠释。伟大建党精神的内涵就是"坚持真理、坚守理想，践行初心、担当使命，不怕牺牲、英勇斗争，对党忠诚、不负人民"，这是中国共产党的精神之源。加快中山高质量发展，就是要以伟大建党精神为指引，深入领会伟大建党精神的历史意义和时代价值，切实把伟大建党精神与实际工作相结合，推动中山高质量发展。

一、坚持真理、坚守理想，汲取加快中山高质量发展的精神力量

在中山这片红色沃土上，有着坚持真理、坚守理想的光荣革命传统。革命战争年代，在中山这个边陲小城，中国共产党人坚定理想信念、英勇顽强斗争，涌现出一大批可歌可泣的英雄事迹，中山优秀儿女谱写了气壮山河的壮烈诗篇。在社会主义建设和改革时期，中山的共产党人坚定理想信念，坚持对真理的追求，创造了一个又一个伟大奇迹。

加快中山高质量发展，一是坚定马克思主义信仰。自觉把马克思主义与工作实际相结合，与中山优秀传统文化相结合，以真理的力量立根铸魂、固本培元，为新时代中山经济社会发展提供强有力的思想保障。二是感受理想信念的强大力量。牢记革命理想高于天，从党的百年历史中汲取强大的信仰力量。坚定理想，坚守信念，要强化理论武装，以习近平新时代中国特色社会主义思想为指导，自觉做共产主义远大理想和中国特色社会主义共同理想的坚定信仰者、忠实实践者，以共产党人的"精神之钙"推动中山高质量发展。三是保持政治定力。加快中山高质量发展，就是要坚定政治立场、坚持正确方向，把信仰真理铸进灵魂、忠诚理想融入血脉，要内化于心、外化于行，以高度的政治自觉服务于中山建设事业。

二、践行初心、担当使命，蓄积加快中山高质量发展的前行动力

回首百年历程，一代代中山儿女披荆斩棘，大力弘扬"践行初心、担当使命"的伟大精神，传承红色基因，赓续红色血脉，书写了作为"广东四小虎"之一的壮美篇

---

* 作者简介：肖丽平，中山火炬职业技术学院装备智造学院辅导员、助理研究员。

章。进入新时代，中山正在抓住"粤港澳大湾区"建设和广东"双区驱动"的战略机遇，不断塑造发展的新活力。

加快中山高质量发展，一是保持践行初心、担当使命的精气神，推动中山高质量发展。中山人要以践行初心、担当使命的精气神，把握发展的新机遇，主动融入开放"大平台"、交通"大体系"、经贸"大网络"、湾区"大市场"。为此，要学好创新理论，领悟初心使命；要贯通党的历史，找寻初心使命；要严肃党内政治生活，锤炼初心使命。二是把践行初心、担当使命落实到实践中，形成推动中山发展的强大力量。每位党员同志都要把发展当作第一要务，在工作岗位上，坚守初心，勇担使命，实现广东省委赋予中山的"三个定位"，以大格局谋划大发展，以大平台引育大产业，以大投资推动大建设，乘风破浪，奋发进取，以永不懈怠的精神状态和一往无前的奋斗姿态，实现更高质量、更可持续的发展。三是牢记践行初心、担当使命的价值目标，提升人民群众幸福感。在加快中山高质量发展进程中，广大党员干部要永葆公仆本色，全心全意为人民服务，以造福人民为最大政绩，通过和谐干群关系推动新时代中山大发展。四是坚定践行初心、担当使命的定力，着力防范化解重大风险挑战。面对世界百年未有之大变局，中山的发展既有前所未有的机遇，也有严峻复杂的困难和挑战。要发扬中山人"敢为天下先"的优良传统，发扬斗争精神，在斗争中解难题、求发展、促团结，最终实现加快中山高质量发展的目标。

三、不怕牺牲、英勇斗争，磨砺加快中山高质量发展的革命意志

不怕牺牲、英勇斗争，是伟大建党精神的重要内涵之一，也是中国共产党人在长期革命和建设中凝练的红色基因。中山在百年历程中，逐步形成了"博爱、创新、包容、和谐"的中山精神，这种精神就包含了爱国主义和不怕牺牲、英勇斗争的红色基因，也对新时代中山发展产生了重大推动作用。

加快中山高质量发展，一是永葆进取的生命力，推进高质量发展。加快中山高质量发展，要保持共产党人的崇高气节、高尚品格和开拓精神，逢山开道，遇水架桥，始终弘扬"闯"的精神、"创"的劲头、"干"的作风，坚持在更高起点上推进改革开放，推动中山从珠三角时代走向大湾区时代、从"轮渡"时代走向大桥时代、从江河时代走向海洋时代。二是永葆革命英雄主义气概，推进高质量发展。要保持中山共产党人大公无私、乐于奉献的宝贵品格，在一切困难和危险的时刻挺身而出，以更加昂扬的斗志爬坡过坎、攻坚克难，奋力谱写新时代中山发展的新篇章。三是永葆斗争精神，推进高质量发展。要保持共产党人敢于斗争、善于斗争的坚强意志，聚力建设湾区枢纽、精品中山。要科学判别中山发展的机遇和挑战，建设更高水平平安中山、法治中山、善治中山。

四、对党忠诚、不负人民，锤炼加快中山高质量发展的政治品格

中山有着悠久的爱党爱国传统，大道之行，天下为公，在加快中山高质量发展背

景下，更要发扬对党忠诚、不负人民的伟大精神，坚持党的事业第一、党的原则第一、人民利益第一。要忠于党、忠于祖国、忠于人民，以中国共产党人崇高的政治品格推动新时代中山发展。

加快中山高质量发展，一是忠诚于党不动摇，坚定发展的政治方向。在发展道路上，要进一步增强"四个意识"、坚定"四个自信"、做到"两个维护"，真正做到在党言党、在党忧党、在党为党，以自身实际行动诠释对党的忠诚；在推动中山高质量发展过程中，要自觉在思想上、政治上、行动上与党中央保持高度一致，要做到对党心无旁骛、不打折扣、绝对忠诚；在中山干事创业干部队伍建设上，要把党的政治建设摆在首位，夯实政治根基，要坚决防止和清除"两面派""两面人"，坚决制止耍"小聪明"、拨"小算盘"、打"擦边球"的现象。要打造政治过硬、信念过硬、能力过硬、责任过硬、作风过硬的干部队伍。要持之以恒正风肃纪，全面从严治党，形成不敢腐、不能腐、不想腐的良好政治生态。二是忠诚于人民不动摇，坚定发展的人民性。在加快中山高质量发展道路上，要始终坚持以人民为中心的发展理念，坚持人民至上的价值取向，牢记中国共产党人的初心和使命。要聚焦老百姓"急难愁盼"问题，坚持以人为木，着力解决中山发展不平衡不充分问题，全面实施乡村振兴战略，深化城乡一体化发展，让改革发展成果更多更公平惠及人民。要尊重人民群众的主体地位和首创精神，牢记人民群众才是历史的创造者，人民才是真正的英雄，切实做到发展为了人民、发展依靠人民、发展成果由人民共享，不断增强人民群众的获得感、幸福感和安全感，努力让共同富裕目标可感知、可获得。同时，要坚决清除危害群众利益的特权思想和特权行为。

加快中山高质量发展，要弘扬伟大建党精神，要深刻领会建党精神的深刻内涵和价值指引，从中吸收发展的强大精神力量和前行动力，形成具有坚强革命意志和良好政治品格的精气神，奋力谱写新时代中山发展的壮丽华章。

（本文获征文比赛二等奖）

伟大建党精神

——中国共产党的精神之源

庄新岸*

习近平总书记在庆祝中国共产党成立 100 周年大会上的讲话中首次提炼了伟大建党精神："一百年前，中国共产党的先驱们创建了中国共产党，形成了坚持真理、坚守理想，践行初心、担当使命，不怕牺牲、英勇斗争，对党忠诚、不负人民的伟大建党精神。"并强调"这是中国共产党的精神之源"，中国共产党在辉煌的百年征程中接续弘扬伟大建党精神，在建党、立党、兴党、强党以及中华民族伟大复兴的长期奋斗中构建起中国共产党人的精神谱系，锤炼出鲜明的政治品格。

坚持真理、坚守理想，阐释了中国共产党人的理想信念。回望中国共产党百年历程，正是因为有坚持真理的恒心，正是有坚定理想的信念，才能在艰苦岁月中破除万难、艰苦奋斗，取得革命的胜利，取得建立新中国的奇迹，取得建设社会主义现代化国家和改革开放的伟大成绩，使得社会主义在中国大地擎旗飘扬。"中国产生了共产党，这是开天辟地的大事变，深刻改变了近代以后中华民族发展的方向和进程，深刻改变了中国人民和中华民族的前途和命运，深刻改变了世界发展的趋势和格局。"习近平总书记在庆祝中国共产党成立 100 周年大会上的讲话中这种基于大历史观对中国共产党历史作用的评价，建立在对中国共产党内在品质分析的基础之上，建立在对中国共产党光荣传统的弘扬之上，建立在中国共产党红色血脉的赓续之上，建立在伟大建党精神的继承和发扬之上。中国共产党的奋斗史就是一部共产党人不断追求真理、坚决捍卫真理，坚守理想而不懈斗争的历史。中国共产党自成立之日起，就鲜明地把马克思列宁主义刻在了党的旗帜之上。中国共产党在马克思主义的正确指导带领下，肩负起为实现中华民族伟大复兴而永续奋斗的历史使命和时代要求。党的实践历史证明，马克思主义的普遍真理是我们进行各项社会主义事业建设的制胜法宝，只要坚持真理不动摇，革命、建设、改革就必定取得胜利；只要背离真理，革命、建设、改革就会遭遇挫折和失败。当下世界面临百年未有之大变局，我国发展进入新时代，时代赋予共产党人坚守理想信念的重任。从坚持理想信念的内在要求及时代赋予共产党人的使命来看，共产党人必须夯实马克思主义信仰，增强共产主义远大理想和中国特色

---

* 作者简介：庄新岸，电子科技大学中山学院马克思主义学院教师，博士。

社会主义共同理想认同，逐步实现时代赋予的使命和担当，在构建人类命运共同体的实践中筑牢信仰之基，从而实现思想建党和理论强党的高度统一。

践行初心、担当使命，反映了共产党人秉承的人民至上情怀。人民是历史的创造者，是人类文明的推动者；人民是中国特色社会主义国家的主人，是进行中国特色社会主义建设事业的主体力量；人民群众的创造性实践是中国特色社会主义现代化进步的力量源泉，人民群众的支持是中国共产党执政的坚实基础。习近平总书记在庆祝中国共产党成立 100 周年大会上提出的"我们党的一百年，是矢志践行初心使命的一百年"这一重要论断，具有覆盖全部党史的最高位阶的核心话语地位，阐明我们党建党、立党、兴党、强党的历史向度，建构百年党史叙事的"大本大源"。践行初心和担当使命深刻地阐明了我们中国共产党兴党之路，展现我们党百年奋斗的光辉历程，深刻阐明了我们中国共产党强党之道，全面回答中国共产党为什么能的历史之问；践行初心和担当使命更是深刻地阐明和强调了我们中国共产党的立党之本，从历史唯物主义中深刻揭示了我们中国共产党的性质和宗旨！我们党的初心和使命，是实现我们中国共产党远大政党理想的重要载体和行动旨向，是塑造中国共产党卓越政党品格的根本要求，是凝聚我们中国共产党伟大政党共识的重要精神纽带，是继续优化我们中国共产党优良政党生态的深厚基础，是实现我们中国共产党宏伟政党目标的持久力量，是协调我们中国共产党正确政党行动的价值准则，是提升我们中国共产党强大政党能力的重要支撑，是维护我们中国共产党光荣政党形象的重大保障。中国共产党践行初心和担当使命，是永葆党的先进性和纯洁性的根本要求，是推进全面从严治党的治本之举，对于新时代党的伟大建设具有全面的引领作用。践行初心、担当使命，能为加强党的各项建设提供有力抓手，从而为持续优化党群关系，进一步增强全党同志的组织纪律性，巩固发展制度治党的全新局面等提供强大的内在动力。中国共产党践行初心和担当使命，始终坚持以为人民谋幸福、为民族谋复兴的根本价值旨向，为党的发展赢得了强大的道义力量，进而为中国特色社会主义建设事业提供源源不竭的核心动力。

不怕牺牲、英勇斗争，体现了共产党人坚强的意志品质。走向真理的道路一直以来就不是一帆风顺的，笃信真理和坚持真理极有可能遭遇"他人"非议或遭遇人们的排斥，甚至会流血，甚至要为真理牺牲。回望中国共产党辉煌伟大的百年党史，一代代共产党人筚路蓝缕、无私奉献，用生命书写对党忠诚的优秀政治品格，用鲜血诠释了为人民服务的崇高理想。因为忠诚，所以无惧困难；因为忠诚，所以敢于担当；因为忠诚，所以不怕牺牲。在新民主主义革命时期，无数共产党人自觉自愿肩负起救国救民的伟大使命，面对国民党反动派的糖衣炮弹，面对国民党刽子手惨绝人寰的严刑拷打，他们都意志坚定、宁死不屈，直至为国捐躯、为理想信念捐躯、为中华民族的美好明天抛头颅洒热血在所不辞。他们坚强的意志品质为我们树立了光辉榜样。当今世界风云际会，我们在进行诸多具有新的时代特征的伟大斗争中，来自各方杂音噪音的干扰在所难免，这就要求我们必须坚持马克思主义的指导思想不动摇、坚定不移贯彻和执行党的战略决策，必须坚决捍卫马克思主义真理、捍卫党的基本路线，对一切否定党的领导、否定我国社会主义制度、否定改革开放、否定党的历史、否定党的领袖和英雄模范的言行等行为，必须发扬不怕牺牲、英勇奋斗的意志品质，必须旗帜鲜明地反对和抵制。共产党人在革命斗争中将实现共产主义作为自己奋斗的崇高使命和职责，为共产主义事业英勇奋斗，中国共产党人"面对大是大非敢于亮剑，面对矛盾敢于迎难而上，面对危机敢于挺身而出，面对失误敢于承担责任，面对歪风邪气敢于坚决斗争，做疾风劲草、当烈火真金"。

对党忠诚、不负人民，展现了共产党人坚守的行动要求。中国共产党自成立之初就旗帜鲜明地把"人民"镌刻在党的旗帜之上，中国共产党人更是把自己完全地融入为中国人民谋幸福、为中华民族谋复兴的伟大事业之中，把满腔激情完全投入到以人民为中心的中国特色社会主义建设中去。对党忠诚、不负人民，是百年大党的血脉赓续，是壮丽事业的薪火相传。人民对美好生活的向往是我们党不懈努力的奋斗目标，也是共产党人理想信念的价值追求，这一奋斗目标和价值追求要求我们广大党员干部不论身处何时何地，都必须牢牢树立起以人民为中心的发展理念，坚持人民至上，坚持一切工作的标准是人民利益的实现和维护；这一奋斗目标和价值追求要求我们广大党员干部时刻关注人民的诉求，常思民众疾苦，增强为民服务意识，提高为民服务能力。历史和现实表明，只有忠诚于马克思主义信仰和共产主义理想，忠诚于党，才能真正地将最广大人民利益摆在一切工作的中心位置；只有全心全意为人民谋幸福，才能彰显出对马克思主义和社会主义的认同；只有不负人民，坚持人民至上，才能展现出对党忠诚。对党忠诚是具体的，对党忠诚是实践的，对党忠诚更是无条件的，必须以行动来体现，以行动来检验。对党忠诚不是自然而然产生的，主要来自对马克思主义坚定忠贞的信仰、对中国特色社会主义矢志不渝的信念；来自对马克思主义理论尤其是习近平新时代中国特色社会主义思想的自觉学习；来自对党的群众路线的忠实执行及对人民的忠诚，不负人民；在实践中不断升华和凝练，来自严肃的党内政治生活的锤炼；来自党员的党性修养和道德品质的提升；来自艰苦地区和基层实践的磨砺。对党忠诚、不负人民是中国共产党坚持真理，坚守理想，践行初心，担当使命，不怕牺牲，英勇奋斗的价值旨归和呈现，全体党员干部必须经常淬炼，才会越淬越纯、历久弥新。

（本文获征文比赛二等奖）

学史明理　研学铸魂
牢牢把握新时期公安事业的人民属性

江　平*

百年华诞，风华正茂。

习近平总书记"七一"重要讲话，视野宏阔、思想深刻、内涵丰富、振奋人心，其中深情回顾了我们党百年奋斗的光辉历程，擘画展望了中华民族伟大复兴的光明前景，系统阐述了以史为鉴、开创未来必须牢牢把握的"九个必须"经验启示和根本要求，为实现第二个百年奋斗目标新征程上党和国家事业发展明确了前进方向。特别是开创性提出了"江山就是人民，人民就是江山""人民是历史的创造者，是真正的英雄"等重要论述，"人民"成为本次讲话的核心主旨，为我党进一步秉承为民宗旨、践行群众路线，起到了举旗定向、领航把舵的重要作用。围绕"人民"这一关键词，并立足公安理论调研工作的岗位实际，结合前期党史学习教育的感想体会，本人认为以下四个方面值得深入学习思考，并推动融合落地、贯彻执行。

一、公安工作要牢记人民属性

据统计，习近平总书记在"七一"重要讲话中，86次提到"人民"一词，百年党史中"人民"同样是关键词，"人民至上"是共产党人的永恒初心。

学史明志、知史力行，公安机关开展党史学习，核心要义是牢牢把握自身"人民"公安、"人民"警察称谓中所蕴含的人民属性，从党史中赓续传承为民血脉，汲取为民服务经验。

通过党史学习教育，一方面，要达到"凝聚共识、坚定信心"的目的。当前处在"两个一百年"奋斗目标的历史交汇点，公安工作同样面临外部环境不确定、内部发展不平衡、各类风险隐患长期存在等严峻挑战和重大考验，但其中最大的风险挑战仍然是脱离群众、脱离人民，只要紧紧依靠人民、牢牢根植人民，就能克服一切困难艰险、就能无往而不胜。这个共产党人一以贯之的价值判断和动力源泉，不能忘、不能丢、不能变。

另一方面，还要达到"整顿风纪、重塑形象"的目的。公安机关如何赢得人民信

---

* 作者简介：江平，中山市公安局警察训练支队直属大队教导员。

任、得到人民支持，最紧要的还是与内部存在的一些脱离群众的陋习作斗争，如要主动查摆是否存在宗旨意识不强、服务态度不佳的"门难进、脸难看、事难办"问题，主动查摆是否存在漠视群众呼声诉求、损害群众切身利益的"不作为、慢作为、乱作为"问题，针对显性问题要力行力改，更重要的是在全体民警脑海里上紧"群众利益无小事"这根弦。

二、公安事业要坚持人民导向

习近平总书记强调，打江山、守江山，守的是人民的心。新时期推动公安事业，要始终坚持人民至上，始终践行以人民为中心的发展理念，研究谋划更好地为市民群众开展服务。首要的是进一步"放大"群众在公安工作考核评价体系中的"声音"。

一方面，要高度重视人民群众安全感和满意度等第三方调查结果，强化绩效挂钩和考核应用，通过发挥这个指挥棒的导向作用，推动构建全警"任职要担责、履职要尽责、失职要追责"的科学评价考核体系。

另一方面，要用足用好人大代表和政协委员建议提案、会商座谈等议政平台，积极推动将公安工作纳入市政府民生实事项目，有效接受群众监督，公安机关各级领导带头访企业、下基层，持续推进"百万警进千万家""我为群众办实事"等为民实践活动，多种方式收集社会各界对公安工作的意见和建议，接受监督指导。同时，要热情回应市民群众来信来访，将涉警信访渠道作为倾听群众呼声、为群众排忧解难的重要环节，并切实抓紧抓好"厅局长信箱"的宣传、流转、办理、回复等相关工作。

三、社会治理要凸显人民力量

习近平总书记强调，中国共产党根基在人民、血脉在人民、力量在人民。公安工作不能孤军奋战，必须坚持走群众路线，全面高效地发动企事业单位、学校、机构、商会、社区等社会各界力量，扩大平安建设主体，打造共建共治共享新格局。要传承和发扬新时期"枫桥经验"，进一步总结和推广中山市三乡谷都派出所等"岭南示范公安派出所"在群防群治领域的措施和经验，以试点推动义警队伍建设为载体，将重点单位内保人员、村社区治安队员、物业保安、志愿者等分散治安力量统筹组织起来，达到平时"内保外巡、邻里守望"，战时"一呼百应、一拥而上"的效果。要进一步优化提升新形势下的社区警务效能，发挥好村居"平安书记"的前沿耳目、情报触角、定纷止争等作用。要重点围绕当前我市突出治安问题，组织起网民、网约车司机、烧烤档主、快递员、送餐员等基层活跃群体，以见义勇为、举报奖励等渠道加以宣传引导，充分发挥其在情报发现、应急处置等情境中的积极作用，搭建完善网上网下无死角的立体防控新格局。

四、平安建设要维护人民利益

习近平总书记强调，中国共产党始终代表最广大人民的根本利益，与人民休戚与共、生死相依。我们开展平安中山、法治中山建设，出发点和落脚点也都是人民，事关市民群众生命财产等切身利益的痛点、难点、堵点问题，我们不能有丝毫懈怠，更不能漠然坐视。如针对电诈犯罪猖獗、人民损失惨重问题，要大力推动"全民反诈"工作，"打击、止付、宣传"齐头并进，坚决扭转电诈案件上升势头，尽最大努力保住市民"钱袋子"。针对校园、医院等重点领域受侵害问题，要滚动排查隐患、堵塞安全漏洞，严格落实"四个100%""五统一"等要求，常态化落实"护学岗""高峰勤务"等安保机制，在全市范围铺开"最小应急单元"建设，并将相关措施推广应用到校外教培、托育等办学机构，全方位确保重点群体安全无虞。

针对交通事故问题，要通过开展专项打击整治行动、重点镇区挂牌集中治理、整改清零路面隐患、压实属地管控责任等手段，推动多部门综合治理、源头治理，力争实现"四项指数"全面下降。同时，针对新冠肺炎疫情防治、大型活动安保以及水电气、危化品安全监管等公共安全领域问题，要充分认识相关工作"一失万无"的极端重要性，做好全流程监管、联勤值守等各项工作，确保公共安全领域的绝对安全，坚决遏制重特大事故发生。

（本文获征文比赛二等奖）

画出最大同心圆 携手启航新征程

杨绍平*

习近平总书记在庆祝中国共产党成立 100 周年大会上的重要讲话指出：在百年奋斗历程中，中国共产党始终把统一战线摆在重要位置，不断巩固和发展最广泛的统一战线，团结一切可以团结的力量、调动一切可以调动的积极因素，最大限度凝聚起共同奋斗的力量。中国共产党百年光辉历史，是一部为中国人民谋幸福，为中华民族谋复兴的不懈奋斗史、理论探索史、自身建设史，包含着与各民主党派肝胆相照、携手前进的同心奋斗史。历史充分证明，没有共产党就没有新中国，就没有中华民族的伟大复兴。历史和人民选择了中国共产党，各民主党派选择了中国共产党。第二个百年新征程已开启，自觉当好中国新型政党制度的坚定维护者、新时代中国特色社会主义事业的忠实践行者、中华民族伟大复兴的接续奋斗者，是我市各民主党派赓续精神血脉、立足当前、开创未来的应有之义与应尽之责。

一、以史鉴今，永葆初心，当好中国新型政党制度的坚定维护者

在百年探索和奋斗历程中，中国共产党将马克思主义基本原理同中国具体实际相结合，团结一切可以团结的力量，组成了广泛的统一战线，推动建立了中国新型政党制度，也就是中国共产党领导的多党合作和政治协商制度。习近平总书记指出，中国共产党领导的多党合作和政治协商制度作为我国一项基本政治制度，是中国共产党、中国人民和各民主党派、无党派人士的伟大政治创造，是从中国土壤中生长出来的新型政党制度。

中国共产党领导是中国特色社会主义最本质的特征，最大的优势，坚定不移接受中国共产党的领导，是参政党最大的政治。1925 年 10 月，华侨社团在美国旧金山发起成立了中国致公党。1948 年 6 月 9 日，中国致公党公开发表宣言，声明接受中国共产党的领导，从此走上了同中国共产党真诚合作、共同奋斗的光辉大道。70 多年来，中国致公党始终牢记多党合作初心，积极投身建立新中国、建设新中国、探索改革路、实现中国梦的伟大实践，致力于民族独立、人民解放和国家富强、人民幸福的宏图伟业，走过了辉煌的历程，建立了历史的功勋。

---

* 作者简介：杨绍平，致公党中山市委会副主委，中山市政协委员。

习近平总书记指出，坚持和完善中国共产党领导的多党合作和政治协商制度，更好地体现这项制度的效能，着力点在发挥民主党派和无党派人士的积极作用。中山致公作为中国致公党的基层组织，自 1981 年 8 月成立以来，始终坚持和完善中国共产党领导的多党合作和政治协商制度，不断加强自身建设，切实发挥参政党的职能作用。历史是最好的教科书，也是最好的营养剂、清醒剂。回顾致公的发展历程，接受中国共产党领导是致公在重要历史节点作出的正确抉择，始终坚持中国共产党的领导是致公不断成长进步、有所作为的精神支柱和动力源泉，是致公凝聚和捍卫的最大政治共识。以史为鉴方可永葆初心、行稳致远，新时代开启新征程，需要包括致公在内的各民主党派从中国共产党百年奋斗历程中汲取继续奋进力量，不忘合作初心，携手继续前进，自觉当好中国新型政党制度的坚定维护者，续写新时代多党合作的新篇章。

二、以史明志，知往鉴来，当好新时代中国特色社会主义事业的忠实践行者

长期以来，各民主党派与中国共产党一道，为中国革命、建设和改革事业作出重要贡献。70 多年前各民主党派共同选择自愿接受中国共产党领导，作为中国特色社会主义事业的亲历者、实践者、维护者、捍卫者，始终不忘合作初心，同中国共产党想在一起、站在一起、干在一起。始于改革开放所开启的中国特色社会主义事业，使各民主党派成为"为社会主义服务的政治力量"，并逐步发展为"接受中国共产党领导、与中国共产党亲密合作、致力于建设中国特色社会主义事业的参政党"。这表明民主党派在政治方向上是始终坚持中国特色社会主义道路、理论体系和制度的参政党，在政党关系上是始终与中国共产党风雨同舟、密切合作的参政党，在目标追求上是始终致力于中国特色社会主义事业的参政党。

习近平总书记指出，各民主党派、工商联和无党派人士要不断提高政治判断力、政治领悟力、政治执行力，引导广大成员和所联系群众不断增进对中国共产党领导和中国特色社会主义的政治认同、思想认同、理论认同、情感认同，始终保持同中国共产党同心同德、团结奋斗的政治本色。

各民主党派和无党派人士具有人才荟萃、智力密集、联系广泛等优势，新时代中国特色社会主义事业离不开包括民主党派和无党派人士在内的全国各族人民的共同奋斗。在实践中不断巩固和发展的"中国特色社会主义"这一共同思想政治基础，不仅决定了中国共产党与各民主党派的长期团结合作，民主党派作为中国特色社会主义参政党是当代中国特色社会主义事业不可或缺的重要推动力量。在奋力开创新时代中国特色社会主义事业进程中，需要各民主党派按照"四新""三好"的要求，进一步提高新时代中国特色社会主义参政党建设水平，紧密结合参政议政重点领域，围绕实施乡村振兴战略、深化依法治国实践、提高保障和改善民生水平、加强和创新社会治理等重大问题，深入开展调查研究，多献求真务实之策，当好新时代中国特色社会主义事业的忠实践行者。

三、以史促行，砥砺前行，当好中华民族伟大复兴的接续奋斗者

习近平总书记在庆祝中国共产党成立 100 周年大会上的重要讲话指出，我们要用历史映照现实、远观未来，从中国共产党的百年奋斗中看清楚过去我们为什么能够成功、弄明白未来我们怎样才能继续成功，从而在新的征程上更加坚定、更加自觉地牢记初心使命、开创美好未来。习近平总书记在历史与现实、理论和实践的结合中鲜明提出了"九个必须"的根本要求。这"九个必须"凝聚着中国共产党的百年历史经验，廓清了从历史走向未来的道路和方向，向世界宣示了中国共产党领导中华民族伟大复兴事业的坚强政治定力和鲜明制度自信。习近平总书记的讲话，向各民主党派发出了新时代新征程携手接续奋斗的伟大号召。

实践充分证明，各民主党派作为中国共产党久经考验的亲密友党和中国特色社会主义参政党，是中国从站起来、富起来到强起来伟大征程中的一支重要力量，是决胜全面建成小康社会、夺取新时代中国特色社会主义伟大胜利的一支重要力量，是实现中华民族伟大复兴中国梦的一支重要力量。当前是"两个一百年"奋斗目标的历史交汇期，是我市"五年定百年"的历史机遇期和关键发展期，市委、市政府已发出打赢经济翻身仗、加快中山高质量崛起的动员令，擘画了我市未来一段时期经济社会发展的路线图。蓝图已绘就，号角已吹响，奋进正当时，这需要各民主党派勠力同心、砥砺前行，当好中华民族伟大复兴的接续奋斗者，当好中国共产党的好参谋、好帮手、好同事，建净言、谋良策、出实招，为加快中山高质量崛起贡献参政党应有力量。

（本文获征文比赛二等奖）

从百年党史中汲取赓续奋斗伟力
全面推动中山高质量跨越式发展

曾丽萍*

百年风华正茂，百年春华秋实。在中国共产党百年华诞之际，习近平总书记向世界作出庄严宣告，在100年波澜壮阔的历史进程中，中国共产党厚植人民情怀，跨过一道又一道沟坎，取得一个又一个胜利，为中华民族作出了伟大历史贡献！回顾百年党史，滚滚车轮席卷无数奋斗英姿，更在中山大地留下浓墨重彩的历史笔画。忆往昔峥嵘岁月，汲取百年奋发的精神伟力；望民族复兴大业，唯有奋斗不止发展不息。我们必须认真贯彻落实习近平新时代中国特色社会主义思想，在党史学习教育中学史明理、学史增信、学史崇德、学史力行，紧紧围绕市委、市政府既定目标任务，一张蓝图绘到底、一鼓作气干到底，努力实现社会主义现代化建设新征程，开好局、起好步，全面推动中山高质量跨越式发展。

全面推动中山高质量跨越式发展，必须深刻领会伟大建党精神的丰富内涵。习近平总书记在"七一"重要讲话中，将我们党伟大的建党精神精辟概括为"坚持真理、坚守理想，践行初心、担当使命，不怕牺牲、英勇斗争，对党忠诚、不负人民"。这是中国共产党始终充满朝气和活力、不断从胜利走向胜利的内在奥秘，深刻揭示了中国共产党的特质，是我们全面认识和准确把握"中国共产党为什么能"的一把金钥匙。学好党史就是要坚持真理、坚守理想。从《共产党宣言》发表到今天，无论时代如何变迁，马克思主义依然显示出科学思想的伟力，依然占据着真理和道义的制高点。党的十八大以来，以习近平同志为核心的党中央从理论和实践结合上，创立了习近平新时代中国特色社会主义思想，这是马克思主义中国化的最新成果，是当代中国马克思主义、21世纪马克思主义，这一思想成功指引我们战胜重重风险挑战，成功实现第一个百年奋斗目标，也必将指引我们夺取全面建设社会主义现代化国家新胜利。

学好党史就是要践行初心、担当使命。习近平总书记在党史学习教育动员大会上反复强调"江山就是人民，人民就是江山"。在新的征程上，我们必须坚持全心全意为人民服务的根本宗旨，贯彻党的群众路线，践行以人民为中心的发展思想，推动全体中华儿女在共同富裕的道路上不断取得更为明显的实质性进展。学好党史就是要对

---

* 作者简介：曾丽萍，中山火炬职业技术学院思政部副教授。

党忠诚、攻坚克难。我们党一路走来，经历了无数艰险和磨难，但任何困难都没有压垮我们，任何敌人都没能打倒我们。过去的一年，突如其来的新冠肺炎疫情让国家和民族经受了一场危机考验，我们依靠着社会主义制度的优越性和顽强拼搏的战斗力战胜了疫情。面对世界百年未有之大变局，我们党始终带领人民攻坚克难，在实现民族伟大复兴的历史进程中发挥中流砥柱的作用。

全面推动中山高质量跨越式发展，必须深切感悟以史为鉴、开创未来"九个必须"重要意义。学习党史、奋发前行，关键要有前进方向和根本遵循。习近平总书记系统阐述以史为鉴、开创未来的"九个必须"，既是对党百年奋斗经验和启示的深刻总结，又是在新的历史关头向全党继续奋进新征程、建功新时代的政治动员，为中山围绕奋斗目标的迈进指明了前进方向、提供了根本遵循，是我们抓好一切工作的根本要义。要准确理解把握思想精髓要义。党员干部必须坚持读原著、学原文、悟原理，带着信念学、带着感情学、带着使命学、带着问题学，领悟好讲话蕴含的坚定信仰追求、历史担当精神、真挚为民情怀和务实思想作风，做到有新启发、新思考、新收获，更好地用以指导和推动各项事业发展。要突出联系实际深入思考。深入思考如何加快中山高质量发展的步伐，如何推动全面从严治党，如何持续补好理想信念之钙，拧紧世界观、人生观、价值观的"总开关"，联系工作实际，将习近平新时代中国特色社会主义思想变成一种本能的、习惯性的行为方式，成为内化式思维、外化式自觉。要坚持学用结合、学以致用。大力弘扬理论联系实际的优良学风，结合习近平总书记考察广东重要讲话精神，牢牢把握"打造湾区经济发展新增长极、改革开放新高地、城市文明示范区、绿色发展标杆市、和谐善治幸福城"目标，实现理论上和行动上的高度自觉和高度一致，切实把学习成效转化为做好本职工作、推动事业发展的生动实践、工作实效。

全面推动中山高质量跨越式发展，必须牢牢把握"走在全省前列、再创新的辉煌"总体目标。当前，中山发展正处于滚石上山、争创辉煌的关键时期，市委明确了"走在全省前列、再创新的辉煌"总体目标，需要每一名党员干部群众树牢"有真本事、想干大事、干成大事"的思想，将真理力量和人格力量转化为实践力量。"有真本事"关键在"有"，根本在"真"。我们要完成时代使命，就要与时俱进，探求真理，不断磨炼会干事、干成事的真本领，锻造出解决问题的金钥匙；就要善于学习掌握运用马克思主义真理，善于学习掌握运用经济、政治、文化、科技等方面的专业知识，不断提高自己的理论化、知识化、专业化水平，努力成为"又红又专"的行家里手、内行领导。"想干大事"关键在"干"，根本在"想"。想干大事，就要坚守初心、肩负使命，彰显的是一种思想自觉，蕴含的是一种价值追求，迸发的是一种精神状态。想干大事，就必须不忘初心、牢记使命，明大德、守公德、严私德，就必须公正用权、依法用权、廉洁用权；就必须保持"精气神"，才有"愿做事""敢扛事""做成事"的内在动力。"干成大事"是市委对"十四五"和2035年远景目标规划的目标，积极参与"双区"建设、对接"双城"联动，加快建设现代化经济体系，参与构建新发展格局，推进市域治理体系和治理能力现代化，坚决打赢经济翻身仗、加快中山高质量发展，奋力建设国际化现代化创新型城市，打造"湾区枢纽、精品中山"，加快建设珠江东西两岸融合发展支撑点、沿海经济带枢纽城市、粤港澳大湾区重要一极，努力实现社会主义现代化建设新征程，开好局、起好步。

全面推动中山高质量跨越式发展，必须"集中精力办好自己的事"，抓好重点任务落实。目标在前、重任在肩，必须按照市委、市政府部署要求，紧跟湾区前进步伐，牢牢把握发展主动权，集中精力办好自己的事，奋力谱写中山改革发展新篇章。融入新发展格局要体现"快"。融入新发展格局是全市推动率先高质量发展的应有之义，必须充分发挥现有产业和区位优势，扭住深化供给侧结构性改革这条主线，围绕习近平总书记"构建以国内大循环为主体、国内国际双循环相互促进的新发展格局"重要论述，统筹扩大国内国外市场，实现相互促进、高效贯通。构建现代产业体系要"优"。坚持创新主基调，加快建设大湾区国际科技创新中心重要承载区和创新科技成果转化基地，将产业发展推向集群化、高端化，扩大产业链效能，重点围绕高质量服务业拓宽升级渠道，将产业发展作为加快中山高质量发展的先发一环。推进改革开放要"实"。只有改革才有出路，必须将全面深化改革深入推动落实，特别是要在重点领域和关键环节推动实施一批新的创造型引领型改革，打造改革开放高地。促进区域城乡协调发展要"衡"。区域城乡协调发展最终落脚点是人民群众有实实在在的获益，既要统筹推进产业跨区域布局共建，更要推动创新资源和成果转化共享，还要促进服务功能延伸拓展。发展的均等基础在农业农村，要点在公共服务，还必须将推进生态文明建设作为关键要点，让"幸福中山"成为每个市民的自豪烙印。

为有牺牲多壮志，敢教日月换新天！学习不止，奋斗不息，我们每一名基层党员干部都要以担当践行使命，以实干成就未来，为中山打赢"经济翻身仗"、加快高质量崛起而努力奋斗，为实现中华民族伟大复兴的中国梦作出应有贡献。

（本文获征文比赛二等奖）

把党史学习教育融入大学生思想政治工作

陈化水*

新时代大学生是国家的希望和未来，是实现中华民族伟大复兴的先锋力量。学党史、听党话、跟党走应是大学生成长成才的自觉要求，也是高校思想政治工作的时代使命。高校要抓住党史学习教育的重要契机，积极将党史学习教育融入高校思想政治工作，坚定大学生理想信念，厚植大学生爱国主义情怀，汇聚大学生实现民族复兴的磅礴力量。

把党史学习教育融入课堂教学主阵地，坚定大学生理想信念。理想指引人生方向，信念决定事业成败。思政课是坚定大学生理想信念的关键课程，是落实立德树人根本任务的主阵地。高校要把党史学习教育融入思政课主渠道。认真学习贯彻习近平总书记关于党史学习教育的重要论述，准确把握百年党史的主题主线、主流本质，坚持正确党史观和大历史观，旗帜鲜明反对历史虚无主义，深挖百年党史的育人元素，将百年党史融入思政课教学体系。讲清问题，讲透道理，讲好成绩，引导学生在党史学习中明白，中国共产党为什么能，马克思主义为什么行，归根到底是因为马克思主义行，因为中国共产党始终坚持马克思主义真理和共产主义远大理想。要将坚持"课程思政"和"思政课程"同行、同频共振，使大学生在感受科学魅力和真理力量的同时，也能体悟到自身肩负的历史重任和时代使命，自觉形成对马克思主义的坚定信仰，对中国特色社会主义的坚定信念，对实现中华民族伟大复兴的坚定信心。

把党史学习教育融入网络思政工作新阵地，厚植大学生爱国主义情怀。百年党史就是一部中国共产党践行爱国主义的历史。一百年来，中国共产党领导中国人民矢志不渝地推进救国、立国、富国、强国的千秋伟业，从根本上改变了中华民族的命运，使近代以来的中国从风雨飘摇、任人宰割到走近世界舞台中央，焕发出无限生机和活力，铸就了伟大的爱国主义精神。把党史学习教育融入网络思政工作新阵地，就是要根据新时代大学生的学习和生活方式把爱国主义植入他们心灵深处，使爱国主义成为新时代大学生的坚定信念、精神力量和自觉行动。一方面，要契合新时代大学生时代特点和成长需求，准确了解他们的思想动态和价值取向，精准推出"网上党史"资源，把党史学习教育和网络思想政治教育融合起来，把党史中蕴含的爱国主义内容按

---

* 作者简介：陈化水，电子科技大学中山学院副教授，博士。

照互联网传播规律和学生接受方式进行内容再造，在"无时不有、无处不在"的网络世界中建立"时时可得、处处可及"的情境空间，为大学生学习党史、继承和弘扬爱国主义精神提供新的途径和载体。另一方面，要契合学生喜闻乐见的方式开展党史网络文化节、党史学习打卡等网络主题教育活动，用有温度、有深度、有态度的活动接近学生，用学生喜爱的小行动讲好党史大故事，唱响主旋律，让爱国主义充盈高校网络空间。此外，要建强大学生党史网络文化工作室，通过网络直播、线上授课、会议交流等网络手段让一批有信仰的人讲信仰，有担当的人讲担当，推出一批深受学生喜爱、反映时代要求、体现红色基因、传承红色文化的优秀网络作品，让学生在红色故事、鲜活历史中体悟到爱国主义始终是百年党史的基本底色，激发新时代大学生厚植家国情怀，自觉把爱国情、强国志、报国行自觉融入坚持和发展中国特色社会主义、建设社会主义现代化强国、实现中华民族伟大复兴的新征程中。

把党史学习教育融入社会实践大课堂，汇聚民族复兴的青春力量。实践是党史学习教育的重要载体和有效形式。为了践行初心使命，一代又一代中国共产党人勇于实践、敢于奋斗、不怕牺牲，在实践中铸就辉煌，在实践中赢得胜利。初心易得，始终难守。高校要高度重视党史学习教育的实践性，把党史小课堂和社会大课堂结合起来，鼓励青年学生走出学校、走向社会、走进基层，在理论学习和社会实践中感受党的百年伟业和百年辉煌，在伟大实践中坚定初心使命，在实现中华民族伟大复兴的进程中建功立业。

同时，高校要用好党和国家红色基因库，讲好红色故事，发挥红色基因库实践育人优势。积极组织学生瞻仰革命遗址，参观博物馆、纪念馆，采访老红军和革命英雄等活动，在参观学习和情景感悟中，学习革命英烈感人事迹，感悟革命先辈崇高精神，继承先辈们伟大事业，以"舍我其谁"的责任担当，把小我融入国家发展和人民幸福的大我，践行"请党放心，强国有我"的铮铮誓言，引领时代和社会发展，为实现中华民族伟大复兴中国梦汇聚磅礴青春力量。

（本文获征文比赛二等奖）

三个历史阶段下的"四最按语"

吴　祺*

习近平总书记在河北调研指导党的群众路线教育实践活动时的讲话中指出，历史是最好的教科书，中国革命历史是最好的营养剂。百年党史，是一部中国共产党团结带领全国人民不懈奋战、艰苦奋斗的恢宏史诗，中山人民筚路蓝缕的发展史是这部史诗里最振奋人心的篇章之一。把党史和中山史结合起来学，把各个历史时期的宏观背景与中山实际结合起来看，有助于我们从更深层次感受时代脉搏、汲取历史智慧、赓续精神血脉，更好地领悟思想、指导实践、开创新局，为加快中山高质量崛起提供充沛动力。

一、社会主义建设时期："四最按语"的形成

忆往昔，峥嵘岁月稠。20 世纪 50 年代是一个百废待兴却生机勃勃的历史时期。经过近代以来的百年沧桑，在中国共产党的坚强领导下，全国人民经过浴血奋战，建立起伟大的新中国。然而，由于战火连年，彼时的中国是一个积贫积弱、一穷二白的落后农业国，经济基础极其薄弱，连温饱都难以保障。1952 年，我国国内生产总值（GDP）仅有 679 亿元，相当于美国的 1/12，人均 GDP 仅为 119 元。然而，党和人民从不畏惧艰难险阻。1953 年，我国实行发展国民经济的第一个五年计划，党领导亿万人民踏上新征程，以"为有牺牲多壮志，敢教日月换新天"的革命情怀投入社会主义建设事业之中。

在这个时期，中山人民凭借勤劳与智慧书写了精彩的篇章。1955 年，中山县新平乡以团小组为核心，成立了第九农业生产合作社青年突击队。他们敢于拼搏、善于学习、勇于创新，出色地完成了生产任务。团省委将青年突击队的光辉事迹写成《中山县新平乡第九农业生产合作社的青年突击队》，该文被编入党中央和毛主席主持编辑的《中国农业的社会主义高潮》，毛主席还亲自为该文写下按语："青年是整个社会力量中的一部分最积极最有生气的力量。他们最肯学习，最少保守思想，在社会主义时代尤其是这样。"

青年突击队是勤劳勇敢的中山人民的代表，他们的光辉事迹是中山人民热烈开展

---

*　作者简介：吴祺，供职于中山市纪委监委。

社会主义建设的缩影。"最积极、最有生气、最肯学习、最少保守思想"生动反映了中山人民发愤图强的时代品格，集中概括了中山人民干事创业的奋斗精神。"四最按语"是中山人民在社会主义建设时期形成的优良传统、精神财富，对中山此后的发展产生了深远影响。

二、改革开放时期："四最按语"的传承

经历"文化大革命"后，中国共产党团结带领全国人民拨乱反正，解放思想。1978年，党的十一届三中全会胜利召开，全会冲破长期"左"的错误的严重束缚，彻底否定"两个凡是"的错误方针，重新确定了党的实事求是的思想路线，把全党全国的工作重点从"以阶级斗争为纲"转移到"以经济建设为中心"的社会主义现代化建设上来，并提出了改革开放的任务。一声春雷，万物复苏，全国上下迸发出压抑已久的蓬勃生机，"春天的故事"拉开序幕。

改革开放之初，市场经济方兴未艾，对外开放循序渐进，市场上涌现出无数机遇。意识超前、反应迅速的中山人民抢占先机，以引进国外先进技术促进技改为突破，推动市属工业向规模经济发展，并吸引了大批华侨回乡投资，开办了数万家"三来一补"工厂。凯达、威力、晨星、乐百氏、小霸王等逐渐成为家喻户晓的大型企业，经典广告"威力威力，够威够力"响遍全国。1988年，中山GDP达到39亿元，人均GDP超过800美元，被列为全国第一批36个率先跨入小康水平的城市之一，中山与东莞、南海、顺德成为驰名全国的"广东四小虎"。

中山在这个时期取得的辉煌成就，与中山人民身上的"四最按语"是分不开的。即使经历"文革"，中山人民干事创业的精气神还在，依然敢闯敢试，敢为天下先，所以能够抓住历史性发展机遇，一举实现经济建设与城市发展的巨大飞跃。可以说，"四最按语"对中山人民走在改革开放最前列发挥了重要作用。

三、中国特色社会主义新时代："四最按语"的发扬

改革开放以来，我国以较低的生产要素成本及环保要求，吸引发达国家转入大量制造业，实现了经济高速增长。然而，随着近年来生产要素成本持续上升，环境承载能力接近上限，原有的粗放型、低效率增长模式已经不可持续。2017年，党的十九大报告指出，经过长期努力，中国特色社会主义进入了新时代，这是我国发展新的历史方位。我国经济已由高速增长阶段转向高质量发展阶段，正处在转变发展方式、优化经济结构、转换增长动力的攻关期。

在这个大背景下，中山以传统制造业、镇区经济、土地扩张为主导的发展模式难以为继，经济转型势在必行，但是遭遇了一定困难。近年来，中山GDP增速放缓，陆续被惠州、珠海、茂名、江门赶超。2020年，市委第十四届八次全会报告将中山面临的发展困境总结为"土地碎片之困、产业升级之困、交通瓶颈之困、队伍建设之困"。

在严峻形势下，市委、市政府发出加快中山高质量崛起的号召，带领中山人民突破瓶颈，再创辉煌。

在中国特色社会主义新时代，我们必须与时俱进，拿出新的应对举措，走出新的发展道路，但这并不意味着"四最按语"已经过时。相反，"四最按语"在今天依然具有旺盛的生命力，对破解中山发展难题具有很强的针对性，对加快中山高质量崛起具有长期的适用性，值得我们继续发扬。

为了加快高质量崛起，我们必须敢于担当、积极作为。习近平总书记讲过，一代人有一代人的长征，每一代人都要走好自己的长征路。当代中山人不能躺在前人的功劳簿上，应当自觉肩负起加快中山高质量发展的历史使命。我们要不断提高"兴中有我，强中靠我"的主人翁意识，切实增强使命感、责任感、紧迫感，充分发挥主观能动性，全面调动干事创业积极性，以更大作为推动中山发展。

为了加快高质量崛起，我们必须坚定自信、永葆生气。虽然中山现在面临重重困难，但是"广东四小虎"的底子还在，制造业基础依然扎实，并且迎来"双区驱动"历史性发展机遇，因此我们绝不可以妄自菲薄，轻言放弃。中山是伟人故里，孙中山先生说过，"吾志所向，一往无前，愈挫愈奋，再接再厉"。我们要永葆奋发向上的生气、后来居上的志气、力争上游的锐气，精神抖擞，大步前进。

为了加快高质量崛起，我们必须善于学习、因地制宜。干事创业不能一味苦干、蛮干，遵循科学正确的方法才能事半功倍，所以我们必须善于学习，通过学习找准方法。我们要深入学习习近平新时代中国特色社会主义思想等党的重要思想理论，加强思想指引与理论指导；要认真开展党史学习教育，汲取历史智慧；要虚心借鉴其他城市在发展过程中的先进经验，将成功做法与本土实际结合，探索出适合我市的发展道路。

为了加快高质量崛起，我们必须锐意创新、敢为人先。我们如果不识变、不应变、不求变，就可能陷入战略被动，错失发展机遇，所以必须突破思维惯性，摆脱原有发展模式的路径依赖，坚持守正创新，落实创新驱动发展战略。我们要进一步解放思想，开动脑筋，立足新发展阶段，贯彻新发展理念，构建新发展格局，同时要清理不适应新发展，甚至阻碍新发展的体制机制，放开手脚，大干一场。

无论走得再远，都不能忘记来时的路。纵观百年党史，中国共产党团结带领全国人民，创造了彪炳史册的人间奇迹。回顾新中国成立以来的三个历史时期，中山人民始终坚定不移跟党走、始终紧跟时代步伐、勇立时代潮头，始终把个人的奋斗历程融入国家的历史进程之中，始终在干事创业中秉承"四最按语"。立足当前时期中山面临的挑战与机遇，我们必须传承优良传统，赓续精神血脉，继续坚持与发扬"四最按语"，提振干事创业的精气神，抢抓"双区驱动"历史性发展机遇，为加快中山高质量发展作出应有的贡献。

（本文获征文比赛二等奖）

社会经济

改革创新与中山经济高质量发展

曹细玉*

摘要： 改革开放以来，中山以"敢为天下先"的精神和一系列促进经济发展的战略性举措，为中山经济发展取得了非凡的成就，但最近两年中山面临经济增长速度明显放缓、创新能力不强、转型升级动能不足、经济发展质量亟待提高等问题，如何重振虎威是中山当前亟待解决的问题。本文从中山经济发展的现状入手，从八个方面对重振中山经济进行分析，为中山经济高质量发展提供相应的建议，助推中山经济高质量发展。

关键词： 解放思想　转型升级　创新　高质量发展

改革开放以来，中山市委、市政府通过"工业立市""工业强市"和"经济强市"等战略，以"敢为天下先"的精神，极大地激发了经济发展活力，促进了中山经济的快速发展，中山成为赫赫有名的"广东四小虎"之一，创造了中山经济发展奇迹。但近年来随着国际和国内市场环境的变化，中山发展面临经济增长速度放缓、创新能力不强、转型升级动能不足、经济发展质量亟待提高等问题，加上土地紧缺、地价快速上升以及劳动力成本上涨等因素，中山经济发展遇到了前所未有的困境，特别是 2019 年的经济数据在全省的排名比较靠后，使得中山经济发展受到外界的广泛关注。究其原因，虽然有国内外大环境的影响，但更多的是较长时间以来自身深层次的发展问题没有得到有效的解决。2019 年 11 月 8 日，中山市委、市政府召开全市经济工作会议，强调要解放思想，直面问题，积极应对挑战，打赢经济翻身仗，推动中山实现高质量发展。这是当前新形势下中山市委、市政府做出的重要决断，也是为推动中山经济高质量发展的动员令。当前，推动中山经济发展才刚刚开始，又面对新型冠状病毒肺炎这一重大疫情，中山如何从当前困境中突围，在已有的经济基础上向前推进，使中山经济再创辉煌，就需要进一步解放思想，凝聚共识，最大限度凝聚智慧力量，深入全面地剖析制约中山经济发展的深层次问题，群策群力破解发展困局，并做

---

* 作者简介：曹细玉，电子科技大学中山学院经贸学院院长、教授、博士。研究方向：产业经济与政策、低碳供应链管理。

好长远谋划，全力推进中山经济高质量发展。

一、解放思想与提振信心并重，直面问题抓落实

中国改革开放 40 余年的成功经验说明，解放思想、统一认识是做成大事的关键，中山改革开放后之所以能够取得非凡的成就也是中山具有"敢为天下先"的精神。当前，中山经济发展虽然遇到了一些问题，但这也是任何城市经济发展过程中必须要经历的"烦恼"。目前，中山有 8 家规模超百亿元企业，63 家超 10 亿元企业，42 万户市场经济主体，这些数据清楚地说明中山的经济基础是比较扎实的，经济基本面是比较好的。要推动中山经济高质量发展，必须能够直面当前经济发展过程的问题，全市上下要以思想大解放引领大发展，要加大思想引领与舆论宣传，在困境中更需要引导各级政府和企业加强责任意识和担当意识，进而在全市形成敢闯敢试、真抓实干、争创一流的浓厚氛围；同时，针对当前存在的发展问题，要认识挑战与机遇并存，要寻找在困境中"求变、求突破、求发展"的方法与策略，谋划以大格局拓展新发展空间，狠抓落实，中山就完全有信心、有能力重振虎威。

二、加快产业转型升级，助推经济高质量发展

党的十九大报告指出我国经济已由高速增长阶段转向高质量发展阶段，强调"要切实把提质增效放到经济工作的首要位置，推动经济发展质量变革、效率变革、动力变革，提高全要素生产率"。习近平总书记在十九大后的首次中央经济工作会议上强调，新时期经济工作的根本要求是"推动高质量发展"。由此可见，新发展理念下推动我国经济高质量发展，是习近平新时代中国特色社会主义经济思想的重要内容，也是习近平新发展理念的核心要义。中山经过改革开放四十余年的发展，具有较好的经济基础和产业基础，这也是中山经济能重振虎威的根本保障。但从近十年的经济发展来看，中山经济高质量发展水平不高，企业转型升级动能不足，因而在面对国内国际新的环境变化时，经济发展乏力问题就会非常凸显。为此，一是要加大对企业技术改造资金的支持力度，重点支持重点领域的传统产业进行技术改造，同时在争取国家、省的资金扶持的基础上，增加市财政技术改造专项资金，让更多的传统优势产业从中受益。二是建立企业技术改造项目库，政府每年筛选出一批全市重点跟踪技术改造项目，充实项目库，使技改资金更有针对性地投放在项目库中的项目，让技改资金在使用上更加聚焦重点行业、重点企业，进而促进传统工业企业升级，不断激发企业发展活力。三是强化创新主体培育，坚持把创新作为高质量发展的第一动力，以提升企业核心竞争力为根本，充分发挥一批大型企业持续创新、高速增长的示范带动作用，形成一批国内外市场占有率大、研发能力强、智能化水平高的产业。四是要从重点产业领域入手，提前谋划部署，推动互联网、大数据、人工智能和实体经济深度融合，推动工业数字化转型，进一步培育壮大战略新兴产业，打出"高、精、尖、特、新"的

特色组合拳，提升产业的竞争实力，推动产业向高质量发展迈进。

三、加大科技经费投入，提升企业创新能力

要实现创新驱动发展和产业转型升级，创新能力的提升是关键。虽然过去中山经济发展较快，但大多产业还处于产业链的低端，竞争力相对较弱，创新动能不足，创新能力偏弱。究其原因，一是政府对科技总经费投入不足，在基础研究和应用研究方面投入经费更少，科技经费投入多集中于试验与发展，缺少国家级、省级重点实验室和重大公共科技平台；二是企业研发人员少，研发经费投入不足，难以对最新技术进行跟踪、研发，关键技术难以突破，使得企业的创新能力较低，企业难以向价值链的高端发展。目前，中山市提出要以高起点、高标准打造翠亨新区、岐江新城、火炬开发区三核鼎立的重大发展平台，重点打造东部环湾创新发展带，创新能力基础和创新能力是关键。为此，政府要加大科技经费投入，特别要针对"工业4.0"和"中国制造2025"的关键技术领域加大科技研发投入，建设一批高端公共技术研发平台或研发中心。同时，要出台针对企业创新的科技激励政策，引导企业加大研发经费投入，鼓励企业建立研发机构/中心，不断提升企业的创新能力，助推企业向价值链的高端发展。

四、加快交通基础设施建设，打造大湾区交通枢纽城市

中山地处粤港澳大湾区腹地，地处珠三角核心区与沿海经济带的交汇之地，位于前海、南沙和横琴三大自贸片区的几何中心，可见中山在粤港澳大湾区中的区位优势十分明显。目前，且与广州、深圳、珠海、东莞等珠三角周边城市相比，中山既没有机场，也没有深水港和地铁，大型综合交通基础设施的缺失是中山交通体系的短板；而且中山与周边城市的区际交通通道还没有真正实现高效畅通，特别是中山到邻近城市各类型枢纽型交通设施的通勤时间还有待进一步改善。随着粤港澳大湾区建设的推进，大湾区内城市间各方面的联系更加紧密。中山要主动融入大湾区，真正发挥中山的区位优势，打造沿海经济带枢纽城市，建设发达的交通网络体系至关重要。为此，中山应建立开放包容的外向型思维，以大湾区建设为契机，高位谋划推进中山的交通建设，加大交通基础设施建设的资金投入，加快推动轨道交通、高快速路、港口设施等项目的建设，打通中山通往相邻城市各类大型枢纽交通设施所在地的通道，实现中山交通网络"东融、西拓、北接、南联、中优"，将中山打造成粤港澳大湾区西部重要综合交通枢纽。

五、加大人才引进力度，激发人才创新活力

人才是第一资源，提升企业的创新能力，人才是关键。目前，中山99%的企业为中小企业，大企业稀少，而高新技术产业规模相对较小，人才施展才华的平台较小，

难以为高层次人才提供创业和发展平台。大部分企业吸引高层次人才的能量不够，企业研究生以上学历的员工占比非常低，导致企业人才特别是高端人才极为短缺，而且流失比较严重，这严重制约了企业的发展和创新能力的提升。当前，各个地方对人才的争夺日趋激烈，各个城市和地区人才引进和培养的力度都在加大，中山近些年虽然出台了相关人才政策并加大了人才引进力度，但相比广东其他城市及长三角的城市而言，现有人才政策的吸引力度还是不够大，而且出台的人才政策和周边城市具有较大的趋同性，政策导向价值不高，无论是在政策层面还是经济层面，中山对引进高层次人才均不具优势，因而难以吸引更多更优秀的人才来中山工作。为此，中山市政府要针对当前中山经济发展的人才瓶颈，抢抓新一轮"海归潮"机遇，要进一步解放人才引进工作思想，出台更有吸引力的人才政策并做到全面落实，并真正解决人才来中山后的后顾之忧；同时要加快创新创业平台建设，完善创新创业服务体系建设，不断拓展人才的发展空间，真正激发人才的创新活力。另外，企业要打好引才、育才、留才的"组合拳"，坚持需求导向，用好用足政府的人才引进政策，大力引进高端人才，并让人才在企业充分发挥作用；同时，要推进高端人才培育工程，主动与高校、科研院所合作，联合培养高端人才，促进高端人才在企业、高校、科研机构之间自由流动，提升科技成果转化率。

六、创新体制机制，营造良好营商环境

打造良好的营商环境是建设现代化经济体系、促进经济高质量发展的重要基础，也是政府提供公共服务的重要内容。中山的营商环境虽然在全国的排名还算可以，但与国内外营商环境较好的城市相比还是有比较大的差距。为此，一是要进一步深化"放""管""服"改革，引领推进简政放权、放管结合，提升行政效率，增强服务意识，努力营造最优政务服务环境。二是建立部门联动机制，打造全市统一的跨部门政策发布平台，推动政策统筹合成，共同协调处理企业发展中遇到的突出矛盾和问题，协调解决重点企业、项目发展难题，完善配套化服务，努力打造多功能、高效率工作平台，开展保姆式、集约化的全程代理代办服务，努力打造一流的服务发展环境。三是加强诚信体系建设，突出守信激励、失信惩戒、诚信自律导向；加强政务诚信建设，构建"亲""清"新型政商关系；不断完善监督机制，深入推进"双随机、一公开"监管，积极推进社会共治，不断净化经济发展环境。四是要针对企业在融资、研发、转型等方面遇到的难题和诉求，强化政策落实、精准服务和氛围营造，实打实帮助企业解决实际困难。五是要促进科技与金融的融合，加快政策性融资担保体系建设，全面落实减税降费等政策，合理降低企业的用工成本、融资成本，减轻企业的税费负担，推动中山经济实现高质量跨越式发展。六是通过完善招商工作机制，紧扣5G通信技术、生物医药、机器人、新能源汽车、新材料等行业领域，统筹开展精准招商，特别是要吸引深圳、广州、香港、澳门等地的企业来中山投资。

七、扩大高等教育规模，提升高等教育的层次与实力

大学因城市而兴，城市因大学而盛，可见大学的发展与城市发展是相辅相成的。无论是从世界三大著名湾区的发展还是国内重要城市的快速发展经验来看，大学的数量、层次和实力对一个城市经济发展的重要性不言而喻。改革开放后，中山经济虽然取得了快速发展，成为广东"四小虎"之一，但长期以来中山对高等教育发展的重视不够，多次错失了促进高等教育大发展的大好机遇，使得中山这座历史文化名城拥有的大学数量较少，规模不大，大学的层次较低且实力较弱，高层次人才培养数量偏少，高端人才集聚能力偏弱，进而为当前中山经济发展乏力埋下了伏笔。为此，中山市委、市政府要充分认识到大学对中山社会经济发展的重要性，及时抓住高等教育改革和粤港澳大湾区建设的机遇，加大对高等教育的投入，加强与国内外一流大学的合作，引进境外优质资源合作办学，引进国内"双一流大学"办分校，不断扩大中山的大学数量和规模，提高中山高等教育的层次与实力，进而为中山经济高质量发展提供人才支撑与保障。

八、树立"大格局、大开放"理念，主动融入粤港澳大湾区

中山的镇区经济即"块状经济"成就了过去中山经济的辉煌，但当前国内外经济环境发生了深刻而巨大的变化，"合作、开放、共赢"的理念已经成为当今社会经济发展的主旋律，"块状经济"难以适应当前经济发展的要求。在经济全球化及粤港澳大湾区建设的大背景下，中山要抢抓粤港澳大湾区建设和支持深圳建设中国特色社会主义先行示范区"双区驱动"重大发展机遇，更需要有大智慧、大格局，要以更加积极开放、合作的心态来发展经济，要打破原有的行政区域划分，以"全域中山"的理念，主动融入粤港澳大湾区，通过建立合作协调机构、加强与粤港澳大湾区各城市开展全方位的合作，真正让中山从粤港澳大湾区的腹地转变为福地，使中山能够在粤港澳大湾区建设中做出应有的贡献，全面助推中山经济高质量发展。

粤港澳大湾区建设背景下中山市制造业
转型升级的路径与策略研究

课题组[*]

摘要： 制造业是经济发展的基石，中山市对制造业的重视，从"十二五"阶段到"十三五"时期都在持续推进。随着《粤港澳大湾区发展规划纲要》的出台，面向未来大湾区的发展需要，2019年中山市政府工作报告提出，要把发展的着力点放在制造业上，大力发展战略性新兴产业，高起点建设先进制造业产业群。然而，根据广东省制造业协会、广东省产业发展研究院、广东省社会科学院企业竞争力研究中心颁布的《2018年广东省制造业500强企业研究报告》数据，在制造业实力上，中山市与珠三角其他城市有较大差距。面对新时期发展要求，中山市制造业迫切需要通过转型升级来达到产业高质量发展。通过数据分析，发现当前中山市制造业发展呈现工业结构趋向合理、现代产业快速增长、传统优势产业稳定增长、部分行业形成集聚优势、镇街之间发展不平衡等现状，同时中山市制造业在转型升级中存在产业结构同质化严重、科技创新能力不足、发展速度有待提升、规模以上企业效益呈下滑趋势等问题。结合粤港澳大湾区建设需要，提出从选准制造业转型升级方向、加强城市之间的分工与协作、发展新型专业镇提升产业综合竞争力、发展现代工业产业体系推进产业高质量发展、推动制造业服务化提升产业价值链等方面来实施中山市制造业转型升级。

关键词： 粤港澳大湾区　传统产业　先进制造业　高技术制造业　装备制造业

一、中山市制造业转型升级的现状

（一）工业结构趋向合理

轻工业和重工业之间的比例反映的是工业中消费资料和生产资料之间的比例，是当代国民经济各种比例关系中最基础的比例关系之一，两者的比例被视为评价工业经济结构是否合理的一个重要依据。中山市过去一直偏重于工业的投资，尤其是偏重于轻工业的投资，使得中山市轻工业的产值一直都是重工业产值的2倍。通过出台一系列有利于重工业发展的政策，自2012年以来，中山市规模以上工业企业的轻工业和

---

* 课题组单位：中山火炬职业技术学院。课题组负责人：丁昭巧；课题组成员：徐敏、孙炜、李巧丹、董丽雅、郑标文。

重工业的产值比例整体上有大致不变的趋向，特别是到了 2018 年，重工业的比例有了较为明显的提升，说明中山市的轻工业和重工业的比例朝着逐渐合理的结构发展。

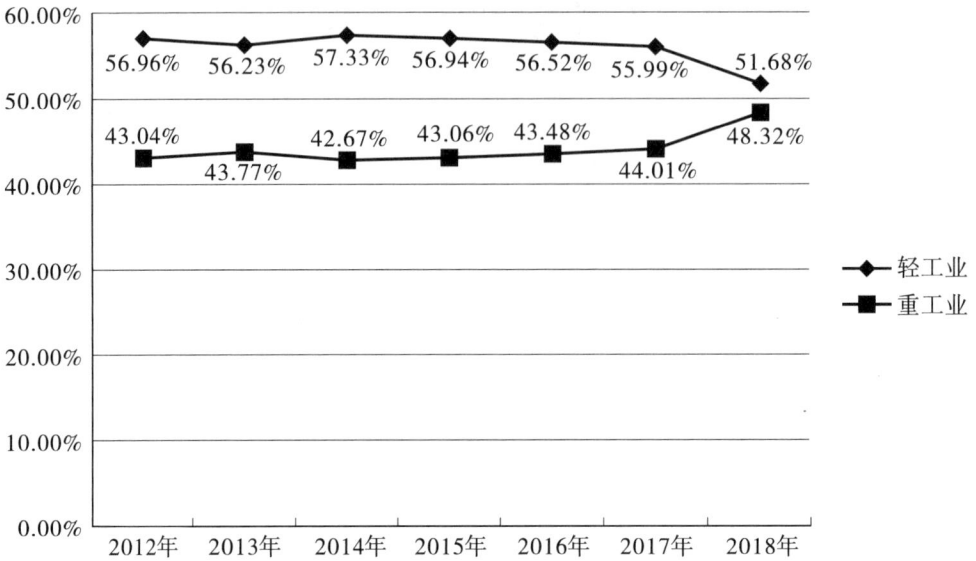

图 1　中山市规模以上轻工业与重工业产值比例关系图（2012—2018 年）
资料来源：历年《中山市统计年鉴》。

（二）现代产业快速增长

梳理 2013 年至 2019 年的《中山市国民经济和社会发展统计公报》数据，发现 2013 年至 2018 年期间，中山市在先进制造业和高技术制造业均保持了连续多年增加值正增长（见表 1）。虽然 2019 年中山市在先进制造业和高技术制造业均出现增加值下降，但是从具体行业增加值看，计算机及办公设备制造业、医疗设备及仪器仪表制造业、石油化工产业发展迅猛，分别实现了 27.5%、8.6% 和 5.3% 的正增长（见表 2），成为中山市产业新支柱。

表 1　中山市先进制造业和高技术制造业增加值增长情况表（2013—2019 年）

	2013 年	2014 年	2015 年	2016 年	2017 年	2018 年	2019 年
先进制造业	+ 16.4%	+ 7.9%	+ 9.8%	+ 11.6%	+ 3.2%	+ 3.5%	− 0.7%
高技术制造业	+ 13.8%	+ 14%	+ 5.3%	+ 14.7%	+ 11.2%	+ 5.9%	− 11.1%

资料来源：历年《中山市国民经济和社会发展统计公报》。

表2 2019年中山市先进制造业和高技术制造业细分行业增加值情况表

	细分行业	增加值
先进制造业	先进装备制造业	+1.6%
	石油化工产业	+5.3%
	先进轻纺制造业	+2.3%
	高端电子信息制造业	−6.3%
	新材料制造业	−1.9%
	生物医药及高性能医疗器械	−16.6%
高技术制造业	计算机及办公设备制造业	+27.5%
	医疗设备及仪器仪表制造业	+8.6%
	医药制造业	−19.6%
	电子及通信设备制造业	−14.4%

资料来源：2019年《中山市国民经济和社会发展统计公报》。

（三）传统优势产业稳定增长

金属制品、食品饮料、家用电力器具制造、家具制造、纺织服装等都是中山的传统制造业强项。从2013年至2019年的《中山市国民经济和社会发展统计公报》数据来看，中山市传统优势产业整体上实现了连续多年增加值正增长，特别是家用电力器具制造业自2013年开始均是连续多年增加值正增长（见表3）。

表3 中山市传统优势产业增加值增长情况表（2013—2019年）

行业	2013年	2014年	2015年	2016年	2017年	2018年	2019年
金属制品业	+5.8%	+12%	+10.1%	+1.8%	−3.8%	+8.7%	+1.0%
食品饮料业	+29.0%	+13.2%	+2.6%	+1.6%	+7.2%	+3.9%	−6.3%
家用电力器具制造业	+12.7%	+2%	+4.4%	+2.0%	+18.3%	+4.2%	+8.5%
建筑材料业	+9.4%	+8.6%	−9.3%	+11.7%	+8.1%	+17.5%	+8.0%
家具制造业	+9.3%	+8.3%	−3.1%	+0.8%	+9.5%	+5.8%	−2.1%
纺织服装业	+7.0%	+5.3%	+7.6%	+0.2%	−8.1%	−5.3%	−10.6%
整体情况	+10.5%	+7.5%	+4.8%	+2.0%	+6.0%	+3.3%	+0.3%

资料来源：历年《中山市国民经济和社会发展统计公报》。

（四）部分行业形成集聚优势

区位熵是衡量某一产业或行业的区域集聚程度的重要指标之一。区位熵越高，说明该产业或行业的集聚水平就越高。一般来说，当区位熵大于1，表明该产业或行业在全国来说具有集聚优势，否则就表明该产业或行业在全国来说不具备集聚优势。根据郑飞、汤兵勇（2019）的研究结论，中山市具有明显集聚优势的制造业行业有15个，其中食品制造业、纺织服装服饰业、橡胶和塑料制品业、通用设备制造业、其他制造业等表现得尤为突出，遥遥领先于其他各城市，排在珠三角九大城市中的第一名，纺织业等十三个行业排在珠三角九大城市的前三名（见表4）。

表4　中山市制造业各行业区位熵

制造业行业	区位熵	珠三角平均值	在珠三角城市排名
农副食品加工业	0.129 0	0.279 0	8
食品制造业	1.610 3	0.568 8	1
酒、饮料和精制茶制造业	0.566 5	0.470 1	3
纺织业	0.764 0	0.460 7	3
纺织服装服饰业	2.462 0	0.949 7	1
皮革、毛皮、羽毛及其制品和制鞋业	1.350 8	1.077 9	4
木材加工和木、竹、藤、棕、草制品业	0.321 1	0.315 2	5
家具制造业	2.539 7	1.901 9	5
造纸和纸制品业	1.678 2	1.101 7	3
印刷和记录媒介复制业	1.802 3	1.110 0	2
文教、工美、体育和娱乐用品制造业	1.423 4	1.650 4	4
石油加工、炼焦和核燃料加工业	0.029 1	0.326 6	8
化学原料和化学制品制造业	0.484 9	0.583 6	7
医药制造业	1.368 8	0.382 0	2
化学纤维制造业	0.018 4	0.128 5	9
橡胶和塑料制品业	1.824 5	1.218 5	1
非金属矿物制品业	0.314 9	0.479 3	5
黑色金属冶炼和压延加工业	0.068 8	0.202 8	7
有色金属冶炼和压延加工业	0.160 0	0.491 9	7
金属制品业	1.356 5	1.131 1	4
通用设备制造业	2.406 6	1.264 9	1
专用设备制造业	0.611 6	0.662 3	4
汽车制造业	0.325 1	0.820 1	6
铁路、船舶、航空航天和其他交通运输设备制造业	0.784 0	0.696 4	3
电气机械和器材制造业	2.738 5	1.656 1	3
计算机、通信和其他电子设备制造业	1.808 0	3.255 8	5

（续上表）

制造业行业	区位熵	珠三角平均值	在珠三角城市排名
仪器仪表制造业	1.758 5	0.975 9	3
其他制造业	3.340 9	0.832 7	1
废弃资源综合利用业	0.308 0	1.853 4	4

资料来源：据《佛山市制造业发展现状、问题与对策研究》（郑飞、汤兵勇）相关表格整理而得。

（五）镇街之间发展不平衡

作为全国 5 个不设市辖区的地级市之一，中山市共有 24 个镇街和 1 个翠亨新区，镇街是中山市经济建设的"主战场"。梳理 2019 年《中山市统计年鉴》，发现在 2018 年中山市规模以上制造业工业企业利润总额方面，火炬区遥遥领先位列第一，排名第二和第三的分别是小榄镇和西区，板芙镇、五桂山和大涌镇则分别排在倒数第一、第二和第三。火炬区和板芙镇在规模以上制造业工业企业利润总额上相差 526 612 万元（见图 2）。

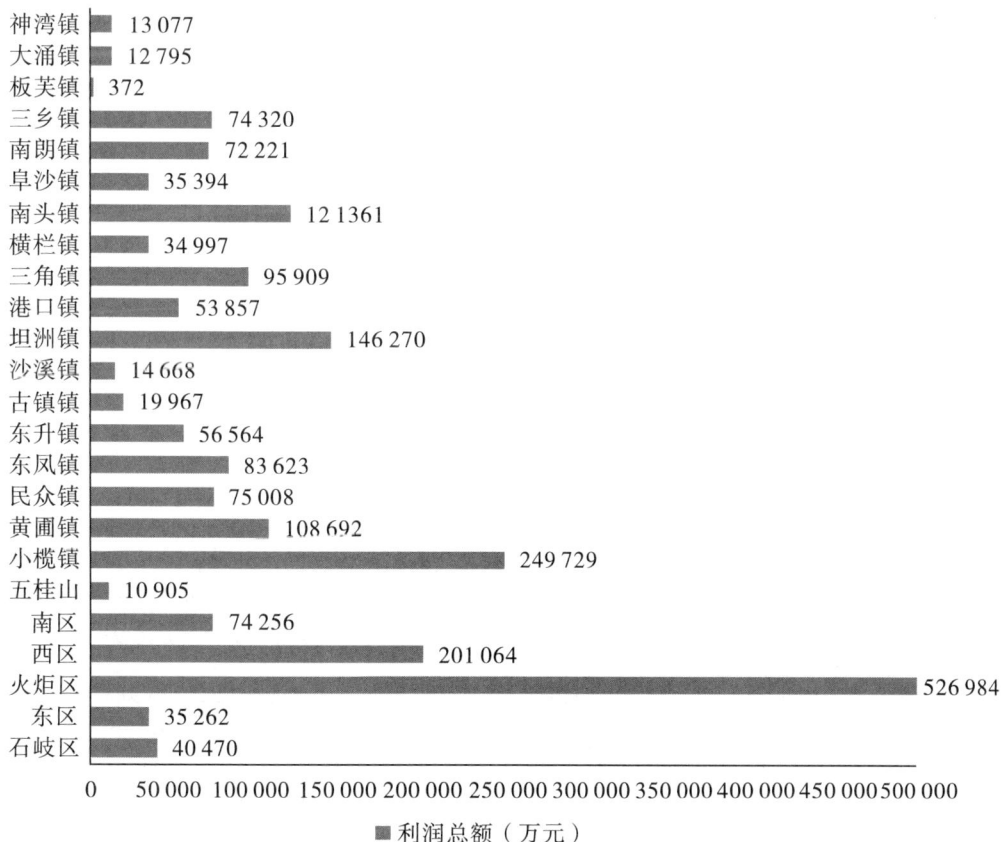

图 2 中山市镇街规模以上制造业工业企业利润总额（2018 年）

资料来源：2019 年《中山市统计年鉴》。

二、中山市制造业转型升级存在的主要问题

（一）产业结构同质化严重

产业结构同质化是在经济发展过程中区域内或区域间产业结构所呈现的高度相似趋势。根据覃成林、潘丹丹（2018）的研究，除香港、澳门以外，中山市与珠三角其他城市在三次产业结构存在高度趋同（见表5）。产业结构趋同有利于资源要素的合理高效配置，能有效激发企业自主创新，开发出企业的核心竞争力，但容易形成恶性竞争，不利于地区经济健康发展。

表5　粤港澳大湾区三次产业结构相似系数

	广州	深圳	珠海	佛山	惠州	东莞	中山	江门	肇庆	香港	澳门
广州	1.000 0										
深圳	0.982 7	1.000 0									
珠海	0.931 0	0.982 0	1.000 0								
佛山	0.828 7	0.917 4	0.975 8	1.000 0							
惠州	0.867 8	0.902 3	0.988 6	0.995 8	1.000 0						
东莞	0.950 1	0.991 3	0.998 1	0.961 7	0.977 7	1.000 0					
中山	0.898 6	0.963 6	0.996 8	0.990 2	0.997 1	0.990 3	1.000 0				
江门	0.909 9	0.966 6	0.995 0	0.979 8	0.993 9	0.988 6	0.995 4	1.000 0			
肇庆	0.848 0	0.917 8	0.917 6	0.972 2	0.985 2	0.952 1	0.975 0	0.987 3	1.000 0		
香港	0.949 8	0.876 0	0.770 0	0.612 1	0.669 1	0.805 1	0.716 1	0.671 6	0.652 9	1.000 0	
澳门	0.945 9	0.870 0	0.762 1	0.602 3	0.660 0	0.797 8	0.065 0	0.728 9	0.643 8	0.999 9	1.000 0

资料来源：覃成林、潘丹丹：《粤港澳大湾区产业结构趋同及合意性分析》，《经济与管理评论》2018年第34卷第3期。

（二）科技创新能力不足

大多数企业的转型升级以科技创新为主导，通过改进生产技术水平实现产品升级，提高产品的附加值。中山市现有的18个省级技术专业镇主要以传统产业为主，占专业镇所有产业总数的94.44%。此外，在创新主体上中山市与大湾区其他城市相比也有比较大的差距。根据教育部发布的《2019年高等学校名单》，广东省共有本科和专科高校154所，中山市只有3所，并且科技研发水平也相对较弱。2018年，广东省高新技术企业超4万家，中山市高新技术企业超2 300家，只占广东省高新技术企业数量的5.75%。2018年，广东省专利授权数47.81万件，中山市专利授权数34 114件，只占到广东省专利授权数的7.14%。2017年，中山市制造业投资整体下降

5.1%。2018年，中山市制造业投资整体下降14.4%。战略性新兴产业发展相对滞后且比重较低、高校数量少且非研发型大学，再加上高新技术企业数量和专利申请数相对较少，都不利于中山市制造业科技创新能力的提升。

（三）发展速度有待提升

2019年，中山市仅在传统优势产业实现了增加值正增长，达到0.3%的平均工业增加值增长率，在先进制造业和高技术制造业均出现增加值负增长，在纺织服装业、生物医药及高性能医疗器械和医药制造业出现了较高的工业增加值负增长，分别达到-10.6%、-16.6%和-19.6%的增加值增长率（见表6）。同年，广东省在传统优势产业、先进制造业和高技术制造业均实现正增长，分别达到4.7%、5.1%和7.3%的平均工业增加值增长率。

表6　中山市规模以上制造业增加值增长率情况表（2019年）

制造业行业		工业增加值增长率		平均工业增加值增长率	
		中山市	广东省	中山市	广东省
传统优势产业	金属制品业	+1.0%	+5.3%	+0.3%	+4.7%
	食品饮料业	-6.3%	+3.7%		
	家用电力器具制造业	+8.5%	+9.9%		
	建筑材料业	+8.0%	+9.6%		
	家具制造业	-2.1%	+0.2%		
	纺织服装业	-10.6%	-2.7%		
先进制造业	高端电子信息制造业	-6.3%	+8.8%	-0.7%	+5.1%
	先进装备制造业	+1.6%	+4.9%		
	石油化工产业	+5.3%	+0.1%		
	先进轻纺制造业	+2.3%	+3.9%		
	新材料制造业	-1.9%	+3.5%		
	生物医药及高性能医疗器械	-16.6%	+7.2%		
高技术制造业	医药制造业	-19.6%	+0.5%	-11.1%	+7.3%
	航空、航天器及设备制造业	—	+17.1%		
	电子及通信设备制造业	-14.4%	+8.3%		
	计算机及办公设备制造业	+27.5%	-7.9%		
	医疗设备及仪器仪表制造业	+8.6%	+16.0%		
	信息化学品制造业	—	-24.7%		

资料来源：2019年《中山市国民经济和社会发展统计公报》、2019年《广东省国民经济和社会发展统计公报》。

（四）规模以上企业效益呈下滑趋势

通过分析 2013 年至 2019 年《广东省统计年鉴》和《中山市统计年鉴》，得到广东省和中山市规模以上制造业企业工业增加值、利润总额等数据。从数据来看，2012年至 2017 年期间，中山市规模以上制造业企业工业增加值占全市工业企业工业增加值稳定维持在 92% 以上（见图 3），中山市规模以上制造业企业利润总额占全市规模以上工业企业利润总额在 92% 以上（见图 4）。从整个广东省来看，中山市规模以上制造业企业工业增加值占全省工业企业工业增加值 4% 左右（见图 5）。整体来看，以上三项比重均出现下滑趋势。

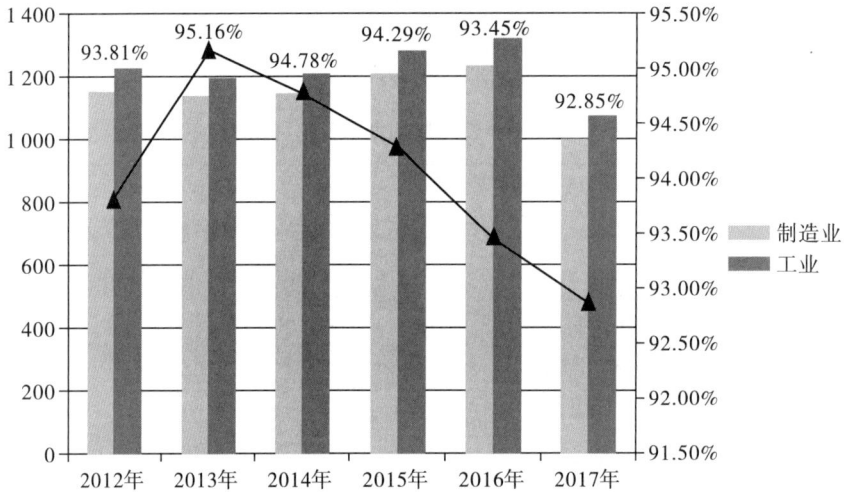

图 3　中山市规模以上制造业企业工业增加值占全市工业企业工业增加值的比例（2012—2017 年）
资料来源：历年《中山市统计年鉴》。

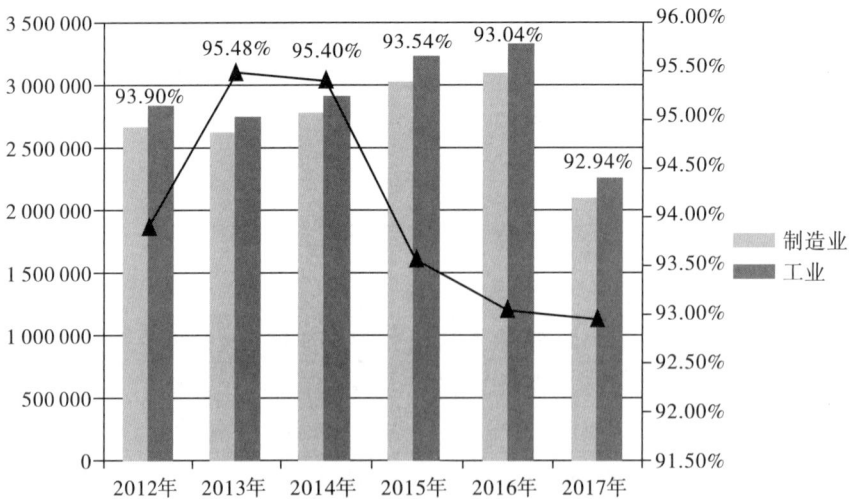

图 4　中山市规模以上制造业企业利润总额占全市工业企业利润总额的比例（2012—2017 年）
资料来源：历年《中山市统计年鉴》。

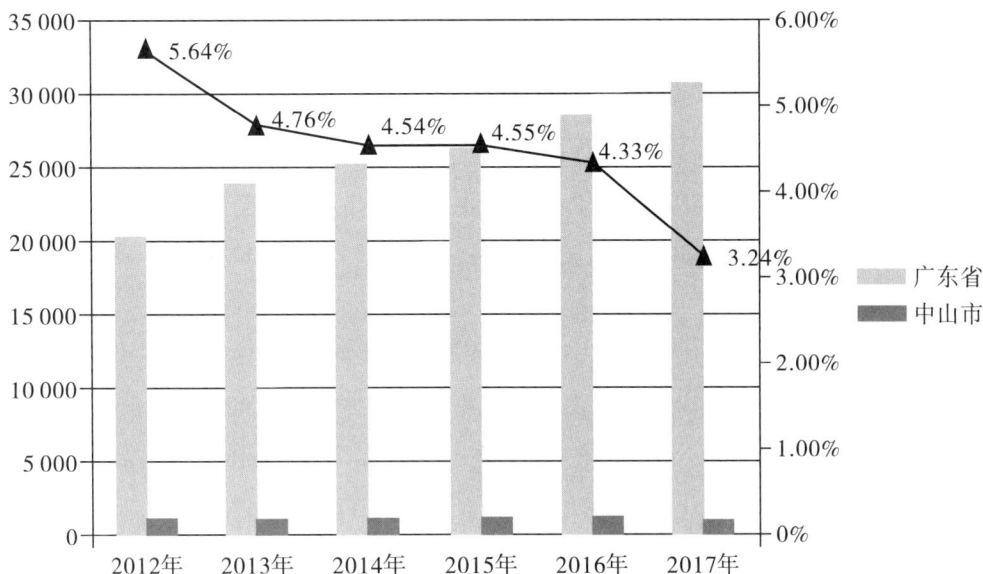

图 5　中山市规模以上制造业企业工业增加值占广东省工业企业工业增加值的比例（2012—2017 年）
资料来源：历年《中山市统计年鉴》。

三、粤港澳大湾区建设背景下中山市制造业转型升级的路径与策略

（一）选准制造业转型升级方向

1. 明确中山市制造业转型升级的任务

结合《粤港澳大湾区发展规划纲要》等文件对中山市城市建设要求，明确与中山市制造业转型升级相关的任务：传统产业改造升级、加快发展先进制造业、培育壮大战略性新兴产业。

2. 选择中山市制造业重点转型升级的行业

第一，根据国家质量监督检验检疫总局于 2016 年 12 月发布的《2015 年全国制造业质量竞争力指数公报》，确定质量竞争力高的制造业行业：医药制造业，计算机、通信和其他电子设备制造业，仪器仪表制造业等三个制造业行业处于较强竞争力阶段；铁路、船舶、航空航天和其他交通运输设备制造业，电气机械和器材制造业，专用设备制造业等七个制造业行业处于中等竞争力阶段。

第二，比较珠三角城市群主要制造业增加值，挑选出中山市具有竞争力的制造业行业。根据广东省产业发展数据库资料，从 2016 年珠三角城市群主要制造业行业增加值可以看出，中山市的食品制造业、医药制造业处于相对领先地位，均位列九市中的第三名；木材加工和木、竹、藤、棕、草制品业，纺织业，印刷和记录媒介复制业，通用设备制造业，仪器仪表制造业等处于九市的中间水平。

第三，结合中山市产业规划相关文件，分析中山市计划重点发展的产业。根据中山市发展和改革局于 2019 年 6 月发布的《中山市优先发展产业目录（2019 年版）》文件，可以获知中山市优先发展的产业有：①国家发展改革委印发实施的《产业结构调整指导目录》中"鼓励类"条目；②《广东省发展改革委关于进一步明确我省优先发展产业的通知》中明确的省优先发展产业；③中山市委、市政府文件中明确需要采取政策措施予以鼓励和支持的关键技术、装备及产品，包括新一代信息技术产业、健康医药产业、高端装备制造产业三大战略性新兴产业，具体包括 27 项优先发展产业。

最后，结合前文内容，得出中山市制造业重点发展的行业是：

（1）传统产业。食品饮料业、建筑材料业，包括中山的家电、电子信息、五金、机械、灯饰、服装、家具、食品、游戏游艺等传统优势产业，这也是需要转型升级的重点行业。

（2）先进制造业。先进装备制造业、生物医药及高性能医疗器械。

（3）战略性新兴产业。新一代信息技术产业、高端装备制造产业、生物产业。

3. 有针对性地出台相关转型升级政策

（1）制定更多针对性强的基础政策。

制造业产业包括 31 个不同行业，不同制造业行业面临的情况不尽相同。中山市目前的政策主要涉及部分制造业行业，将来需要根据制造业转型升级方向制定出更多针对性强的基础政策，使政策由普适性为主逐渐向专一性为主转变。

（2）提升需求型政策工具的使用比例。

根据胡志明、张金隆、马辉民等（2019）的研究成果，需求型政策工具包括政府采购、消费端补贴、海外机构管理和示范工程等。中山市现有政策除了海外机构管理工具使用极少，其他工具均在政策文件中有所体现。针对这种现状，首先，继续加大政府采购和消费端补贴的支持力度，通过创造更多的市场需求，刺激企业主动转型升级。其次，继续发挥示范工程的引领作用，通过推广先进企业的经验和做法，带动行业整体升级发展。最后，适当增加海外机构管理政策数量，对企业在海外设立分支机构、跨国收购、参加海外产品推介会等给予支持，协助企业实现成果收益国际化。

（3）分类别调整使用环境型政策工具。

环境型政策工具包括法规管制、目标规划、金融支持、税收优惠和知识产权保护等。一是，适当减少法规管制类政策。将法规管制和市场调节配合起来，发挥"看得见的手"和"看不见的手"的综合作用。二是，适当增多目标规划，以引导生产要素向中山市制造业重点发展领域集中。三是，保持金融支持和税收优惠政策现状。通过减轻企业融资压力和税费负担，使企业有更多资金投入技术研发。四是，稳步推进知识产权保护。知识产权保护可以为制造业转型升级过程中产生的新技术、新工艺等提供制度保障，成为驱动中山市企业转型升级有力的制度工具。

（4）保持供给型政策工具的使用现状。

供给型政策工具包括教育培训、信息支持、基础设施建设、资金投入和公共服务等。根据胡志明、张金隆、马辉民等（2019）的研究结论，从总体上要减少资金投入的政策数量，以逐步降低政府对市场的干预程度，同时提升信息支持、基础设施建设和公共服务等政策的数量，但是要根据城市自身条件有针对性地设计政策，以期发挥出政策的最大效用。

（二）加强城市之间的分工与协作

1. 推动产业雷同城市之间的分工与融合

中山市是一座以制造业为基础的城市，拥有配套齐全的产业集群。同时，在产业发展过程中也出现了与粤港澳大湾区内地八市产业趋同的现象。对中山市来说，建议以现有的产业为基础，发挥中山市比较优势，与大湾区形成产业的错位与分工，同时注重优化营商环境，着力把中山市建设成为世界先进制造业基地。大湾区发展背景下，根据《中共中山市委中山市人民政府关于实施组团式发展战略的意见》，中山市24个镇街和1个新区共分为五大组团协同发展，以期实现全市域高效、集约发展。结合《中山市人民政府关于印发中山市产业发展平台名单的通知》等政策内容，确定中心组团和西北组团主要推动中山市优势传统产业转型升级，东部组团、西北组团和南部组团着重发展代表着先进技术和发展方向的先进制造业、高技术制造业和战略性新兴产业。

2. 建立与其他城市之间的合作机制

（1）建立组织和运行机制。

一是组织的参与层级要多样化。不但要有香港、澳门、广州、深圳四大核心城市的参与，中山市等大湾区其他城市作为次层级也应发挥积极参与作用。二是常设机构功能要健全。既要有领导机构来协调各方的利益关系，还要有争端解决机构对合作中产生的争议进行协调和处理，也要有发展机构组织各方为大湾区协同发展提供政策和资金支持。三是合作领域和形式要多元化。除了烟草制品业外，中山市几乎包括所有的制造业门类。在合作领域方面，传统产业、先进制造业、高技术制造业、战略性新兴产业等中山市关心的问题都可以成为合作对象。在合作形式上，可以采取政府领导人会晤沟通、专职机构交流协调、民间组织对接合作等多种方式。

（2）建立利益补偿和平衡机制。

珠三角城市群制造业产业结构存在高度趋同，竞争性在不断提高。在大力发展实体经济的同时，珠三角城市群也在发展现代服务业，与以服务业为经济支柱的港澳也存在着竞争关系。由于粤港澳三地发展基础不同，各方存在相对独立的经济利益诉求。因此，要实现大湾区产业协调发展，利益的平衡和补偿是必须突破的难点。建立利益补偿和平衡机制主要有两个重点任务。一是建立多元化的横向补偿机制。中山市处于大湾区西岸，大湾区西岸城市在发展速度、汇聚资金总量、科技创新等方面均落后于大湾区东岸城市。中山市可以通过做好产业布局、重塑营商环境、制定人才政策等横向补偿措施吸引和留住更多的高端要素聚集中山。二是，建立互利共赢为导向的利益补偿机制。中央政府对粤港澳大湾区"9＋2"城市在未来发展规划中的角色已经进行了定位，各大城市在发展过程中要按照《粤港澳大湾区发展规划纲要》等文件要求，做好利益协调，取得竞争与协作的平衡，建立利益补偿机制，及时补偿深化改革中利益受损者的利益损失，使大湾区建设最终收获成功。

（3）建立激励和约束机制。

首先，与制造业更为发达的佛山市、东莞市等城市共同建立对接国际制造业先进标准的标准体系、指标体系和评价体系，并在区域范围内严格实施规范化管理。其次，发挥香港、澳门人才资源优势，与香港、澳门的科研机构签订合作协议，成立创新中心或科技创新区，强化制造业核心技术研发的政策支持力度，用政策来引导制造业高质量发展。再次，联合粤港澳大湾区内地城市共同拟定干部政绩考核制度，将推动制造业高质量发展作为干部聘任提升的基本条件。最后，构建促进制造业高质量发展的法律法规体系，对于积极参与技术改造、核心技术攻关、颠覆性创新成果转化的企业给予奖励，对落后产能、污染大的企业主动淘汰，对违反合作协议等失信企业进行惩罚处理。

（三）发展新型专业镇提升产业综合竞争力

1. 发挥政府的引领作用

针对中山市镇街产业同质化出现的低水平竞争、无法形成合理的分工布局、制约行业高速健康发展等问题，中山市政府在镇街组团发展的基础上，可以充分利用组织优势，建立系统合理的政策体系，统筹搭建各组团镇街合作平台，促使各组团镇街形成真正意义上的产业融合。根据党的十八届三中全会在《中共中央关于全面深化改革若干重大问题的决定》中提出的"使市场在资源配置中起决定性作用和更好发挥政府作用"的重要论断，中山市政府在发挥引领作用的同时，要注意避免出现"越位"现象，以期达到更好地发挥政府作用的目的。

2. 实施质量提升工程

首先，认真贯彻《中山市工业产品质量提升三年行动计划（2018—2020 年）》文件精神，通过实施大力夯实以质取胜工程、发挥标杆示范引领作用、大力实施技术标准工程、大力提升公共技术服务供给质量、强化质量安全监管等工作措施，从源头打牢中山市工业产品质量提升的基础。其次，积极参与粤港澳大湾区质量共建，与粤港澳高校、行业龙头企业等合作开展质量技术研究，在优势领域尝试牵头开展区域标准研制工作，带动区域产业质量整体提升。最后，发挥行业协会、商会、研究会等社会组织的作用，广泛征集质量发展瓶颈问题，鼓励其开展质量知识宣传和质量提升活动，不断提升企业抓质量发展的意识。

3. 走新型工业化道路

走新型工业化道路，实现产城双向融合，需要做好以下三个方面的工作：首先，做好产城融合的顶层设计，做到城市总体规划、产业发展规划、交通发展规划等政策的相互衔接和支撑。其次，借助中山市建设"成为世界级现代装备制造业基地"的契机，以高端装备制造业为重点产业，培育和引进配件、材料、耗材、刀具、工量具等衍生行业，扩大产业关联性。最后，继续保持"二三一"产业格局，大力发展生产性服务业和生活性服务业，构建彰显中山专业镇特色、吸纳就业能力强的现代产业体系。

（四）发展现代工业产业体系推进产业高质量发展

1. 发展先进制造业和高技术制造业

中山市地域狭小，面积在广东省倒数第二，这决定了中山市产业发展必须走科技产业路线。中山市可以采用与港澳高校合作的方式加快先进制造业和高技术制造业的发展。科技是实现制造业发展的最大推动力。在科技方面，香港和澳门的科研水平和能力在粤港澳大湾区占优势。港澳地区高校的科研水平和能力突出，国际化程度高，但是几乎没有制造业，这为中山市制造业产业与港澳科技融合提供了可能性。借助孙中山思想在港澳地区的影响力和凝聚力，围绕中山市重点发展的健康医药等产业，充分发挥港澳高校学科优势，将港澳高校科技成果应用于中山市制造业，达到增强中山市制造业核心竞争力的目的。

2. 重点发展高端装备制造业

第一，继续贯彻《中山市"互联网＋"行动计划（2016—2020 年）》文件精神，推动"互联网＋"在装备制造业领域的融合发展和创新应用，不断提升装备制造业企业的数字化、网络化、智能化水平。第二，认真落实《中山市高端装备制造产业发展行动计划（2018—2022 年）》文件要求，对开展重大技术装备研发、拥有核心自主知识产权、取得突出销售收入的高端装备制造企业给予财政支持。第三，对《中山市科技发展"十三五"规划》中列出的先进装备制造业关键技术进行科技攻关，加快核心关键技术标准规范的制定与推广。第四，发挥中山市现有企业技术中心、工程技术研究中心、产业化基地等技术创新机构在提升产业竞争力和建设企业创新能力中的引导和示范作用，继续实施各类技术创新机构的认定和申报工作，并给予优惠政策支持，以鼓励和引导企业不断提高自身创新能力。第五，实施财政科技经费倍增计划，建设专项发展基金，引导企业加大原始创新的经费投入，带动全社会资本参与科技创新。

（五）推动制造业服务化提升产业价值链

1. 大力宣传制造业与服务业融合发展的观念

根据微笑曲线理论，产业的附加值更多体现在研发和营销两端。因此，服务化意味着向价值链的高端发展。中山市以中小型制造业企业为主，具有行业竞争力的大型企业不多。大部分中小型制造业企业对制造业服务化认识不足，新技术研发、知识产权积累、客户关系维护等方面有所欠缺，对服务化转型过程中可能引起的发展战略、组织架构、业务模式等改变缺乏勇气，成为阻碍服务化转型的主要因素。通过传统媒体和新媒体联合宣传的方式，帮助中山市制造业企业树立制造业和服务业融合发展的观念，同时不断完善中山市的市场环境，引导中小型制造业企业主动向制造业服务化转型。

2. 选择有潜力的行业和企业开展试点工作

制造业包括资本密集型制造业、技术密集型制造业、劳动密集型制造业等多种类型。朱苏远（2015）认为制造业服务化未来集中于技术密集型制造业。装备制造业是中山市的第一大支柱产业，具有技术密集、价值链高端等特点的高端装备制造业则是中山市未来重点发展的战略性新兴产业之一。制造业服务化发展要求企业具有较强的实力，只有积累了丰富的技术资产，拥有自主创新能力的企业才有可能更好地从融资租赁、整体解决方案、供应链管理等方面为客户提供产品服务，实现服务化转型。目前，中山市已经引进和培育了广新海事重工股份有限公司等高端装备制造龙头企业、中山大洋电机股份有限公司等高端装备制造骨干企业，为成功开展制造业服务化试点奠定了基础。

3. 强化新一代信息技术的支撑作用

制造业服务化是制造业企业在生产经营活动中不断增加服务要素的比重，从而实现重构价值链的运营管理过程。增大服务要素比重的核心目标是满足用户个性化、多样化需求，信息技术的应用使这一愿望变成了可能。2018 年 8 月，中山市人民政府出台《中山市新一代信息技术产业发展行动计划（2018—2022 年）》，聚焦行业发展重点领域，计划将中山市建成具有国际竞争力的新一代信息技术产业基地。中山市新一代通信网络、物联网、大数据、云计算等信息技术的逐步成熟和产业应用，将极大推动中山市制造业的服务化转型。

4. 培育和引进制造业服务化人才

培育和引进相应人才在推动制造业服务化转型过程中非常重要。制造业服务化需要的是具备制造业知识和服务管理能力的综合型人才。中山市共有 5 所高校，均开设有制造业和服务业相关专业，为中山市制造业的服务化转型储备了大量的人才。制造业企业还可以根据实际情况制订人才培养和引进计划，特别是企业发展急需的具有专业服务水平的高端人才和创新团队。

参考文献

［1］侯学钢：《论现代生产者服务业发展的基本规律》，《中国经济问题》1997 年第 1 期。

［2］覃成林、潘丹丹：《粤港澳大湾区产业结构趋同及合意性分析》，《经济与管理评论》2018 年第 34 卷第 3 期。

［3］梁宏中、王廷惠：《"一国两制"框架下粤港澳大湾区内差异与互补性经济合作机制》，《产经评论》2019 年第 10 期。

［4］"粤港澳大湾区城市群发展规划研究"课题组：《创新粤港澳大湾区合作机制建设世界级城市群》，《中国智库经济观察》（2017），中国国际经济交流中心，2018 年。

［5］眭文娟、张昱、王大卫：《粤港澳大湾区产业协同的发展现状——以珠三角 9 市制造业为例》，《城市观察》2018 年第 5 期。

［6］王枫云、任亚萍：《粤港澳大湾区世界级城市群建设中的城市定位》，《上海城市管理》2018 年第 27 期。

［7］周春山、金万富、史晨怡：《新时期珠江三角洲城市群发展战略的思考》，《地理科学进展》2015 年第 3 期。

［8］朱苏远：《制造业服务化发展的模式和趋势》，《竞争情报》2015 年第 11 期。

中山装备制造产业集群发展现状及对策研究

课题组[*]

摘要：在国内外装备制造业集群研究的基础上，分析区域装备制造业集群发展的过程，对中山装备制造业集群发展现状进行调研，从产业集群的角度，科学合理地选择产业进行集群培育，提出提升中山装备制造业竞争力的对策建议；通过本项目的研究，以期为中山装备制造业产业集群的发展提供理论参考。

关键词：产业集群　装备制造业　发展战略

一、装备制造产业集群发展综述

（一）研究现状

国外对产业集群研究的众多理论中，从亚当·斯密首次提出产业集群的概念至今，装备制造产业有着很长的发展历史。关于装备制造产业集聚的理论以翻译、引进国外为主，是我国研究装备制造业集聚模式的起始。改革开放后，随着我国经济跨越式的发展，市场经济体制的不断完善，越来越多的国内学者开始以我国的实际情况来探索我国产业集群的发展模式。目前，国内比较有代表性的观点如下：在装备产业集群研究方面，李凯等借鉴系统耦合的思想，把装备制造业集群要素间的经济联系和内在产业关联抽象为制造企业耦合、集群产业耦合以及区域社会网络耦合三层结构，并以沈阳装备制造业集群为例，提出了促进装备产业集群要素耦合的对策。[①] 王国跃等提出要引导装备制造业集群要素网络链接模式向基于价值链主导的模式发展，在装备制造核心企业之间搭建开放性、网络化的生产组织。[②] 王九云等通过对国外装备制造业发展的特点和全球化、国产化、成套化、产业集群化等发展趋势的分析，提出中国的装备制造业要想取得长足发展，必须将国产化、成套化和高技术化作为战略目标并协调

---

[*] 课题组单位：中山火炬职业技术学院。课题组负责人：赵江平；课题组成员：张会桥、刘庆伦、李玉兰、武秋凤、李兴国。

[①] 李凯、代丽华、韩爽：《产业生命周期与中国钢铁产业极值点》，《产业经济研究》2005年第4期，第38-43页。

[②] 王国跃、李海海：《我国装备制造业产业集群发展模式及对策》，《经济纵横》2008年第12期，第71-73页。

好三者的关系，并在这基础上推进科技创新发展制造服务业。[①] 常丽在以装备制造业为例的产业集群研发合作模式研究中发现，产业集群是技术创新的有力载体，并且二者之间存在着互动关系，而装备制造业的产业特征适合产业集群式技术创新和研发合作。[②] 王秋玉等以石油装备制造业为例，研究石油装备制造业创新网络的结构及空间特征，提出基于组织关系的合作在区域、全球尺度中居于主导地位，创新链接以经济关系和知识关系为主。[③]

产业集群作为当今世界颇具特色的经济组织，其内部企业通过广泛的沟通合作，降低了交易成本，产生规模经济效益，同时通过强大的溢出效应，带动某一地区的经济发展。当今时代，科技进步十分迅速，加上互联网整合全球资源的超强能力，装备制造产业集群将不再受制于地理空间限制，而是越来越依靠科技的拉动和推动，不同领域的技术、不同行业的技术相互交叉，形成新的高新复合技术，打破地理空间限制，以新的交叉供应网络逐步替代单一的供应链，创新装备制造产业集群新的发展模式。

（二）装备制造业集群形成的优势

从供给方面来看，装备制造业产业集群的存在能够吸引更多产品供应商的到来，减少供应商寻找客户的时间和资金成本。从需求的角度来看，集群内大量企业通过生产设备等技术方式的连接，能够形成品牌效应，吸引更多分销商和产品需求者的到来，大量同一类型企业的集聚可以减少需求者购买装备制造产品的流通成本。同时，产业集群能够实现集群内企业的专业化分工，有利于剥离龙头企业的非核心生产环节，促进集群内部企业的深度分工与协作，提高产品的生产效率，降低单位产品成本，以此提升企业的竞争优势。除此之外，通过与集群外的上下游企业以及科研机构等的联系，可以形成产业链效应，推进技术的创新和研发，有利于装备制造产业集群科技竞争力的提升。

装备制造业产业集聚作为集群来讲是一个整体，集群内的企业拥有共同的经济利益，但是从单个企业来看，由于其生产的产品具有相似性，彼此之间同样充满了竞争。为了提高企业自身的核心竞争力，单个企业必须进行技术研发和创新，以保持自己在装备制造业产业集群中的地位。产业集群最直接的表现就是地理位置的集中，而地理位置的集中有利于集群内企业实现基础设施的共享，降低企业对公共设施的投入成本。同时可以加快各集群园区通往市外和全国各地的交通衔接，以建设各集群园区

---

① 王九云、丁晶晶、王栋：《国外装备制造业发展经验及对我国的启示》，《学术交流》2011年第7期。

② 常丽：《以产业集群构建辽宁新型装备制造基地》，《科技和产业》2006年第6期，第7—11页。

③ 王秋玉、吕国庆、曾刚：《内生型产业集群创新网络的空间尺度分析——以山东省东营市石油装备制造业为例》，《经济地理》2015年第35期，第102—108页。

内方便快捷的交通运输网络。此外，集群内企业还可以共享为集群园区内企业和集群的持续发展提供保障的公共服务平台、技术培训机构和金融机构等。

二、中山装备制造产业集群发展现状

（一）中山产业发展的历史沿革

（1）20世纪80年代前中山不具备产业的基础。新中国成立后至20世纪70年代末，我国建立了一整套高度集中统一的计划经济管理体制，主要依靠行政手段来直接控制和调节国民经济运行。在这种历史背景下，中山市根本不具备实施产业集群发展的基础。

（2）"六五"至"九五"期间集团化产业的产生。第六个五年计划时期（1981—1985年），中山全县继续以发展轻纺工业为重点，主要从轻工、支农和出口三个方面对工业结构、组织结构和产品结构进行调整，逐步形成了有重点的连片性加工出口区，出现了最早的产业集聚现象。"七五"（1986—1990年）期间，以集团化战略为主要内容的产业组织政策在中山应运而生，将玻璃、包装印刷、建材、电子4个工业公司改建为工业集团等，共组建了10个企业集团，在追求规模经济的基础上对产业组织进行重新构造，优化了资源配置，提升了企业的竞争能力。"八五"至"九五"期间，中山威力集团公司、凯达精细化工股份有限公司等12家工商企业被确立为中山市建立现代企业制度试点企业，至1995年底，通过招商引资、股份合作、横向联合、兼并等多种形式，66.7%的市属工业企业实施了转机建制。"九五"期间，由于市场竞争加剧，中山市开始有意识地加强重点行业、企业的发展，选定了家电、纺织、化工、新型建材、包装印刷、电子、冶金机械、食品、医药九大支柱产业，并重点支持发展威力、玻璃、包装印刷、千叶、化工钢管、咀香园、电子、粤中船舶、建筑材料、精细化工等13个企业集团。

（3）20世纪90年代产业集群悄然萌芽。1990年3月，国家科技部、广东省科委、中山市政府共同投资创办了中山火炬高新技术产业开发区。乡镇企业和城镇工业逐步向开发区、工业小区集中，构成企业群落，小榄工业区、石岐民营科技园等新办工业园区得到了快速发展，火炬区的电子信息科技、健康科技产业等工业园聚集了一批企业，初步形成产业规模优势。

（4）2000年以来培育和发展产业集群成为新世纪的主角，在市、镇两级政府的推动下，以"一镇一品"为基础的区域特色经济在"十五"期间得到了快速发展，产业集聚水平和整体竞争力进一步提高，比较优势明显增加。全市逐步形成了以沙溪镇的纺织服装、小榄镇的金属制品业、古镇镇的灯饰业、南头镇的大家电业、东凤镇的小家电业、大涌镇的红木家具业、黄圃镇的食品加工业、火炬区的电子信息业和汽车配件业为主的一大批区域特色产业集群经济。[①]

（二）中山装备制造产业集群现状分析（以开发区为例）

1. 产业集群定位及发展方向

中山火炬区自建区以来，坚持"创新驱动、科技引领、产业先导"的发展路径，大力推动产业集群发展，重点发展先进装备制造、健康医药、光电等三大产业，着力打造三大产业集群。

（1）先进装备制造产业集群。

先进装备制造是近年来火炬开发区充分利用区内传统制造基础优势，积极顺应"中国制造2025"浪潮，科学规划、引导发展起来的重点产业。重点支持明阳风电等自主创新型龙头企业进一步增强自主创新能力，为中山市打造世界级先进装备制造业产业基地发挥支撑作用。大力发展工作母机制造业，引进和培育一批智能装备制造企业，推动搭建智能装备公共服务平台和智能制造共性平台。火炬开发区依托明阳、迈雷特、艾特网能等技术领先的行业龙头骨干，着力发展高端装备制造业，壮大以风能为核心的新能源装备产业集群。深挖火炬开发区内企业潜力，支持拥有核心技术和高成长潜力的装备制造企业做大做强。围绕现有产业对智能装备的需求，聚焦数字化、柔性化、智能化产业项目，积极推进"互联网＋"与装备制造融合发展，聚集了一批"专、精、尖"工作母机类企业，培育了恒鑫、金弘达等优质智能装备企业。

（2）健康科技国家级创新型产业集群。

火炬开发区健康医药产业集群以国家健康科技产业基地为主体，包括国家健康基地核心园区、中德（中山）生物医药产业园核心区和医药装备拓展区、德仲广场健康医药服务业集聚区、数贸大厦数字医疗现代服务业基地等产业平台。健康医药产业平台已集聚企业超过200家，形成了以生物制药、医疗器械、医疗信息为主导产业，保健食品、化妆品、健康服务业协同发展的产业集群格局，国家健康基地2014年在科技部全国生物医药园区综合能力评比中名列第五，是中山发展健康科技产业主力产业平台。目前，火炬区健康产业将加快推动创新蛋白抗体新药和分子靶向化学创新药研究开发、细胞和干细胞免疫治疗等精准医疗技术产品研发、高端医学影像和基因诊断新产品新技术开发、创新药和新型药物制剂规模化生产工艺技术研发应用等，促进了PD1和双功能单克隆创新抗体、256排CT、128排PET－CT、肠癌基因检测诊断试剂等一批创新生物医药新技术和成果产业化的推广应用。以康方生物、拓普基因、中智药业等生物医药龙头企业为依托，聚焦生物药、化学药、现代中药、基因诊断、高端医疗器械等细分领域，大力完善和做强生物制药、医疗器械、食品化妆品、健康服务业产业链，增强产业集聚度。

---

① 吴月霞：《中山市产业组织政策研究》，华南理工大学硕士学位论文，2010年。

（3）光成像与光电子信息产业集群。

"广东省战略性新兴产业（光电产业）基地"以及"中山成像与光电子创新型产业集群"已初具规模，以联合光电、舜宇光学、弘景光电、通宇通讯等民营企业为龙头的光电元器件、光电显示、光通信产业不断发展壮大，以新诺科技、汉唐激光、汉通激光、汉邦激光等激光装备制造、激光加工企业为核心的光电产业链日臻完善。2017年9月，中山市光电产业协会在火炬区成立，区内企业占会员总数的60%以上。2017年，火炬区研究出台了《光电产业发展专项资金管理暂行办法》（中开管办〔2017〕71号），列支3 000万元支持光电产业做大做强，支持联大光电、讯芯二期等重大项目落地，引导光电显示、激光设备、激光加工、光学模组等细分领域成为新的增长点。以激光引擎为产业链核心链节切入点，引进重大重点项目，实施产业共性技术攻关、骨干企业培育等措施，重点扶持提升联合光电等自主创新型重点企业，整合光成像元器件和光电子信息集成电路的生产配套，打造激光电视等高端产品的光电产业，带动产业向高端环节延伸。

2. 骨干企业引领

经过多年的产业集聚和产业发展，火炬开发区装备制造业基础日益雄厚。近年来，火炬开发区依托中船中山基地、广新海工、广东粤新海工、明阳海上风电等为代表的海洋工程装备龙头企业，以纬创资通、佳能、国碁电子、舜宇光学、联合光电、新诺科技、新宏业自动化等以光电显示、激光装备制造、激光加工为核心的光电产业链，打造了广东省战略性新兴产业（海洋工程装备）基地、省市共建战略性新兴产业（智能制造）基地和（光电产业）基地以及新一代电子与光成像产业集群。组建了包括日本株式会社 F－TECH、三井化学、伊藤忠、东洋热交换器、有信、PLAST 等国际知名汽配企业在内的中国汽车零部件制造基地。

火炬开发区工作母机类制造业形成了"三大优势"。一是规模优势。有产值超百亿元企业1家，超十亿元企业3家，亿元以上企业9家。二是特色优势。在电力设备领域，火炬开发区明阳风电是全省唯一一家百亿元级的工作母机企业。在环保设备领域，中泽重工是全省环保设备工作母机排名第二的企业。三是技术优势。火炬开发区拥有一批"专、精、尖"的工作母机企业，中山新诺科技有限公司是全球"新一代无掩模光刻技术"的领航者，成功打破外国垄断，处于国内领先水平；广东汉唐量子光电科技有限公司是国内领先的皮秒、飞秒光纤激光器研发生产商并经历8年最终研发出国内领先的金属粉末3D打印机。

3. 智能制造发展态势良好

在智能制造装备领域，中山迈雷特智能装备有限公司在高端制造装备业的机电一体化自动控制领域处于国内领先水平，研发团队拥有高端数控系统的软、硬件技术开发能力，其齿轮控制系统技术中多个子系统填补了国内空白。在智能制造研发服务领域，恒鑫智能为客户提供完整的系统解决方案和交钥匙工程，是国内早期从事工业4.0、智能制造、工厂自动化与信息化深度融合研发和项目实施的企业，拥有智能制造工程技术中心，聚焦制造业智能化、集成化、网络化系统与装备的研发、设计和生产。在智能制造应用领域，联合光电通过自主研发技术，在监控一体机方面处于国际领先地位，特别是在与互联网相结合的高清、4K 光学技术上，借助通信网络实现后端存储、云存储，产品获得了大份额的市场。

随着智能化进程的推进，火炬开发区涌现了一批以智能化产品或智能化服务为主的中小企业，如国家健康基地集聚了瀚维斯、乐心医疗、衡思健康等一批研发、制造智能可穿戴设备及智能医疗器械的公司，这些公司已经培育出一些冠军产品，如《2016 年移动终端质量报告》显示，乐心手环力压荣耀 Zero、小米手环，排名第一；衡思健康是国内唯一具有自主知识产权的可穿戴脑电设备研发及销售企业，公司的核心技术"有源干电极"和"脑电波算法"在世界处于领先地位。

4. 先进装备制造业抢占国际竞争制高点

自 2013 年开始，火炬开发区与深圳贸促委签订招商合作协议，成功招引深圳医疗器械产业园落户，用地 325 亩，预计总投资 13 亿元，总产值超过 26 亿元，总税收1.04 亿元。自 2012 年开始至今，火炬开发区先后与北京中关村多家机构合作，举办专场招商推介会，并与北京汇龙森、北京 e 谷有关知名孵化器探讨企业孵化和人才培训事项，为火炬开发区装备制造业发展积蓄后备力量。打造中瑞工业园，重点发展精密机械制造等产业。

近年来，火炬开发区坚持科技与金融的融合创新，通过出台政策、加快上市、集聚基金、建立平台、完善体系等方式积极探索科技金融结合发展助推产业转型升级，服务企业创新发展。目前，火炬开发区共有 20 家上市挂牌企业，集聚 38.6 亿元股权基金，新三板挂牌企业定向发行融资达 3.7 亿元，其中明阳风电和欧亚包装分别在纽交所和港交所上市，通宇通讯成功通过中小板上市审核，并获中科股权投资基金融资3 000 万元；天富电气、鑫辉精密、恒鑫智能等 3 家装备制造企业成功在新三板挂牌，并定向发行融资达 8 039.7 万元。另外，中穗融资设备有限公司设立融资租赁专项基金扶持工作母机类装备制造业企业，华志模具等项目已获得中穗融资租赁服务。

三、中山装备制造业集群发展面临的主要问题

（一）集群整体的经济实力不强

中山市市场监督管理局数据显示，截至 2018 年底，全市实有市场主体约 38.27 万户。另据中山市统计局 2019 年数据，截至 6 月，全市规模以上工业企业共 3 434 家。

20世纪90年代，中山曾经拥有小霸王、乐百氏、威力等全国知名的"十大舰队"企业，小榄五金、古镇灯饰、大涌红木、黄圃腊味、沙溪服装……以"一镇一品"起家，中山曾打造出闻名全国的专业镇经济。经过30多年的快速发展，不少企业面临着规模不大、产品档次不高、经营以"低质跑量"为主、行业内缺乏龙头企业的局面。大企业缺乏，一直是中山的一个现实情况。统计数据显示，中山市中小微企业占比达到95%以上，产值超百亿元的企业仅有8家；而这8家中，规模以上工业企业只有2家。全市尚无一家超千亿级企业。

中山传统专业镇产业集群内的多数企业通过贴牌、多层代理、跨境电商等形式零散出口，缺少国际影响力的知名品牌，拥有国际销售渠道的企业更是微乎其微。企业规模普遍偏小，实力不强、行业内部集聚度低。中山许多中小微企业仍处在价值链的低端环节，不仅导致企业的利润水平较低，也使当地产业集群发展动力不足。

（二）缺乏龙头企业、名牌产品的带动，国际竞争力弱

在中山市的企业集群中，中小型企业占了绝大多数，缺乏一些知名的大型企业（或企业集团）和国际驰名的品牌，只能输出产品，没有同时输出管理模式和运营模式，缺乏一些能被全国、全世界"复制"的企业。在发展初期，许多中小企业曾因其管理层次、官僚气息少，运作简单、机动灵活等，在市场竞争中建立了一定的优势，但受"小富即安"思想的影响，一些企业缺乏长远规划，发展缓慢，难以壮大成龙头或权威；一些企业利用毗邻港澳地区、外资企业在本地设厂多、信息灵通等优势，竞相为一些港台及全球品牌贴牌加工，只热衷于租借国内外的名牌，采取"克隆"方式生产，很少有自己设计、开发的产品。对品牌的投入不足导致中山企业集群产业中的许多产品都大同小异，甚至连原料、款式、颜色都完全一样，只是品牌不同。在这种情况下，随着品牌竞争的加剧，许多中小企业便只能以价格战来保地盘。此外，由于缺乏在国际贸易方面的能力和经验，中山的企业对国际市场的营销能力较弱，国际竞争优势尚未形成，不少企业还只是洋品牌的加工厂，只赚取廉价的劳务费，占领国际市场的能力十分有限。

（三）行业整体的科研和技术开发能力不强

由于企业技术壁垒偏低，中山不少集群企业之间存在的联系多是竞争关系，难以在技术创新中建立密切的交流与合作。许多企业从生产到销售服务基本都是企业自己包干，既没有充分利用社会分工，又不能充分发挥自己的品牌资源等优势。为争夺市场，企业未能与他人联手出击，孤军奋战，没有形成统一的"产业军团"在市场上与对手竞争。广东樱花智能科技有限公司是位于小榄的智能锁具企业，公司总经理朱海涛也认可这一观点："中小微企业一般品牌建设和研发费用及实力不足，同质化较为严重，很容易陷入价格战泥潭。"

中山市的集聚产业初期主要凭借着地缘优势以及土地、劳动力等生产要素的低成本而得以发展壮大，整个产业的技术水平较低。产品的技术含量、质量和层次不高，附加值低，在国际竞争中的优势不明显，粗放式经营仍然是目前的主要增长方式。在发展的过程中，许多企业只热衷于把资金用于扩建厂房和办公场所，而对生产设备的改造和高精尖技术设备的投入欠缺。虽然固定资产投资总量日益增加，但生产性投资比重和技术改造比重偏小。

（四）集群内的企业缺乏协调，同业无序竞争日趋严重，规模及龙头企业仍然偏少

中山的企业集群中有些是依赖海外市场的加工工业基地，由于企业所从事的是成熟技术生产，技术壁垒相对较低，企业相互之间是争夺订单的对手，彼此很难在技术创新方面建立起密切的交流与合作关系，相反把注意力主要放在与海外客户或合作者的交流上，本地企业之间缺少信息沟通和研发合作，导致许多依靠出口加工的工业区经济基础脆弱，往往只是充当全球商品链中低附加值劳动的血汗工厂和发达国家市场波动的减振阀。在一些传统产业的集群内部，由于生产的产品结构雷同，销售市场集中，集群内部缺乏必要的组织和信息协调，导致协调管理不力和自我竞争过度，如用不正当手段互拉客户、抬价抢购货源、压价竞销、仿冒、偷工减料降低质量标准等，集群内的无序竞争状况日趋严重。虽然火炬开发区装备制造业规模优势明显，但现有智能装备生产企业未成规模，智能制造产业基础相对薄弱。智能装备企业诸如迈雷特等技术含量高的代表性企业不多，恒鑫智能等机器人制造企业规模不大，尚处于发展时期，对于普通装备制造企业核心技术亟须突破。

（五）专业人才缺乏，部分经营者素质难以适应企业发展的要求

中山市的产业集群是以"专业镇"的形式表现出来的，企业主要依托于镇街，而这一层级对于高端、专业人才的吸引能力也比较弱，相关的市场主体也较少有机会参与高水平的行业和产业的研讨协商，因而限制了其做大做强的能力以及可能性。另外，以镇为企业依托的市场主体，可能比较满足现状，愿意做大做强的积极性也较为有限，这些都影响中山企业发展做大做优。区域发展的动力是企业家，创新既是企业家的生命也是企业的生命。所以对企业而言经营者的素质和水平直接决定了企业的发展状况。最后，企业员工文化水平偏低，国际市场开拓能力很弱，内部质量管理、工艺管理水平低下，严重制约着企业的进一步发展。

四、中山装备制造业集群发展对策

（一）制订合理的产业集群发展规划，强化支持引导，解决共性问题

地方政府的产业集群发展规划将直接提升地区产业的竞争力。遵循产业集群的内在发展规律，根据全市经济发展的实际，制订合理可行的产业集群发展工作目标和发

展规划，并适时研究出台促进我市产业集群发展的政策措施，重点引导各镇街因地制宜，选择本地具有较大规模和比较优势的产业，聚合各种生产要素，进行重点培育，尽快把企业群体做大，把产业链拉长，形成产业的规模、技术、市场、品牌等方面的综合竞争优势和可持续发展优势，以更为完整、科学、可行的产业集群政策替代简单的产业布局安排。无论过去还是将来，专业镇发展都是中山经济的基本支撑。中小微企业仍然是推动中山经济发展的重要力量。培育在生产技术、信息传播、经营理念、管理方式等方面起示范作用的龙头企业，带动产业链上配套的中小微企业获得稳定的发展环境。

（二）加强集群内企业间的协同创新，完善社会化服务体系，构建功能完善的公共服务平台

社会化服务体系是指以产业集群为依托而建立的服务性机构，这些机构通过市场化的方式，为集群内的企业提供公共服务。推进产业集群服务体系建设要着力加强技术研发应用、信息服务、人员培训、质量检测、产品交易与物流配送等功能的建设，加大政府在公共要素建设的投入力度，进一步发挥政府部门在公共服务平台建设方面的培育和引导作用，引导民间资本积极参与公共服务体系建设，努力构建功能完善的公共服务平台。①根据中山市中小企业众多的发展特点，围绕可靠性试验验证、计量检测、标准检验与检测、认证认可关键技术、产业信息、知识产权等技术基础支撑能力，依托现有服务机构，创建一批产业技术基础公共服务平台，并按固定资产投资额予以资助扶持。②加强技术创新平台建设。大力推进技术进步，是提升企业竞争力、保持产业集群区域经济长期持续增长的内在动力。因此，要面向行业的共性和关键技术，构建有效的技术创新平台，形成良好的产业创新体系。③加快发展流通服务体系。鼓励民间资金在产业集群区域兴办中小企业信用担保机构，促进产业集群的信用担保业务规模扩大，有效缓解产业集群内中小企业融资难的问题。④加强培训服务体系建设。积极组建职业技术培训机构，建立服务区域经济发展的科技人员培训中心、培训示范基地，为在产业集群中形成高素质的劳动力队伍创造条件。

（三）提高自主创新能力，增强产业集群的竞争力

中山市镇区企业集群的相对优势正逐渐减弱，集群中区域创新网络在运作中也存在着诸多问题。产业升级换代、寻求新优势成为中山市企业集群继续成功发展的必由之路。因此，探索中山市镇区企业集群竞争力的影响因素，采取有效措施解决乡镇企业集群现存的问题，突破制约企业集群进一步发展的瓶颈，才能使企业集群在区域发展中立于不败之地，继续成为区域发展的强劲动力。

以火炬开发区、民营科技园等为载体，大力发展高新技术产业集群，对集群内高新技术产业的自主创新活动给予相应的政策支持，建立完善多渠道的科技投入机制，加快研究设立市级风险投资基金，引导社会资金投入自主创新，使之成为推动企业自主创新的重要基地。加强人才培养资金支持，对技术工人实施评级制度，加快培养一批科技骨干人才，帮助解决技术骨干人才子女入学问题，完善高级人才配套政策。针对特定专业人才缺口，与人力培训机构、中山本地院校积极合作，以政府资助和补贴的形式对所需高级技工进行专业培训，解决企业发展的人才之忧。

（四）打造区域品牌，提升产业集群整体实力

发挥火炬开发区装备制造业、电子信息等领域基础雄厚、供应链完备的优势，着重建设先进装备制造业孵化平台，鼓励龙头企业建设专业孵化器和加速器，支持先进装备公共技术与产业服务平台建设。引进优质项目增强发展后劲，特别是产业链关键环节的项目引进。根据产业定位和《中山市智能制造2025规划（2016—2025年）》对开发区智能制造的产业布局，结合实际，重点发展以下几大方向：①智能装备，重点发展减速器、伺服电机、控制器等机器人核心零部件相关产业，以及服务于电子信息、高档数控机床、工业机器人、生物医药和高性能医疗器械等领域的中小型工业机器人集成。②智能服务产业，重点发展工业控制、智能家电、医疗电子、汽车电子、物联网、移动智能终端等嵌入式软件，以及集成电路设计、集成电路测试等产业。③智能设计，重点依托国家生物医药基地，重点发展可穿戴医疗产品设计和建设智能装备设计产业基地。

在产业链关键环节的项目引进上加大土地、厂房、租金、税收等多方面优惠支持力度，持续加大项目谋划和引进力度，推动形成接续不断、滚动实施的储备机制和良性循环。通过举办专业性的会展活动，努力将这些会展发展成为具有国际影响力的"品牌会展"，经营成为中山市特色经济、产业集群的一张"名片"。

（五）扶持智能制造，优化产业集群外部环境

组织实施智能制造重大工程，助推智能制造示范企业做大做强。加快智能工厂、智能车间建设，培育一批智能制造试点示范企业，进一步实现企业设计、工艺、制造、管理、物流等环节的集成优化，推进企业数字化设计、装备智能化升级、工艺流程优化、精益生产、可视化管理、质量控制与追溯、智能物流等方面的快速提升。高端装备制造业的发展离不开政府的大力支持，从这个角度来看，政府应该更多地把财税政策向高端装备制造业倾斜，对国家鼓励研发的高端技术装备，政府在原材料进口和零部件的采购方面要给予优惠的税收政策。同时，政府要对高端装备制造业的重大创新工程和配套公共服务体系进行不断完善，瞄准智能制造示范企业中具备核心技术突破和商业模式创新特征的项目进行重点扶持，帮助企业加速实现规模效益。

参考文献

［1］李凯、代丽华、韩爽：《产业生命周期与中国钢铁产业极值点》，《产业经济研究》2005 年第4 期。

［2］王国跃、李海海：《我国装备制造业产业集群发展模式及对策》，《经济纵横》2008 年第 12 期。

［3］王九云、丁晶晶、王栋：《国外装备制造业发展经验及对我国的启示》，《学术交流》2011 年第7 期。

［4］常丽：《以产业集群构建辽宁新型装备制造基地》，《科技和产业》2006 年第 3 期。

［5］王秋玉、吕国庆、曾刚：《内生型产业集群创新网络的空间尺度分析——以山东省东营市石油装备制造业为例》，《经济地理》2015 年第 6 期。

［6］吴月霞：《中山市产业组织政策研究》，华南理工大学硕士学位论文，2010 年。

加快中山市市镇两级行政服务中心建设的对策思考

赵晷湘*

摘要： 2014 年以来，中山市积极推进"一门式、一网式"政府服务模式改革，主动创新，让企业和群众办事更方便、更高效，中山市市镇两级行政服务中心建设取得了良好成效，较好地满足了企业和群众办事的获得感与幸福感。但对标大湾区、长三角的先进城市，中山市市镇两级行政服务中心建设还存在一些明显的不足之处。为加快打造国内一流的营商环境，从而增强中山市经济发展后劲，推动高质量崛起，要求我们认真总结经验、强化建设主体责任、坚持问题导向、坚持创新推动、坚持精准施策，进一步加快中山市市镇两级行政服务中心建设。

关键词： 中山市　行政服务中心　营商环境　建设

2014 年，中山市积极推进"一门式、一网式"政府服务模式改革以来，中山市市镇两级行政服务中心的服务能力和水平有了明显提升。但对标大湾区、长三角的先进城市，更好地满足群众和企业对优质政务服务、一流营商环境的需求，中山市市镇两级行政服务中心建设仍存在较大差距。因此，我们需要认真总结经验，强化建设主体责任，坚持问题导向，坚持创新推动，坚持精准施测，进一步加快中山市市镇两级行政服务中心建设。

一、加快中山市市镇两级行政服务中心建设的意义

在经济下行压力持续加大、部分关键指标低位徘徊、传统发展模式弊端不断显现的形势下，推动高质量崛起已成为中山市当前和今后一个时期的头等大事和中心工作。优质的政务服务、一流的营商环境，对中山市高质量崛起无疑具有重要的推动作用。行政服务中心作为群众和企业办理各项政务服务事务的机构，加快中山市市镇两级行政服务中心建设，对于提升市镇两级行政服务中心的服务效率，降低企业的制度性交易成本，营造一流的营商环境，更好激发市场活力和社会创造力，从而增强中山市经济发展后劲，推动高质量崛起，具有十分重要的意义。

---

* 作者简介：赵晷湘，电子科技大学中山学院管理学院院长、中山创新发展研究中心主任、区域经济研究所所长、教授。研究方向：区域经济、商贸经济等。

（一）有利于提升政府行政服务效率

廉洁、高效的服务型政府，既是现代市场经济的内在要求，也是经济可持续发展的重要条件。设立行政服务中心的初衷和目的，是优化政府服务职能，最大限度方便群众、减少环节、规范收费和优化投资环境。通过借助"互联网＋政务"等新手段，优化政府服务模式，加快市镇两级行政服务中心建设，对于推广落实中山市委、市政府提出的"掌上政府、指尖服务、刷脸办事，让企业办事像网购一样方便"的服务型政府理念，推动中山市成为全省行政审批项目最少、行政成本最低、行政过程最透明的地区之一，进而提升政府行政服务效率，具有十分重要的现实意义。

（二）有利于降低企业的制度性交易成本

企业的成本构成，除了原材料、土地、工资等生产成本外，另一个就是制度性交易成本，即企业运转过程中为了执行政府制定的一系列规章制度所付出的成本。在竞争日趋激烈、要素成本不断上升、企业利润微薄的环境下，有效降低制度性交易成本，事关企业的竞争力和可持续发展。2016 年 8 月，国务院出台了《降低实体经济企业成本工作方案》（国发〔2016〕48 号），提出要"降低各类交易成本特别是制度性交易成本，减少审批环节，降低各类中介评估费用"。加快市镇两级行政服务中心建设，可以促进中山市严格遵照国务院"简政放权、放管结合、优化服务、市场准入负面清单制度"等要求，大幅度压减各类行政审批事项，优化行政审批流程，降低检验、检测、认证以及各类收费，降低企业的制度性交易成本，让企业花最少的时间、跑最少的路、交最少的材料、找最少的部门，就能把该办的事办妥，把想办的事办好。

（三）有利于营造一流的营商环境

为持续优化营商环境，推动经济高质量发展，国务院于 2019 年 10 月 8 日通过了《优化营商环境条例》，并于 2020 年 1 月 1 日起施行。该条例要求政府及其有关部门"进一步增强服务意识，切实转变工作作风，为市场主体提供规范、便利、高效的政务服务"。一流的营商环境对留住现有企业、引进优质企业具有非常重要的作用，服务企业是政府的天职，交通区位不如服务到位，政策优惠不如政务优质，硬环境不如软环境。加快市镇两级行政服务中心建设，有利于中山市贯彻落实国务院《优化营商环境条例》，深入推进"营商环境提升年"活动，促进中山市行政服务最大限度方便群众、减少环节、提高效率、规范收费和优化投资环境，留住企业、吸引投资。

二、中山市市镇两级行政服务中心建设的成效与问题

（一）中山市市镇两级行政服务中心建设的成效

1. 中山市行政服务中心建设成效

中山市行政服务中心自 2015 年 1 月 28 日建成运营以来，坚持政务服务"硬"环

境和"软"环境两手都要抓，从申请人"想办事、来办事、在办事、办完事"四个时间维度切入，设身处地为申请人解决办事堵点、痛点、难点问题。

在"硬"环境建设方面，中山市行政服务中心分类设置了企业注册登记区、投资建设审批区、社会管理服务区、24 小时自助办理区、公共资源交易区和社会保障服务区，同时紧抓全中心建设统筹，配备了线上线下一体化办事预约叫号系统、安全防控系统、视频监控系统、效能评价系统、政务数据展示平台，在中心外围投入建设了 1 000 多个停车位，全天候实行安保巡控和交通疏导，为群众出行办事提供坚实保障。

在"软"环境建设方面，市行政服务中心始终坚持把提升服务作为工作的核心，不断提高服务群众、企业以及政府部门的水平和能力，持续深化"放管服"改革，先后开展了"三集中、一分开"改革、建设中介超市、"一门市、一网式"改革、工程建设项目审批制度改革、"一窗通办、集成服务"改革、数字政府改革等多轮政务服务改革，着力解决企业和群众办事难点和堵点。中山市行政服务中心先后荣获"广东省文明单位""广东省五一劳动奖状"和广东省"人民满意的公务员集体"等荣誉称号。

2. 中山市镇街行政服务中心建设成效

伴随着市行政服务中心"主阵地"的建成使用，中山 23 个镇街乘着政务改革"东风"，也迎来了镇街行政服务中心"次阵地"的丰收。全市"1 + 23"政务服务体系落地建成。为切实建好、用好、发挥好镇街行政服务中心实效功能，中山市委改革办于 2017 年 7 月 26 日印发《中山市镇区行政服务中心标准化建设工作方案（试行）》，提出了"有管理机构、有服务大厅、有窗口人员、有进驻事项、有信息系统、有一窗通办、有收件专章、有管理制度"的"八个有"建设要求。通过 3 年多的建设，中山市 23 个镇街落实镇街行政服务中心"八个有"标准总体情况良好，较好地满足了企业群众日益增长的政务需求。

（二）中山市市镇两级行政服务中心建设存在的问题

1. 镇街服务大厅标准化水平有待提高

行政服务中心大厅标准化水平直接影响办事者舒适、快乐、便捷等需求的满足程度，影响企业和群众办事的获得感与幸福感。目前，中山各镇街行政服务中心实体大厅标准化建设，还存在较大提升空间。一是功能区设置不齐全，许多镇街没有明显的信息公开区；二是引导设施设备不齐全，如没有在醒目位置放置大厅导览图，各楼层没有设置楼层指引图，窗口业务指引牌字太小，没有纸质标准化办事指南及示范文本，等等；三是社保自助查询机、办税自助查询机、一体化自助办理机等自助设施设备配置不理想，与群众的自助需求有较大差距。

2. "一门通办"尚未完全实现

截至 2019 年底，在市级层面，市行政服务中心共进驻 37 个部门共 1 055 个依申请办理政务服务事项，仍存有 382 个依申请办理政务服务事项处于"体外循环"状态，未能整合进驻中心实行"一门通办"。原因有三点：一是公安车管、出入境业务已自成体系，全市范围内已建成多个办事站点，群众办事就近方便；二是国安、民宗等业务办理量极小，年均不足 10 件，派驻人员于行政服务中心办公较为消耗人力资源；三是市行政服务中心实体大厅受空间约束，前台窗口和后台办公面积数量有限，难以承载人员进驻。

在镇街层面，各镇街行政服务中心实体大厅建设情况各异，如东凤、石岐、小榄、西区、横栏等配置的实体大厅面积较大，适合容纳多部门办公使用，而三角、民众等行政服务中心实体大厅面积有限，难以接纳公安、税务、市场监管等人数较多的部门进驻。此外，东区、西区、南区、小榄等 17 个镇街仍有 35 个镇街办事分中心，难以实现依申请政务服务事项集中化办理，群众办事仍受多头跑、多门跑困扰。

3. 办事流程有待进一步简化优化

办事流程简化优化，是提高办事效率的关键。从现场调查情况看，办事者为避免"程序繁""环节多""时限长"等困扰，要求办事流程进一步简化优化，最大限度精简办事程序，缩短办理时限的愿望强烈。根据"您认为市、镇街行政服务中心还需要进一步加强和改进的方面有（多选）"的问卷调查结果，在 10 个选项中，有 57.1%（市）和 58%（镇街）的群众选择了"简化优化办事流程"选项，说明现有办事流程还不能满足公众需求。事实上，目前很多政务服务事项的办事流程可以简化优化，如"一窗通办"情况下，因为一体化系统的横向连接作用仅限于业务收件、出件环节，审批部门在后期仍需通过本部门系统受理、审批业务，进行业务资料的二次录入，重复操作。这种业务资料的二次录入，重复操作，就是办事流程不简化优化的例子。

4. 窗口工作人员业务能力有待提升

窗口工作人员业务能力的高低，直接影响其办事效率，而窗口工作人员办事效率的高低，又直接影响企业和群众办事的获得感与幸福感。根据"您对市（镇街）行政服务中心窗口工作人员的业务能力评价如何？"的问卷调查结果，对市行政服务中心窗口工作人员，88.3% 的办事者选择了"满意"；对镇街行政服务中心窗口工作人员，88.8% 的办事者选择了"满意"，选择"满意"的办事者都没有超过 90%。经现场调查与问卷调查，目前窗口工作人员业务能力不高主要表现为"办事速度慢，排队等候时间太长"。因此，充分满足办事者对政务服务高效、快捷、便利的需求，必须进一步提升窗口工作人员的业务能力。

5. 行政服务中心管理部门的地位有待提高

市政务服务数据管理局作为市行政服务中心的管理部门，管理上存在着"难言之隐"。政府绩效考核是加强部门工作绩效管理、促进核心工作推进的重要措施和抓手，市政务服务数据管理局对进驻部门的考核仅占总分值的 2%，对比深圳市政务服务数据管理局 9%～15% 的考核分值占比有较大差距。另外，由于进驻部门人员的人事关系仍归属对口原部门,市政务服务数据管理局采取"硬管理"显得"不合时宜",采取"软管理"又难以提升服务标准。

三、加快中山市市镇两级行政服务中心建设的对策

(一) 提高行政服务中心管理部门的地位

目前,作为市镇两级行政服务中心的管理部门,明显责权不对称。市政务服务数据管理局、镇政务办作为中山市市镇两级行政服务中心的管理部门,责任重大,办事者不满意或有投诉等,首先想到的就是市政务服务数据管理局、镇政务办,而不是进驻部门。换言之,市政务服务数据管理局、镇政务办首先要担责,但市(镇)委、市(镇)政府赋予他们管理进驻部门的能力、权力有限。为此,建议市(镇)委、市(镇)政府进一步夯实政务服务机构的"基础实力",一是参照珠海、江门、东莞等地的做法配优机构、配强人员,政务服务就是具体的营商环境,要在行政机构和编制方面予以适当"倾斜"考虑。二是调整绩效考核分值比重,各级行政服务中心是党委、政府团结、联系、服务企业群众的重点一线"窗口"和"阵地",要发挥好绩效考核"指挥棒"作用,增大政务服务管理部门对进驻部门的政府绩效考核分值(如10分左右),为政务服务进一步提质增效提供保障。三是增设市行政服务中心大厅管理机构,参照江门、珠海、佛山等地的做法,成立大厅管理机构,承担大厅标准化建设、物业管理、安全防控、交通疏导、咨询引导、交流接待等工作,让市政务服务数据管理局专注在引领"数字政府"改革、"放管服"改革、促进政府职能转变、公共资源交易改革等方面充分发挥作用。

(二) 继续推进镇街实体大厅标准化建设

相对市行政服务中心而言,目前,镇街行政服务中心"一门通办"碰到的困难更大,其中很重要的一个原因就是,一些镇街行政服务中心实体大厅面积有限,难以接纳公安、税务、市场监管等人数较多的部门进驻。另外,从提高办事效率,增强企业和群众办事的获得感与幸福感而言,也必须继续推进镇街实体大厅标准化建设。建议各镇街党委、政府从优化当地营商环境、增强地方美誉度、树立政府形象的高度,继续加强实体大厅建设和功能升级,扩大办事区域面积,周全配置引导、自助、便民等设施设备,提升实体大厅承载和办事能力。

(三) 进一步简化优化办事流程

简化优化办事流程,是办事者的共同心愿,是切实增强企业和群众实际获得感的关键举措。各级各部门一定要树立"以人民为中心"的工作理念,坚持问题导向,深入调研办事流程中的痛点、难点、堵点,然后有针对性地进行改革。有时一个简单的流程修改,就可以大大提高办事效率。如将在办事窗口填写表格,前置到等候区填写,办事效率就截然不同。从调查情况看,简化优化办事流程,当务之急是要着力加

强政务信息共享与电子证照、电子签章、电子档案应用，尽快实现"少填、少报"。

一是要加大政务信息交换共享。以法人信息、个人信息、项目信息为切入点，依托市政务数据交换平台强大支撑，推动企业群众办事的基本信息共享共用，实现"一次填报、多次运用"。

二是要推动电子证照系统与发证系统和用证系统对接，尽快完成存量证照电子化，推动市各相关单位主动调整办事指南和系统设置，从政府的需求侧压减纸质材料，凡电子证照库可支撑的申请材料，一律不再要求提交证照原件和复印件。

三是要推广应用电子印章。以电子印章取代实体公章，推动电子印章系统与一窗受理系统、部门审批系统对接，解决事权下放后镇街行政服务中心公章过多、过乱以及管理不规范问题。

四是要推动部门业务系统与电子档案系统对接，按照电子档案标准和要求逐步改造部门审批业务系统，建立收件、受理、审查、审批、办结全流程电子化数据，逐步实现审批结果"一键归档"，切实解决审批档案流转、放置、整理、归档难题。

（四）创新行政服务中心管理模式，实行窗口服务外包制

建议参照借鉴深圳、汕头、佛山、武汉等行政服务中心窗口管理模式，以统一采购第三方服务方式，向专业化运营公司购买窗口服务，相关人员标准、薪酬标准、服务标准统一由运营公司把关，各级行政服务中心管理部门仅需对运营公司服务供给进行考核，从而大大减少人员管理、人员考核、业务培训等行政资源消耗。此种模式还可以对能力突出、服务意识强的窗口工作人员予以薪酬"倾斜"，由运营公司制定具体绩效差异化管理制度，优待"好员工"，留住"好员工"。

（五）加强队伍建设，建立政务服务"高精尖"团队

提高窗口工作人员业务能力，推进"一窗通办"改革，提高办事效率，要求要努力建立一支业务水平高、职业素质精、思想品质优的政务服务"高精尖"团队。一是要建立并不断完善窗口工作人员的常态化培训机制，定期开展业务培训，加强政策法规、标准规范、岗位技能的培训学习，提高他们的服务意识、服务水平和服务能力。二是要重视对窗口工作人员的技能考核，技能考核可以提高业务能力，也可以检验培训效果，增强培训效果。目前，中山市市镇两级行政服务中心都没有开展这项工作，建议尽快开展对窗口工作人员的技能考核。三是要建立激励机制。首先是要适当提高窗口工作人员的薪资待遇水平，让他们的辛苦付出得到认可，得到回报，带着好心情去提供好服务；其次是要对高质量完成任务的窗口工作人员予以奖励，包括精神奖励和实质性的物质奖励。据调查，重庆、成都、杭州和台州等市，都有对高质量完成任务的窗口工作人员的奖励制度（幅度为 300 ～ 500 元/人·月）。适当的激励，对充分调动窗口工作人员的积极性、留住能手、稳定队伍，对建立政务服务"高精尖"团队，无疑具有重要的助推作用。

社会治理

中山"全民阅读"的调研报告

方　燕*

摘要： 中山市委、市政府历来重视对"全民阅读"的推广，倡导广大市民好读书、读好书，致力于打造文化强市、建设文化名城。为进一步了解全市阅读情况，中山市委宣传部联合国家统计局中山调查队开展专题调研显示，中山市全民阅读基础较好，市民对阅读重要性认知度较高，阅读数量可观，阅读潜在需求较大，数字阅读蓬勃发展，成为市民获取资讯的主要方式，但全民阅读宣传、民间阅读组织发展、阅读环境满意度等方面有待进一步强化和提高。

关键词： 全民阅读　书香中山

2019 年 8 月，习近平总书记考察甘肃时强调，要提倡多读书、建设书香社会。中山市委、市政府历来重视对"全民阅读"的推广，倡导广大市民好读书、读好书，致力于打造文化强市、建设文化名城。自 2002 年起开展以读书月为主要载体的"全民阅读"活动，历经近二十年，阅读已经成为中山的一个重要文化标识和精神符号，为涵养城市文明、激发创新潜能注入了活力。为进一步了解全市阅读情况，把握市民阅读需求，为中山市全民阅读"十四五"规划提供参考依据，中山市委宣传部联合国家统计局中山调查队开展专题调研，走访了深圳市出版集团、中山市文化广电旅游局、部分基层阅读组织及实体书店等阅读相关机构，并对 3 540 位中山市民开展了问卷调查。调查显示，中山市全民阅读基础较好，市民对阅读重要性认知度较高，阅读数量可观，阅读潜在需求较大，数字阅读蓬勃发展，成为市民获取资讯的主要方式，但全民阅读宣传、民间阅读组织发展、阅读环境满意度等方面有待进一步强化和提高。

一、调查结果分析

（一）市民对阅读重要性认知度较高

阅读对个人成长成才具有重要意义，广大市民对此基本形成共识。调查显示（见图 1），受访者对于阅读重要性的认知度比较高，90.3% 的受访者认为阅读对一

---

*　作者简介：方燕，国家统计局中山调查队劳动力科科长。研究方向：人力资本、社区治理。

个人的发展具有重要作用，其中有 59.3% 的受访者认为阅读非常重要。对于阅读的影响认知，54.4% 的受访者认为阅读可以增长知识或提高素养，26.4% 的受访者认为阅读可以增加与别人交流的谈资，15.4% 的受访者认为阅读可以陶冶情操，充实闲暇时间。

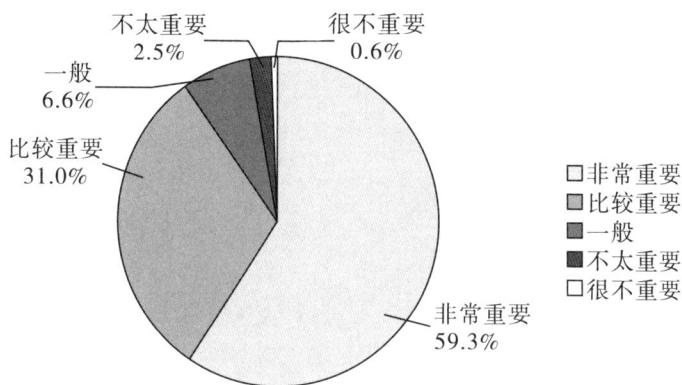

图 1　阅读重要性认知

（二）市民阅读数量可观，阅读潜在需求较大

中山市历来重视对读书氛围的营造，倡导"全民阅读"，对中山市民良好阅读行为和习惯养成起到了重要作用。调查显示（见图 2），受访者年平均阅读量为 14.1 本（包括纸质阅读和电子阅读，不含学生教科书及辅导书），超过全省平均水平（11.2本）。在对阅读量满意度进行调查时，50.7% 的受访者表示非常满意或比较满意，将近一半的受访者对自己阅读量是不太满意的，市民对增加阅读量有比较强烈的潜在需求。

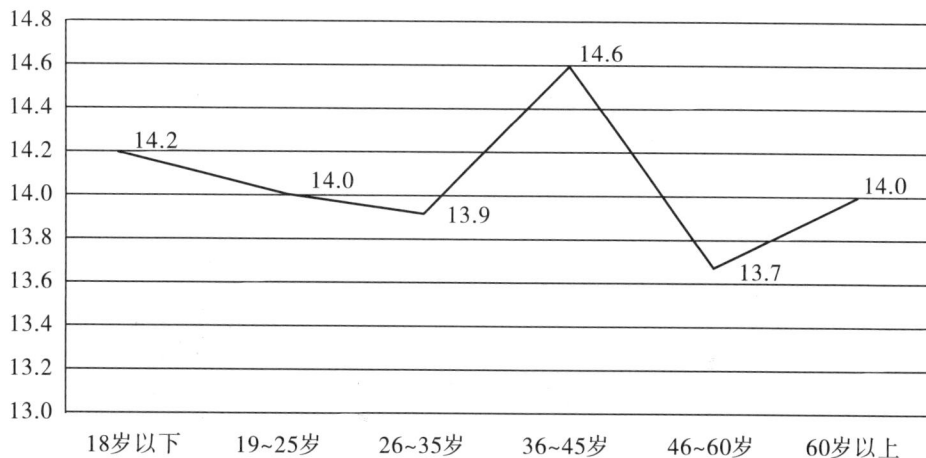

图 2　各年龄段年平均阅读数量（本）

文学艺术类、经济管理类、教育类是中山市民最喜欢阅读的图书。调查显示（见图3），有34.3%的受访者最喜欢阅读"文学艺术类"图书，18.7%的受访者最喜欢阅读"经济管理类"图书，11.8%的受访者最喜欢阅读"教育类"图书，10.3%的受访者把"生活健康类"图书放在第一位。

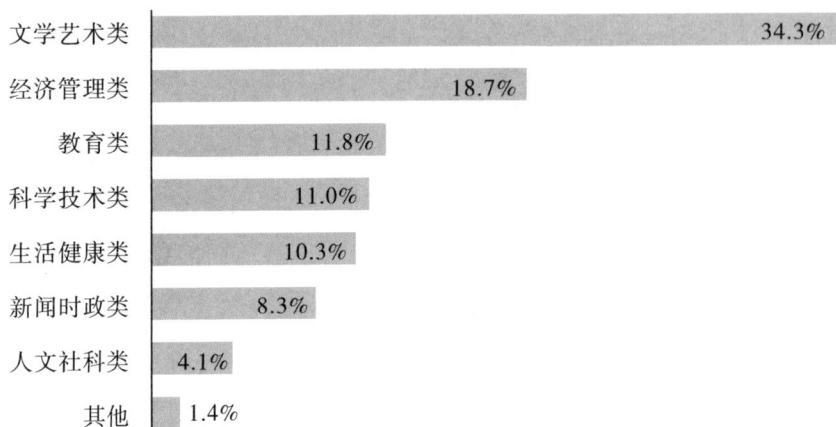

图3　中山市民最喜欢的图书种类

（三）市民家庭藏书较丰富，阅读支出稳中有升

藏书万卷可教子，遗金满籯常作灾。书籍是我们留给子孙后代最好的礼物。调查显示（见图4），中山市民家庭藏书量平均为75.1本。其中56.7%的受访者家庭藏书在50本以内，29.8%的受访者家庭藏书在51～200本，5.2%的受访者家庭藏书在200本以上。市民在购置图书方面比较愿意花钱，数据显示，2019年市民在传统阅读上的平均支出为280.4元，与往年相比，42.2%的受访者增加了他们的传统阅读支出。

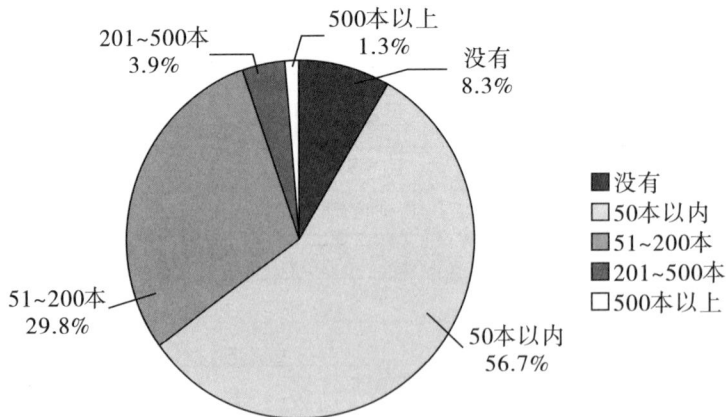

图4　中山市民家庭藏书量

调查结果显示（多选），"自费购买"是中山市民获得图书最主要的方式，占受访者的76.6%；排名第二的是"到图书馆等地借阅"，占受访者的67.2%；也有41.9%的受访者选择"在书店或书吧里看"，32.4%的受访者选择了"他人赠送"，仅有16.0%的受访者选择了"单位为个人购买"。中山市民获取图书的方式更加多样化。中山市民购买图书的渠道也较为多样化，线上线下渠道并用，最主要的购书渠道还是实体书店（77.3%），其次是网上购书（57.4%），实体书店的市场仍具有较大的潜力，也有27.6%的受访者选择了在报刊亭购买图书，另有少部分受访者（15.7%）也会在书展时购书。

选择实体书店购书的受访者，其最主要的原因是"书的种类多"，其次是"距离比较近"，而选择网上购书的受访者，其最主要的原因是"价格折扣"和"书的种类多"。值得关注的是选择实体书店购书的受访者，其主要原因中选择"环境好""服务人员态度好"的比例并不高，相比较网购，实体书店本应在这两个方面建立优势，吸引消费者。

（四）阅读方式呈现多元化趋势，数字阅读成为主流

当问及市民是否会选择数字阅读时，61.8%的受访者表示会选择，还有38.2%的受访者表示不会采取数字阅读的方式，还是更习惯于采取传统阅读的方式。从年龄分布来看，19～35岁的受访者采取数字阅读方式的意愿远高于传统阅读方式，36～45岁的受访者两种阅读方式的接受程度基本持平；18岁以下的受访者可能是中小学生，文化功课多，电子产品管控约束也较多，因此传统阅读方式多于数字阅读方式；45岁以上的群体随着年龄的增长，更少采用数字阅读方式。

在阅读方式方面，数字阅读超过传统阅读成为受访者获取资讯的主要方式。具体来看（见表1），受访者中选择电子文字阅读方式的占21.1%，选择视频阅读的占21.0%，音频阅读的占13.6%，三种电子阅读方式合计占比55.7%；选择图书、报纸、杂志阅读方式的分别占比13.6%、11.2%、11.6%，合计占比36.4%。在选择数字阅读的原因中，72.7%的市民认为数字阅读获取便利，数字阅读的便利性较适合当代碎片化时间的消遣，所以较多人选择。45.8%的市民是因为数字阅读收费少甚至不付费，另外还有37.5%认为数字阅读方便信息检索。

表1 市民了解各种资讯及来源分布情况

方式	资讯						
	国内外新闻时事	工作和学习相关信息	休闲娱乐信息	时尚流行趋势	生活消费资讯	国内外观点和思潮	总计
图书	0.9%	7.1%	1.6%	1.0%	1.1%	1.9%	13.6%
报纸	2.7%	1.9%	1.6%	1.5%	2.2%	1.3%	11.2%

（续上表）

方式	资讯						总计
	国内外新闻时事	工作和学习相关信息	休闲娱乐信息	时尚流行趋势	生活消费资讯	国内外观点和思潮	
杂志	0.8%	1.5%	2.9%	4.1%	1.6%	0.7%	11.6%
视频阅读	2.4%	2.6%	6.7%	4.2%	3.1%	2.0%	21.0%
音频阅读	1.9%	2.3%	4.1%	2.0%	2.0%	1.3%	13.6%
电子文字阅读	5.3%	4.4%	5.1%	2.3%	2.2%	1.8%	21.1%
其他	1.0%	1.3%	1.5%	1.5%	1.4%	1.2%	7.9%
总计	15.0%	21.2%	23.5%	16.5%	13.6%	10.2%	100.0%

（五）在线阅读成趋势，市民期待增加数字阅读资源

在数字阅读的内容偏好方面，受访者最多浏览的是"新闻资讯"（60.3%）和"休闲娱乐信息"（58.6%）；在数字阅读的时长方面，平均每天花1～2小时在数字阅读上的受访者占比最多，达到53.1%，受访者数字阅读的日均时长为100.1分钟；有63.8%的市民在数字阅读方面是以免费为主，市民2019年在数字阅读上的平均支出为49.4元；多数市民最期望政府提供电子出版物资源库。数据显示（见表2），71.5%的受访者期望政府能够向市民提供电子出版物资源库，其次是发放定额电子阅读券（39.3%）、听书资源库（37.4%）、精品课程视频资源库（29.0%）。

表2　市民期望政府提供数字阅读服务占比

数字阅读服务	占比
电子出版物资源库（含电子书、报刊）	71.5%
发放定额电子阅读券	39.3%
听书资源库	37.4%
精品课程视频资源库	29.0%
其他	0.8%

手机是中山市民进行数字阅读的主要工具。调查显示，94.7%的受访者选择手机作为数字阅读的终端，其次是平板电脑，占比26.2%，选择笔记本电脑、台式电脑与电子阅读器的市民相对较少。

在阅读时段方面，受访者进行数字阅读时间段主要集中于晚间时段，20:00—23:00的人群占比最多，达到56.4%；其次是18:00—20:00，有25.5%的受访者选择；午休时间段 12:00—15:00 也有不少受访者进行数字阅读（20.6%），其他时段分布相对较少。

（六）阅读基础设施较完善，存在问题不容忽视

中山市已形成以中山纪念图书馆作为总馆、镇区图书馆作为分馆、29 家街区自助图书馆和 277 个行政村（社区）图书室作为基层服务点的公共图书馆服务体系，基本实现市、镇、村三级图书馆（室）通借通还，平均半径 3.5 公里内拥有 1 间图书馆、平均半径 1.5 公里内拥有 1 间图书室，构建起完善的公共阅读服务圈。与此同时，市民在阅读基础设施感知方面存在的问题也不容忽视。调查显示，受访者中有 38.1% 的人反映在所居住小区附近"基本没有阅读设施"，居民感知的阅读配套设施中，图书馆和书店/报刊亭的服务面相对较高，分别达到 35.6% 和 29.9%，但社区书吧（17.2%）和农家书屋（8.2%）的覆盖面相对较低，小区和农村的阅读配套设施建设有待加强，已建设的设施需要加强宣传推广。

市民认为公共图书馆/24 小时街区周边图书馆、社区书吧及农村书屋三类公共阅读配套设施的不足之处主要表现为（见表3）：图书种类稀少（37.9%）、离家距离比较远（32.2%）、图书分类不明确（28.1%）、开放时间过短（27.6%）及阅读环境不舒适（19.9%），这给未来完善公共阅读配套设施指明了方向。

表3 周边图书馆、社区书吧、农村书屋设施配置不足点占比

周边图书馆、社区书吧、农村书屋设施配置不足点	占比
图书种类稀少	37.9%
离家距离比较远	32.2%
图书分类不明确	28.1%
开放时间过短	27.6%
阅读环境不舒适	19.9%
工作人员态度不好	5.4%
其他	2.2%

（七）阅读活动参与度较低，民间阅读组织有待强化

中山许多阅读活动坚持了十多年，人气汇聚，恒久弥新，成为"书香中山"建设的金字品牌，如中山读书月、中山书展、"绿色暑假 缤纷文化"等活动深受市民欢迎。但从全市来看，市民参与度有待进一步提高，受访者中有 57.0% 的民众表示从未参加过任何阅读活动，中山市民的阅读活动参与度较低，仅为 43.0%。具体来看（见图5），受访者中有 23.6% 表示参加过中山书展，12.9% 的受访者参加过与阅读相关的讲座，另有 6.2% 的受访者参加过民间读书会，可见，中山市的阅读活动主要还是

依靠官方力量主办推广，民间的读书活动影响力尚未形成，民众的参与度也较低。

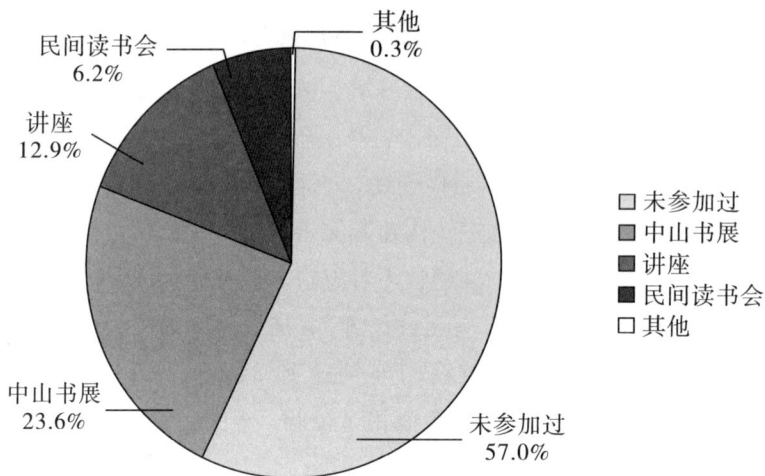

图5 中山市民最常参加的阅读活动

　　民间阅读组织是推动"全民阅读"的重要力量。中山市成立了阅读促进会，推动社会力量参与"全民阅读"，涌现出72小时书店、"囤粮"计划读书社、夏天童乐读书会等一批优秀公益阅读组织、阅读达人和"送粮上山""童声漂流故事会""阅读马拉松""晒书会""名家进校园"等一批优秀阅读活动。通过政府购买服务的方式扶持各类阅读推广组织举办与阅读相关的活动。但市民参与民间阅读组织比例较低，仅占2.4%，97.6%的市民表示没有参与任何民间阅读组织。总体来说，中山市民间阅读组织数量仍较少，市民参与度较低，民间阅读组织影响力尚未形成。

（八）"全民阅读"知晓率偏低，阅读环境满意度有待进一步提高

　　中山对于"全民阅读"活动的宣传目前仅限于重大活动如中山读书月、中山书展、4·23阅读日，日常宣传较少，投放相关的公益广告、公益海报不足；宣传工作缺乏统筹策划，没有清晰的年度口号去统领全年的宣传工作，使得活动的举办缺乏主线串联，没有发动媒体、行业协会进行分阶段、形成合力式的宣传，导致民众对于"全民阅读"活动的知晓率较低。调查显示（见图6），受访者中只有58.9%的市民听过"全民阅读"活动，41.1%的受访者没有听过，"全民阅读"活动有待进一步加大宣传力度。

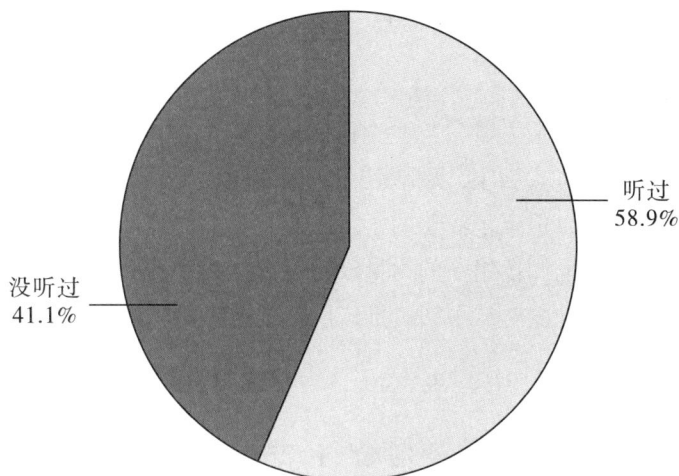

图6 "全民阅读"知晓率

调查显示，受访者对中山市的阅读环境总体满意度评分为74.8分（折算成百分制），比较满意及以上的民众占61.1%。具体来看，受访者对现有的公共阅读设施满意度为77.0分，其中比较满意及以上的受访者占比64.9%。受访者对政府投入阅读宣传的成效满意度为77.4分，其中比较满意及以上的受访者占比65.6%；受访者对政府直接投入举办的阅读活动满意度达到80.4分，其中比较满意及以上的受访者占比达到70.5%。市民总体比较认可中山市"全民阅读"工作，但中山市现有的阅读环境还有进一步提升空间（以上数据截至2019年12月）。

二、中山市"全民阅读"存在不足

（一）推进"全民阅读"的长效机制尚未形成

顶层的组织架构尚未形成。各部门成立的"全民阅读"临时工作组多，各自为政，缺少统筹协调，宣传、文广、教体、工会、妇联、共青团等相关部门的资源未能有效整合。中山市目前对于"全民阅读"活动工作只是按年度制订计划，缺乏科学化的分析和长远规划。政策体系有待完善，目前出台的相关管理办法时效性短，多为一年，政策执行缺乏延续性。在推动"全民阅读"活动向社区渗透、推动数字化阅读资源平台建设和推广、促进各阅读分众群体阅读尤其是少年儿童阅读、建立"全民阅读"的监督和评估机制等方面，还缺乏相应的政策文件指导。

（二）数字阅读平台建设及推广有待加强

中山市级公共图书馆人均电子书刊馆藏量仅为全省平均水平的35%，电子阅报屏终端量仅为全省平均水平的40%，市级公共图书馆官网人均访问量和居民电子读物日均阅读时长也低于全省平均水平，凸显了中山市在数字阅读和基层阅读工作上的短板。目前中山市推出的"书香中山"阅读平台数字阅读资源品类、质量有待优化，服务效能有待提升。

（三）社会力量参与不足

政府在引导和促进社会力量参与"全民阅读"活动推广方面还主要是以零星的政府购买服务、以奖代补方式为主，还缺乏一个长效机制。受限于资金和场地，中山市民间阅读小组虽然很多，但登记注册的正式组织还比较少，市阅读促进会的桥梁纽带作用没有发挥出来，民间阅读组织的力量没有充分挖掘出来；大型企业集团对全民阅读活动的参与度不足；缺少对从事阅读推广队伍的培训和认证。

三、建议对策

文化作为一种精神力量，对社会发展产生深刻影响。深入推进全民阅读、建设书香社会有利于增强文化自信和创造能力。要进一步做好"全民阅读"战略规划，完善阅读基础设施建设，大力推进数字阅读平台建设，培育壮大民间阅读组织，引导社会力量推广全民阅读，擦亮"全民阅读"活动品牌，加强全民阅读活动宣传，为建设文化强市、提升城市软实力、实现中山重振虎威提供强大的精神动力和文化支撑。

（一）做好全民阅读战略规划

1. 编制中山市全民阅读发展规划

中山市应尽快编制"全民阅读"发展规划，明确全民阅读在精神文明建设中的战略地位，有序推动本市全民阅读活动的政策体系、组织机构体系、资源体系、品牌体系、消费体系建设。常态化开展年度的全民阅读调研工作，应用大数据技术对全民阅读、出版行业进行科学管理和指导。

2. 构建推动"全民阅读"的长效机制

将促进"全民阅读"纳入市国民经济和社会发展规划，公共设施建设纳入城乡建设规划；将促进"全民阅读"工作作为基本实现现代化指标体系考核、社会主义精神文明建设和现代公共文化服务体系建设内容，将全民阅读活动纳入创建文明城市考核评价指标体系。

3. 建立稳定的资金保障制度

加大市镇两级财政投入，设立市级"书香中山"服务体系建设专项经费，市、镇两级分别设立图书馆总分馆服务体系专项经费，分别纳入各级政府年度财政预算；鼓励和引导社会资本参与"全民阅读"，探索建立"全民阅读"公益基金。

（二）完善阅读基础设施建设

1. 构建多元化的阅读空间

鼓励购物中心、广场、公园、车站、轻轨站、医院、学校、餐厅、酒店设立开放的阅读空间和无人书店，推进 PPP 模式的书咖及书吧建设，构建多元化的阅读空间。

2. 推动实体书店转型升级

鼓励实体书店积极开展群众性阅读推广活动，参与政府购买公共文化服务项目，拓展业务渠道；开展创新经营项目，打造体验式、创意型城市文化消费空间；建立数字阅读资源平台，线上线下融合发展，与网上书城形成差异化竞争。

（三）大力推进数字阅读平台建设

1. 优化现有数字阅读资源平台

优化现有"书香中山"平台的入口导入，将"数字阅读"提升为一级目录，以利于数字资源平台的宣传推广；优先编排展示未成年人数字教育资源，借助中小学生对数字资源的利用，带动整个社会对数字资源的利用和宣传。

2. 丰富数字阅读的内容和产品

丰富数字教育资源，评估和引入数字教育资源，打造集教辅答案、解析、错题笔记、同类题、名师辅导、微课直播等功能于一体的数字教育云平台；公共图书馆应加大在电子书刊馆藏量的投入力度；鼓励实体书店建立微商城和数字资源库。

（四）培育壮大民间阅读组织，引导社会力量推广全民阅读

1. 培育壮大民间阅读组织

大力推动工商联、妇联、青年联合会、大中专院校、中小学、医院、大型企业、事业单位、行业协会广泛成立民间阅读组织，重点加强未成年人阅读、亲子阅读民间组织的培育，引导符合登记条件的社会阅读组织依法进行登记。充分发挥阅读促进会的作用，从资金、场地上给予更多支持，发挥桥梁纽带的作用，整合和发挥各类阅读组织作用，扶持民间阅读组织的蓬勃发展。

2. 推进阅读推广人队伍建设

推动民间力量担当阅读推广重任，通过"公开招募，志愿报名"的形式招募志愿阅读推广人，鼓励公务员、教师、大学生、文化名人、作家加入阅读推广人队伍。出台相应的管理办法，发挥他们在开展各类阅读文化活动中的表率引领作用，带动民众多读书、读好书。强化阅读推广人专业教育，通过讲座培训、参观考察、交流学习等方式，指导阅读推广人加强业务学习，提升阅读推广技能，培育一批能力突出、成绩显著的金牌阅读推广人。

（五）擦亮全民阅读活动品牌

对现有的阅读品牌活动提质增效，擦亮"书香中山"这一大品牌，培育打造这个大品牌下各具特色的分众子品牌，形成全民阅读的品牌矩阵。比如中山纪念图书馆基于"幼儿—少年—成年"不同年龄段推出的"大榕树下""凤凰花开""人文香山""香山讲坛"等阅读活动品牌，深受市民欢迎；还可以根据企业管理者、律师、医生、外来务工人员子女、残障人士、农民、老年人等各类分众群体推出独具特色的阅读活动品牌，确保阅读权利均等化。

（六）加强全民阅读活动宣传

要充分发挥电视台、广播、报纸、新媒体平台如今日头条、微博、微信的宣传渠道作用，形成立体宣传攻势，拓宽"全民阅读"品牌活动宣传的覆盖面，提高知晓率。每一年由中山市全民阅读指导委员会确定当年的全民阅读活动主题，确保当年所有的全民阅读活动的开展和宣传都紧紧围绕这一主题，形成宣传合力，才能给市民留下一致的印象，树立阅读观念。

"互联网+政务服务"模式下
中山市政府治理现代化

洪丽华[*]

摘要："互联网+政务服务"顺应时代背景而产生，标志着政府治理现代化发展到了新阶段。本文从治理理念、治理工具和治理模式三个维度揭示"互联网+政务服务"推动中山市政府治理现代化逻辑机理，并提出四项行动策略，一是通过转变理念，推进整体效能一体化；二是通过优化业务，推进政务服务一体化；三是通过升级平台，推进共享协同一体化；四是通过完善制度，推进组织保障一体化，促进中山市政府职能转变，提升政府治理体系和治理能力现代化。

关键词：互联网+政务服务　治理现代化　内在逻辑　行动策略

近年来，国务院相继出台了《国务院关于加快推进"互联网+政务服务"工作的指导意见》等文件，为推进"互联网+政务服务"作出了全面部署。2019 年中山市政府十件民生实事项目之一是优化政务服务，推行"综合窗口"服务模式，民生类事项实施"一窗通办"。如何有效推进"互联网+政务服务"效能提升仍是一个迫切课题。

一、"互联网+政务服务"推动中山市政府治理现代化的逻辑机理

习近平总书记在党的十九届四中全会上指出，我国国家治理体系和治理能力是中国特色社会主义制度及其执行能力的集中体现。必须坚持一切行政机关为人民服务、对人民负责、受人民监督，创新行政方式，提高行政效能，建设人民满意的服务型政府。政务服务是政府治理的核心关键，是构建国家治理体系的重要内容，是提升国家治理能力现代化的重要方式。"互联网+政务服务"顺应时代背景而产生，它推进了治理理念的现代化、治理工具的现代化和治理模式的现代化，标志着政府治理现代化发展到了新阶段。

（一）治理理念："互联网+政务服务"增强政府改革的系统性、整体性、协同性

党的十九届四中全会强调，加强系统治理、依法治理、综合治理、源头治理，把

---

* 作者简介：洪丽华，电子科技大学中山学院讲师。研究方向：公共政策、智慧治理。

我国制度优势更好转化为国家治理效能。全面深化改革，需要统一改革思想、凝聚改革共识，从而形成合力，协同推进体制机制改革，产生新一轮"制度红利"。一是以人民为中心，多元主体共同治理，推进了治理理念的现代化。从宏观视角审视，"互联网＋政务服务"发展须对标政府治理能力提升的价值范式发生演化嬗替①，坚持以人民为中心的发展思想，秉承"用户至上"和"需求导向"的基本原则，聚焦企业和群众办事的难点，让企业和群众办事更方便、更快捷、更有效率，切实提高用户体验感和获得感。《国务院关于加快推进"互联网＋政务服务"工作的指导意见》中指出，要构建政府、公众、企业共同参与、优势互补的政务服务新格局。政府倡导多元主体共同参与政务服务，实际上是将政府、市场、社会视为一个有机整体，协调多种力量及其关系，进而推动国家治理现代化的进程。二是顶层设计、统筹规划推进了治理理念的现代化。"互联网＋政务服务"强调顶层设计和统筹规划，注重政府管理和服务的系统性、整体性和协同性。通过构建一体化联合推进机制，促进条块结合、纵横协同、上下联动，提升协同服务能力和综合管理水平。

（二）治理工具："互联网＋政务服务"加快信息技术在政府治理中的渗入与融合

近年来，随着信息网络技术高质量发展和移动终端设备高频率使用，大数据、人工智能、云计算等信息技术日益被引入政府改革中去，逐渐形成一个"渗入—融合—创新—扩散"的过程。信息技术对政府的改革是通过重塑治理体系和提高协同能力来实现创新的。信息技术的日益成熟和普及，使"互联网＋政务服务"在技术上成为可能。国务院办公厅印发的《进一步深化"互联网＋政务服务"推进政务服务"一网、一门、一次"改革实施方案》中指出，运用互联网、大数据、人工智能等信息技术，通过技术创新和流程再造，加快构建全国一体化网上政务服务体系，推进跨层级、跨地域、跨系统、跨部门、跨业务的协同管理和服务。显而易见，"互联网＋政务服务"成为新时代背景下科技创新促使行政改革的重要手段。信息技术的引入不仅是技术创新，而且"倒逼"着政府模式、治理体系和权力结构从碎片化走向整体性。

（三）治理模式："互联网＋政务服务"推进整体政府模式的构建

"互联网＋政务服务"变革产生于当前深化"放管服"改革、推进政府治理现代化的现实背景，是我国各级政府主动适应新一轮科技革命需要，利用信息技术力量驱动自我变革的行为。② 如前所述，"互联网＋政务服务"通过技术创新驱动着体制创新和管理创新。在"新公共管理时代"向"后公共管理时代"转型背景下，佩里·希克斯和帕却克·登力维在批评新公共管理基础上提出了整体性治理（holistic

---

① 翟云：《"互联网＋政务服务"推动政府治理现代化的内在逻辑和演化路径》，《电子政务》2017年第12期。

② 刘祺、彭恋：《"互联网＋政务"的缘起、内涵及应用》，《东南学术》2017年第5期。

governance）模式。① 1997 年英国《公民服务会议》提出"整体政府"理念。随后，新西兰、澳大利亚等国家掀起"整体政府"改革浪潮，发展中国家受其影响，网络治理、协同政府、跨部门协同治理等管理理念逐渐成为全球公共管理改革的一种趋势。"互联网＋政务服务"正是在"整体政府"模式下的服务裂解性和功能碎片化进行反思与修正基础上逐渐形成的。② 它是以信息技术为治理工具，以人民为中心为治理理念，促使政府、企业、社会组织和公民多元主体共同治理，实现政务服务跨层级、跨地域、跨部门、跨业务深度融合的整体政府模式。以整体性治理理论反思"互联网＋政务服务"能够实现政府横向职能线和纵向权力线的整体性协同治理，其关键在于"互联网＋政务服务"能够加快转变政府职能。而政府职能转变的本质在于处理好政府与市场、社会的关系，这将通过政府干预市场的手段与力度和政府治理社会的价值取向与服务方式得以凸显，这在很大程度上将依赖"互联网＋政务服务"来实现。③总的来说，推进"互联网＋政务服务"是贯彻落实党中央、国务院决策的重大部署，对实现政府治理现代化和提高国家治理能力现代化具有重大意义。

二、"互联网＋政务服务"推动中山市政府治理现代化的行动策略

（一）转变理念：推进整体效能一体化

思想是行动的先导，理念是实践的指南。④ 如前所述，信息技术在政务服务领域的渗入与融合，不仅是技术创新，更为本质的是理念创新和体制创新。

1. 理念创新：增强服务意识

理念上，坚持以人为本的发展思想，摒弃传统的"官本位"思想，遵循"用户至上"的互联网思维逻辑，注重从需求侧出发，深度挖掘用户多样化的需求，以此推动供给侧改革，逐渐从"管理"向"服务"转变，从"政府端菜"向"群众点菜"转变，实现政府职能的转变。坚持需求导向的意识观念，立足于企业和群众的角度，聚焦政务服务的堵点和痛点，提升在线政务服务供给能力，满足用户多元化和个性化的政务服务需求，增强用户体验感与获得感。综上，增强服务意识要求政府部门实现自下而上的理念转变。

2. 体制创新：加强顶层设计

体制上，中山市政务服务数据管理局的组建，打破了政府部门机构的条块分割和管理碎片化。未来，它将进一步加强对中山市"放管服"改革和"数字政府"建设

① Perri 6, Patrick Dunleavy. Holistic Government. London: Demos, 1997.
② 竺乾威:《从新公共管理到整体性治理》,《中国行政管理》2008 年第 10 期。
③ 孙荣、梁丽:《"互联网＋"政务视域下的政府职能转变研究》,《南京社会科学》2017 年第 9 期。
④ 昌业云、徐恪东:《"十三五"时期提升社会治理能力的着力点》,《山东行政学院学报》2016 年第 2 期。

的顶层设计。从市级层面统筹和协调推进"互联网＋政务服务"体系建设，充分调动政府部门的积极性和主动性，促进政务服务的纵横协同、上下联动，提升协同服务能力和综合管理水平，逐步形成市级统筹、部门协同、整体联动、一网通办的"互联网＋政务服务"体系。综上，加强顶层设计要求政府部门实现自上而下的体制理念转变。

（二）优化业务：推进政务服务一体化

1. 规范政务服务事项

推进政务服务一体化的关键在于实现政务服务事项标准化。围绕"一事项一标准"的要求，根据广东省通用行政权力目录清单，推动市、镇两级行政权力事项名称、类型、依据、编码等要素相对统一。同时，开展办事指南标准化及清理规范行政职权工作。对标国家"互联网＋政务服务"相关标准，规范市政务服务事项，梳理编制政府服务目录；按省政务服务事项办事指南编制规范，编制并公开政务服务事项办事指南，方便群众办事，接受社会监督。

2. 优化政务服务流程

推进政务服务一体化的基础在于实现政务服务流程规范化。围绕"一流程一规范"的要求，一是精简办事事项。依法取消和调整一批社会影响较大的市级行政职权事项，加快推进"减证便民"专项行动，对申办数量少且不涉及公共安全、经济安全、生态安全、生产安全和意识形态安全的事项，大力推动清理精简；对同一部门实施的管理内容相近或属于同一阶段办理的多个事项，大力推动整合优化。二是优化审批流程。按照主题梳理相关许可和公共服务事项，制定重大领域审批制度改革清单。充分运用"互联网＋"和大数据等信息化手段，依法调整或整合相同或相近的申请材料、事项内容以及交叉重复的办理环节。建立涉及政府证明的"负面清单"管理制度，凡是政府产生的关于房产、身份信息、教育学历的认证等制式证明，通过信息共享解决，不再要求行政相对人直接提供。实行"群众一表申请、政府一口受理、部门并联审批、一口统一出证"的主题服务方式，不断优化审批流程，推进政务服务业务协同。

3. 融合线上线下服务

推进政务服务一体化的核心在于实现线上线下政务融合化。持续推动中山市行政服务中心与广东省网上办事大厅中山分厅融合发展，推进政务服务事项线上线下同一套标准，政务服务清单、办事清单和办事状态等相关信息线上线下同源发布；持续推行网上受理、网上办理、网上反馈，做到政务服务事项"应上尽上、全程在线"。持续推动镇区、村居基层服务网点与广东省网上办事大厅中山分厅无缝对接，努力打造半小时政务服务圈，从"群众多跑路"向"数据多跑路"转变，实现 $1＋1＞2$ 的化学反应效果。

4. 拓展"粤省事·中山"移动民生服务平台

推进政务服务一体化的依托在于推广移动政务服务应用化。"粤省事·中山"移动民生服务平台于2019年初刚上台，目前在线服务功能仍亟待完善。全面推广"粤省事·中山"移动民生服务平台建设与应用是大势所趋，是推进"互联网＋政务服务"发展的重要举措。未来，将推进214项省级统筹的高频事项在中山的落地应用，同时推动中山市特色业务的上线，率先实现人社、国土、科技、卫生健康等单位77个高频事项在"粤省事"上线，扩大政务服务事项在线办理的覆盖面，提高政务服务事项网上可办率，实现更多政务服务事项"掌上办""指尖办"。

（三）升级平台：推进共享协同一体化

1. 构建政务数据资源共享共用的市政务大数据平台

需要说明的是，行政机关在履行职责过程中获取、产生的数据资源，是政务数据资源的重要组成部分。行政机关应当无偿为市政务大数据平台提供政务数据，而政务数据产权应当归市人民政府所有。一是制定政务信息系统整合共享清单。参照广东省出台的文件和做法，由市审计局牵头组织开展对市级各部门的政务信息系统审计，市级各部门制定本部门清理整合的信息系统清单和接入市数据交换平台的信息系统清单。二是建立政务数据共享与开放的"负面清单"，明确不共享、不开放的数据范围。不共享、不开放的数据通过市数据交换平台实现部门间的数据共享；共享开放的数据通过"开放中山"平台向社会开放。三是推动政务信息系统接入市数据交换平台。调研发现，目前仍有自建系统的部门，尚未接入数据交换平台。各部门信息化系统原则上不再单独建设基础数据库，因此要加快并督促相关部门统一接入市数据交换平台。同时，加强平台向下联通镇区。四是以市政务数据交换中心为基础建设政务信息基础库。调研发现，目前已陆续建立以身份证为唯一标识码的人口公用基础信息库，同时正开展"四标四实"基础信息采集工作，致力于建立基础信息数据库。

2. 打造统一安全的政务云服务平台体系

首先，推动涉密信息系统向市电子政务内网迁移。建设与改善市电子政务内网相关基础设施，提升安全管控手段，按需拓展市电子政务内网覆盖范围。其次，规划运行政务云平台第二资源池。调研发现，目前政务云平台第二资源池即将投入使用，预计实现市政务云第二资源池与第一资源池形成互为备份、相互契合的运营机制。政府部门可根据政务云第一、第二资源池的服务质量等各类指标，自行选择资源池，实现政务数据互联互通。最后，推进政务信息系统向市政务云平台和市数据交换平台集中。继续加大政务系统向市政务云平台集中的工作力度，把好新建项目的准入关，将各部门已建好的政务信息系统逐步迁移到市政务云平台，数据库则迁移到市政务数据中心。

3. 建设创新精准的一体化网上政务服务平台

建设一体化网上政务服务平台是实现"一网通办"的重要内容。如前文所述，它作为连接行政相对人和政府部门的重要媒介，关键在于推进审批服务标准化建设，实现政务服务同一事项、同一标准、同一编码。同时，推动更多政务服务网上办理，实现从网上咨询、网上申报、网上预审、网上办理到网上反馈全流程。

（四）完善制度：推进组织保障一体化

1. 制定相关配套法规制度

抓紧出台"数字政府"改革建设工作的管理办法，建立中山市"互联网＋政务服务"平台建设、运营、维护以及政务信息系统整合和政务信息资源共享管理的规则，厘定相关主体的权利、责任和义务，明确政府作为政务信息数据的归属和权利主体。尤其是明确跨层级省市政务数据共享的范围、内容、程序、安全保障等，如建立健全安全和保密制度体系和网络安全等级保护制度，为中山市推进"互联网＋政务服务"工作提供有力的法治保障。

2. 统筹协调机制

中山市机构改革组建的中山市政务服务数据管理局负责"放管服"改革和"数字政府"改革建设顶层设计、规划建设、组织推进、统筹协调和监督指导等工作。市委改革办、市编委办、市司法局等业务部门协同参与。规划建设过程中，注重建立固定的决策咨询专家智库，负责技术层面的设计、咨询、论证、指导和评估；统筹协调过程中，应注重业务、流程、数据等方面，从根本上克服"信息孤岛""数字鸿沟"和"数据烟囱"，有效解决跨层级、跨地域、跨部门互联互通难、信息共享难、业务协同难等"老三难"问题。①

3. 安全保障机制

建立政务信息系统安全运营体系。按照国家相关标准和规范，建立立体防护安全架构，加强监测、预警、应急处置及政务信息系统上线前安全测评，落实信息系统安全等级保护、涉密信息系统分级保护及风险评估制度，定期开展信息安全风险评估和安全测评。推进政务信息系统信任体系建设。积极采用安全可控的软硬件设备，使用符合规范的国产密码基础设施和电子认证服务系统，深化国产密码体系在政务信息系统的应用，提高自主可控水平，在系统规划、建设和运行阶段开展商用密码应用安全性评估工作。完善安全防护技术措施，在统一认证、数据接入、网络边界、App 应用等重点环节加强安全技术防护，保障"数字政府"资源的安全利用和行为可信。

4. 监督考核机制

当前，"互联网＋政务服务"第三方绩效评估得到广泛关注和运用。一是将"互联网＋政务服务"工作列入重点督查事项及绩效考核，在改革建设工作推进过程中未按要求完成机构调整、政务信息系统整合迁移、政务信息资源共享等工作或实施进度

---

① 张会平、胡树欣：《"互联网＋政务服务"跨部门数据共享的推进策略研究》，《情报杂志》2018年第12期。

明显滞后的，对有关责任人进行严肃问责。二是积极开展"互联网＋政务服务"效果的第三方评估，有效收集群众对服务需求和满意度的意见建议，及时发现和纠正政务服务中存在的问题。《广东省人民政府办公厅关于印发广东省政务服务"好差评"管理办法（试行）的通知》（粤办函〔2019〕274 号）中指出，各地级以上市政务服务数据管理局负责组织协调本地区"好差评"工作，承担政务服务评价的协调指导、督促检查、复核申诉以及相关配套制度的建立等职责。同时，各级行政效能监督部门和绩效考核管理部门将"好差评"结果纳入效能监督和绩效考核。①

---

① 《广东省人民政府办公厅关于印发广东省政务服务"好差评"管理办法（试行）》的通知，2019年8月9日，http://www.gd.gov.cn/gkmlpt/content/2/2584/post_2584584.html。

探索产业扶贫新路径的"中山版本"

胡汉超[*]

摘要：位于珠三角的广东省中山市，面积 1 800 平方公里，2019 年 GDP 为 3 101.1 亿元。云南省昭通市盐津、大关、永善、绥江四县是中山市东西部扶贫协作帮扶对象，中山市还对口帮扶广东省肇庆市怀集、广宁、封开、德庆四县和潮州市潮安区、饶平县。

中山市推进东西部扶贫协作发展产业合作成效显著，对口帮扶工作队充分发挥产业扶贫主攻作用。在扶贫攻坚过程中，也存在帮扶工作队主导作用过强，帮扶干部过多"代劳"，产业扶贫规模小、技术含量低、抗风险能力差等困境，但通过创新组织方式，强化"党旗引领"作用；创新思维方式，发展混合所有制产业项目；创新特色种植方式，抢占市场制高点；创新扶持方式，推动资金项目的"整合捆绑"等创新举措来推动脱贫攻坚大决战取得胜利。

关键词：产业扶贫　创新做法　中山样本

为深入学习贯彻习近平总书记关于扶贫工作的重要论述，笔者到广东省中山市扶贫办、中山市火炬开发区火炬集团调研，深入了解中山市近几年东西部扶贫协作、对口帮扶广东省内县区的一些做法，对中山产业扶贫和坚决打赢脱贫攻坚战的伟大意义加深了认识。

习近平总书记对全国脱贫攻坚奖表彰活动作出重要指示强调："全面建成小康社会，实现第一个百年奋斗目标，一个标志性的指标是农村贫困人口全部脱贫。完成这一任务，需要贫困地区广大干部群众艰苦奋战，需要各级扶贫主体组织推动，需要社会各方面真心帮扶，需要不断改革创新扶贫机制和扶贫方式。"2020 年是脱贫攻坚收官之年，疫情影响下，脱贫攻坚工作面临一些困难，但对确保如期全面打赢脱贫攻坚战，中国的决心丝毫未动摇。

位于珠三角的广东省中山市，面积 1 800 平方公里。2019 年常住人口 338 万，地区 GDP 为 3 101.1 亿元，目前承担的扶贫任务主要在滇粤两省，云南省昭通市盐津、大关、永善、绥江四县是中山市东西部扶贫协作对象，还对口帮扶广东省肇庆市怀

---

* 作者简介：胡汉超，中山民进理论研究会成员。研究方向：脱贫攻坚等。

集、广宁、封开、德庆四县和潮州市潮安区、饶平县。

中山市广大干部群众深入学习贯彻习近平总书记关于扶贫工作的重要论述，全面落实党中央和广东省委各项决策部署，切实增强时不我待、只争朝夕的紧迫感、责任感，根据"两不愁三保障"标准，聚焦深度贫困地区，一鼓作气、乘势而上、决战决胜，全力以赴高质量打赢脱贫攻坚收官之战。

习近平总书记《在中央扶贫开发工作会议上的讲话》指出："东西部扶贫协作和对口支援，是推动区域协调发展、协同发展、共同发展的大战略，是加强区域合作、优化产业布局、拓展对内对外开放新空间的大布局，是实现先富帮后富、最终实现共同富裕目标的大举措，必须长期坚持下去。"

2019 年，中山市以攻城拔寨的气势，加快东西部扶贫协作进程，推动对口帮扶的绥江县脱贫成果进一步巩固，盐津、大关、永善三县 2020 年脱贫摘帽，对口帮扶昭通市四县的东西部扶贫协作达到预期目标。

习近平总书记在中共中央政治局第二十二次集体学习时的讲话中指出，"全面建成小康社会，最艰巨最繁重的任务在农村特别是农村贫困地区。我们一定要抓紧工作、加大投入，努力在统筹城乡关系上取得重大突破，特别是要在破解城乡二元结构、推进城乡要素平等交换和公共资源均衡配置上取得重大突破，给农村发展注入新的动力，让广大农民平等参与改革发展进程、共同享受改革发展成果"。

中山对口帮扶潮州、肇庆两市五县一区共 131 个省定贫困村。至 2019 年底，脱贫率为 99.3%。建档立卡贫困户实现基本医疗与子女教育保障全覆盖，脱贫人口全部实现"八有"，目标脱贫户稳定实现"两不愁三保障"。127 个相对贫困村达到退出标准，退出率 96.9%，均超额完成年度任务。

一、中山产业扶贫的成效

习近平总书记《在东西部扶贫协作座谈会上的讲话》指出，"加大产业带动扶贫工作力度，关键是要激发企业到贫困地区投资的积极性，使企业愿意来、留得住。中央出台了一系列关于企业参与脱贫攻坚的支持政策，这些政策要加紧细化、落到实处"。

为贯彻落实习近平总书记产业扶贫精神，2016 年以来，中山市组织发动中山兴中集团、卉盛农业、军蒂集团、中智药业、鸿宝光电、海晨农业等东部企业落地昭通，援建一批扶贫车间，支持昭通四县当地建设产业园区，发展产业项目。企业带动贫困人口脱贫，既让企业吸纳贫困人群就业脱贫，又通过建立利益链接机制带动脱贫。推进东西部扶贫协作发展产业合作成效显著。

在云南昭通大关县，中山市就通过启动东西部协作资金、集体经济资金、合作社自筹等形式，结合当地特色产业，围绕"三联结、四规范、五统一"的标准，积极探索高原特色产业发展新机制、新模式，抓实良种良法、高度组织化和集约化及党支部＋合作社"三个全覆盖"工作，逐步提高农民群众的组织化程度，促进农民专业合作社规范运行，助力产业扶贫，助推脱贫攻坚。已牵头成立大关县腾旺生猪养殖、联动种养殖、神女中药材、鑫垚、益杨种植、永裕种养殖、旭红种养殖、云雾茶叶种植等农民专业合作社及标准化茶叶加工车间，大力发展种草养牛，饲料玉米、中药材、马铃薯种植，竹、茶叶生产加工等项目。合作社按照"公司＋基地＋专业合作社＋农户"的模式，把贫困户、非贫困户和能人捆在一起进行发展，同时创造了更多的就近就业岗位，形成合作社带大户、大户带小户、小户带散户的联动机制。

习近平总书记在 2015 减贫与发展高层论坛时发表的主旨演讲中宣布："中国将大幅增加扶贫投入，出台更多惠及贫困地区、贫困人口的政策措施，在扶贫攻坚工作中实施精准扶贫方略，坚持中国制度的优势，注重扶持对象精准、项目安排精准、资金使用精准、措施到户精准、因村派人精准、脱贫成效精准等六个精准，坚持分类施策，广泛动员全社会力量。"

中山对口帮扶工作队充分发挥产业扶贫主攻作用。一是成立"中山—肇庆产业扶贫推进工作小组"，建立加快推进产业扶贫项目落地的长效机制；出台《关于印发〈中山—潮州产业共建扶持资金管理暂行办法〉的通知》等政策文件，切实加大对潮州市产业帮扶力度。二是稳步推进产业扶贫项目落地，实现带贫减贫。致力于打造"一村一品、一镇一业"，2019 年新增产业项目 241 个，累计实施特色产业项目 1 081个。建立"公司＋基地＋专业合作社＋农户"产业帮扶的长效脱贫机制，每个贫困村实现一个以上帮扶产业项目，在家有劳动能力的贫困户全部参与 1 个以上长效稳定的产业项目或资产收益项目。

中山驻县组进驻肇庆市封开、德庆县以来，引进德庆县双华食品厂在封开县罗董镇建成千亩的农业产业基地。2019 年，双华食品厂已在封开、德庆两县收购蔬菜，并承诺未来两年将辐射带动封开县建成万亩蔬菜种植基地，年收购额达 1 亿元。双华食品厂的产业部署，为当地贫困户完成脱贫攻坚任务打下"强心针"。

中山自筹并注资 200 万元，在潮州市成立饶平县科发生态农业专业合作社，将它打造成本地产业龙头企业。该项目 356 亩茶园已申请"潮州市生态茶园"认定，探索低农药残留茶叶生产模式。同时有计划扩大开发生态茶园面积，成功注册品牌商标，提升茶产业品牌价值，搭建电商平台。还建起扶贫通用厂房和扶贫车间，购置制茶机械，建设茶山支路，完善茶产业配套设施。利用扶贫资金，为有意愿进行茶叶创业的贫困户购置茶叶加工机器，鼓励其自主发展。定期邀请茶叶种植专家，举办多期茶叶种植生产技术培训。

二、中山产业扶贫存在的困境

习近平总书记在打好精准脱贫攻坚战座谈会上的讲话指出，"3 年要实现脱贫3 000 多万人，平均每年 1 000 多万人，压力不小，难度不小。这个压力和挑战主要是深度贫困地区脱贫攻坚任务艰巨"。建档立卡贫困人口中的因病、因残致贫，缺劳力、缺技术，65 岁以上老人等人群，是"贫中之贫、艰中之艰"。巩固脱贫成效、实现脱贫效果可持续性的任务也非常重。

云南省昭通市的盐津、大关、永善、绥江四县位于乌蒙山区，属于集中连片特困地区。广东省肇庆市怀集、广宁、封开、德庆四县和潮州市潮安区、饶平县山地丘陵面积较广。这些地区自然条件较差、经济基础较弱、交通不够便利、村民思想意识比较陈旧，导致中山在推进产业扶贫过程中，产业项目激发村民脱贫的内生动力不足，无法让他们真正实现"要我脱贫"向"我要脱贫"的角色转换。因此，产业扶贫基础不够扎实，带贫益贫能力还有待加强。

（一）帮扶工作队主导作用过强，帮扶干部过多"代劳"

一定程度上还存在"干部干，群众看"的独角戏，部分产业扶贫项目的实施仍由帮扶工作队主导。受援群众参与热情和参与能力还有待提升，他们对帮扶工作队的依赖性强，造成项目推进是"剃头挑子一头热"，不够"接地气"。有的项目未能有效结合当地农产品特色优势，项目实施的长效稳定性欠缺。

（二）产业扶贫规模小、技术含量低、抗风险能力差

产业扶贫项目"星星多，月亮少"，多数项目规模较小，缺少整合几个村的土地资源、打出自己产品品牌、通过质量认证的大项目。产品大多通过帮扶单位销售，帮扶单位既要"包娶媳妇"，还要"包生娃"，需同时兼顾扶贫产业的生产端和销售端，帮扶工作人员毕竟精力有限，还要动用朋友圈来销货，额外增加了帮扶单位的工作压力。产业扶贫产品缺乏市场调节作用，抗风险能力较差。

（三）企业带动作用不明显，冷链运输没能同步建设

部分项目引入企业与农户联结的关系不够紧密，引入的农业企业没有很好地带动周边农户进行种养，没有与农户签订比较规范的订单，在带动贫困户参与方面效果不明显。一些受援地虽已落地不少专业合作社，但由于冷链建设晚于种植养殖项目产出时间，特色农产品保鲜运输物流成本过高，影响到市场竞争力。

（四）有些产业规划时缺乏预见性，遭受突发情况时应声而倒

中山帮扶单位在肇庆市广宁县推出了竹鼠特色养殖产业扶贫项目。但在新冠肺炎疫情突如其来后，2020 年 2 月 24 日，《全国人民代表大会常务委员会关于全面禁止非法野生动物交易、革除滥食野生动物陋习、切实保障人民群众生命健康安全的决定》通过，其中禁食野生动物的范围包括人工繁育和人工饲养的陆生野生动物，这个史上最严的"禁野令"出台后，广宁县养殖出来的竹鼠无人问津。养殖户投入的成本无法收回。

（五）扶贫电商平台售价较高，销售时缺乏价格竞争力

产业扶贫电商平台价格相对较高，不能及时售出，势必造成积压，会挫伤受援群众再生产的热情，影响产业扶贫专业合作社的可持续发展。扶贫电商平台出售的一些土特产要比运营成熟的电商平台上贵很多，导致扶贫商城交易额明显比其他平台逊色。

三、中山产业扶贫的创新做法

"冲锋号已经吹响。我们要万众一心加油干，越是艰险越向前，把短板补得再扎实一些，把基础打得再牢靠一些，坚决打赢脱贫攻坚战。"在2020年的新年贺词中，习近平总书记再次向全党全国人民发出了"不获全胜决不收兵、越是关键时刻越不能放松"的号召。

（一）创新组织方式，强化"党旗引领"作用

在云南省昭通市大关县，中山帮扶工作队充分发挥"党建＋专业合作社"的作用，构建"党建＋"组织领导体系，建立"党建＋"网格管理机制，形成"党建＋"典型示范效应。在市场经济时代，让单打独斗的贫困户和农户通过加入专业合作社抱团取暖，享受到国家扶持政策，让代表农民群体能与政府相关部门直接对话。通过统一采购农资，来降低农产品成本；统一种植养殖规格，保证农产品质量，便于开拓市场、促进销售。合作社能便捷地获得技术服务和市场信息，提高农产品科技品质和市场反应能力。

（二）创新思维方式，发展混合所有制产业项目

中山融资1亿元打造云南省首个混合所有制东西扶贫产业协作项目。引入中山市国资委下属国企中山兴中集团有限公司、昭通市国资委下属国企的开发投资有限责任公司，与永善县招商引入民营企业云南菜人家食品有限公司合作，注册成立新公司云南七彩食品有限公司。带动永善全县种植方竹10万亩、小米辣2 000亩，辐射带动永善、盐津、大关等县62个村级集体经济和专业合作社，解决就地就近就业500人，带动建档立卡贫困户12 000余户脱贫致富。

（三）创新特色种植方式，抢占市场制高点

中山与大关县合作共建东西部扶贫协作广东产业园区，其中的贡椒基地今年计划种植17 000亩，已流转土地10 362.06亩。截至2020年4月5日，已完成种植104.28万株，面积11 389亩，实现农民就近务工5 000人次，发放务工工资68万元左右，村集体公司仅组织种植务工就创收16.35万元，为大关县脱贫攻坚和经济社会发展注入新的强大动力。

（四）创新扶持方式，推动资金项目的"整合捆绑"

大关县木杆镇按照"全域种竹、全竹利用、全民致富"的发展思路，高度组织化发展竹产业，累计新植筇竹10万亩，改造低产低效筇竹林6.2万亩，全镇筇竹面积达18.4万亩。2019年竹笋产量6 000余吨，筇竹产值达8 000余万元，人均竹产业收

入近 3 000 元，筇竹产业成为木杆镇群众脱贫致富的绿色银行。木杆镇改变过去补贴到户、扶持到户"撒胡椒面"扶持产业发展的传统方式，以产业项目为载体多元筹资、捆绑使用，最大限度优化整合资金资源加大筇竹产业发展投入。一是统一规划，整合项目资金精准投入。统筹考虑水、电、路基础设施配套，科学编制全镇筇竹产业基地建设规划，对竹园培植、产业道路、水利设施等进行"项目化"扶持建设，变"大水漫灌"为"精准滴灌"，既解决了产业发展资金投入不足的问题，又提高了项目资金使用效益。二是多元筹资，撬动各类资本参与发展。以财政投入资金为引导，提供优惠政策引进竹笋加工厂、竹家具加工厂、竹产业园区；做好产业项目包装，已申报地方政府债券基金 4.2 亿元继续推进产业园区建设，吸引金融资本助推竹产业发展。

（五）创新帮扶方式，合力建厂招商引企

在肇庆市怀集县，中山火炬开发区在对口帮扶工作中，紧扣产业增收帮扶主题，合力建厂来招商引企，成功探索了帮扶贫困村集体和贫困户的长效机制，实现贫困村集体和贫困户稳定分红收益，并为贫困户提供家门口就业，成为中山市实施对口精准扶贫利民惠民的切实举措。在广佛肇（怀集）经济合作区工业园区建设工业厂房，筑巢引凤招商引资，引导扶贫资金投入，吸引有劳动能力贫困户入园务工。厂房建成后通过出租、引入企业合作经营等方式实现盈利，促进扶贫对象自我发展能力的提升，激发贫困对象就业的主动性，增加农民收入。火炬城建开发有限公司注册成立怀集县中炬科技产业园发展有限公司，预计总投入约 1.6 亿元，在广佛肇（怀集）经济合作区工业园区内购置工业用地 60.52 亩，建设工业厂房 6.12 万平方米，努力把项目打造成为扶贫攻坚的样板项目，成为带领怀集贫困户脱贫致富的重要载体。

（六）创新"造血"模式，着力打造可持续发展产业

坚持将产业扶贫作为"造血"式脱贫的核心举措，立足于当地资源优势，探索形式多样的产业模式，着力打造现代化农业产业基地，确保产业项目的稳定性和可持续性。中山市政协办联合帮扶工作组驻肇庆市广宁县大良村工作队充分发挥帮扶单位优势引入黑皮鸡枞菌种植项目，投入 95 万元搭建 12 个大棚共计 4 200 平方米，为 15 名闲散有劳动力贫困户提供就近就业机会，实现扶贫与扶志、扶智相结合。项目全面实施后提供超过 30 个劳动就业岗位，并为 43 户有劳动力贫困户带来 10 万元收益分红。

（七）创新融合方式，探索"景区带村"农旅融合发展

中山扶贫工作队立足帮扶地资源禀赋，充分利用贫困村优美的生态环境、丰富的乡村民俗文化，积极探索"景区带村"农旅融合旅游扶贫模式，让农村变景区，农民变旅游从业者，农产品变旅游商品。潮州市潮安区狮峰村将乡村历史文化融入"一湖一轴多节点"新农村示范村建设规划中，积极推进白鹭湖农业综合项目，努力培育狮峰村莲花文化节庆品牌，着力打造集淡水鱼养殖、观光旅游、农家乐、文化欣赏等于

一体的农旅相融合的扶贫新模式，每年村集体经济收入可增加 30 万元，新增贫困户就业岗位 8 个。在 2019 年 6 月至 10 月莲花文化旅游节期间，游客超过 30 万人次，1.5 万斤莲子全部售罄，销售额 30 万余元。该村荣获 2019 年首批"广东省文化和旅游特色村"称号。饶平县英粉村确立了"一轴、一水、四组团"的美丽新农村建设大概念，围绕"一带一路一花园"的景观规划，积极建设"百亩花田"示范性景观工程，成为远近知名的网红村，荣获 2019 年"广东省美丽乡村特色村"称号。

虽然中山帮扶的昭通、肇庆、潮州九县一区已全部达到脱贫出列标准，但是巩固脱贫成果的任务仍然很重。中山市将认真贯彻落实习近平总书记决战决胜脱贫攻坚座谈会上重要讲话精神，健全产业扶贫机制，提升产业带贫能力，巩固脱贫成效，全力以赴抓好产业合作等后续帮扶重点工作，统筹推进东西部扶贫协作、对口帮扶各项工作，助力昭通、肇庆、潮州坚决打赢脱贫攻坚硬战，奋力谱写好四市东西部扶贫协作和对口帮扶新篇章，努力破解乡村振兴中产业发展难题，将伟人故里的博爱精神洒遍乌蒙山区和肇潮大地。

"只要全党全国各族人民齐心协力、顽强奋斗，脱贫攻坚战一定能够打好打赢。"在以习近平同志为核心的党中央坚强领导下，中国人民谱写了人类反贫困史上的壮丽篇章！

国家—市场—社会三维视野下的小区治理研究

——以中山南区为例

课题组[*]

摘要： 小区是国家治理的重要基础，小区治理的关键在于有效协调居委会、业委会和物业服务公司"三驾马车"之间的关系，即国家—市场—社会三维视野的逻辑关系。通过对中山南区现有小区的运行实践分析发现，小区治理主要问题在于法律法规缺位、职能部门监管不到位、社会参与度偏低、物业服务公司标准不一、业委会运行不规范。国家—市场—社会三维视野下推进小区治理现代化，必须加强法律体系建设、坚持党建引领、确立业主自治主导地位、强化行政力量保障作用、规范完善市场化力量、创新机制提高治理水平。

关键词： 国家　市场　社会　小区治理

党的十八大以来，"社会治理"这一概念在学术界使用多年后正式进入党和国家的理论和政策范畴，取代"社会管理"正式成为我国社会建设的关键词，我国社会治理实践也取得了一系列重要进展。党的十九届四中全会明确提出"坚持和完善共建共治共享的社会治理制度"，"加快推进社会治理现代化"。随着城市化的发展及外来人口的增多，作为社会治理的最基本单元，住宅小区出现了一系列治理难题，例如小区治理主体间权责不明确、相关法律法规缺位、业主自治意识缺乏、对物业和业委会的监管不到位等。正是在这个背景下，本课题组基于中山南区的住宅小区调查，从国家—市场—社会三维视野出发，探讨和分析了当前小区治理过程中存在问题，并针对这些问题提出相应对策。

一、中山南区小区治理存在问题

课题组先后前往中山市民政局、南区办事处调研发现，相对于中山市物业服务行业 20 多年的发展历程，南区的小区物业服务起步较晚，主要是随着近 10 年来南区房地产发展而逐步兴起。在南区 40 个小区中，有 29 个小区选聘了物业服务公司，而选聘了物业服务公司的小区主要集中在城南社区，其占比超过 80%，其次是良都社区、

---

[*] 课题组单位：中共中山市委党校。课题组负责人：梁永正；课题组成员：林玉玲、罗祥、吴冠华、王颉、李冠杰。

马岭社区、北溪社区，呈现出明显的区域特征。对于未聘请物业服务公司实现管理的小区，部分由业主自行聘请保安人员、清洁人员，部分为单位楼，由单位安排人员自行管理。此外，南区 40 个小区中，有 10 个小区成立了业委会，同样呈现出明显的区域特征。具体的小区数量、物业服务公司数量、业委会数量情况如表 1 所示：

表 1　南区小区、物业服务公司、业委会数量

序号	社区名称	小区数量	物业服务公司数量	业委会数量
1	城南社区	35	24	9
2	良都社区	3	3	1
3	马岭社区	1	1	0
4	北溪社区	1	1	0

经问卷调查，业主认为小区存在的主要问题包括小区公共收益等资金缺乏有效的监督（占比 19%）、业委会缺乏专业知识不能解决实际问题（占比 16%）、物业服务公司缺乏服务意识（占比 15%），具体调查情况如图 1 所示：

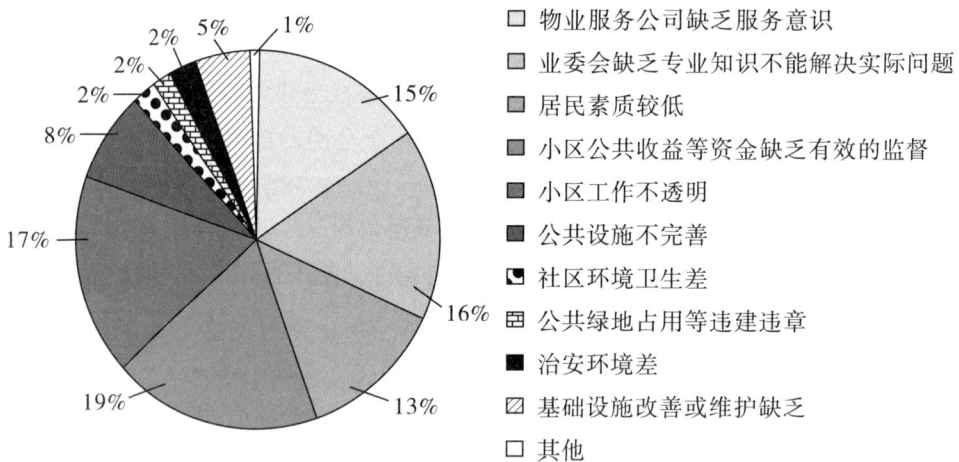

图 1　业主问卷调查情况

除上述问卷调查外，课题组还先后与区住建部门、社区负责人及相关小区物业服务公司进行访谈，发现南区在小区治理方面还存在因法律法规缺位导致监管缺失，政府部门之间分工不明确，业委会筹备组、业委会委员谋私利等问题。这些问题既有其他地市同样出现的共性问题，也有南区特有的问题。

（一）法律法规缺位导致监管缺失

2003 年 6 月，在总结和吸取各地立法经验的基础上，国务院以 379 号令发布了

《物业管理条例》，结束了我国物业领域没有统一立法的历史，标志着我国物业管理的发展和保护群众的住房消费权益开始纳入法治的轨道。步入 2007 年，物业管理的发展取得可喜局面，先后颁布《物权法》、《物业管理条例》（修订）、《住宅专项维修资金管理办法》、《业主大会和业主委员会指导规则》，标志着我国物业管理进入了法制化、规范化发展的新时期。对大部分人来说，房产几乎是倾其所有才能获得的一宗最大财产，而配套法规的建立和发展，必将极大地激起小区居民的维权意识。

但是，经课题组调研，中山市及南区业主委员会选举相关矛盾纠纷数量呈现上升的趋势，其中主要原因是业委会选举的程序指导不够明确，在业委会选举过程中因利益不同，业主易形成派别争斗，尤其是业委会的权责利在法律法规层面不清晰，被部分业主滥用，损害了小区全体业主的知情权以及对重大事项的决定权。法律法规对于小区治理方面在很多细节上没有明确，特别是在组织经费来源、筹备组和候选人产生办法与投票办法、业委会委员罢免退出等方面没有具体的指引，也没明确政府职能部门的具体分工与责任，在实际操作中存在较多的人为因素，这就会导致业主不知选谁，选后谁去监管，选错了如何罢免，最终结果是选的时候"闹"，选好了也"闹"，永无宁日。

（二）相关主管部门未能形成有效的联动机制

经课题组实地走访住建部门、民政部门，据反映，住建部门为物业管理的主管行政部门，其职责并非对整个小区所产生的问题以及对业主委员会进行管理，而民政部门主要负责基层政权建设，并不参与小区治理工作。但是，当小区业主发现诸如业委会违规上调物业管理费，或换届选举不公开不透明等损害业主权益的情况，向相关主管部门投诉反映时，相关部门以无权介入处理为由驳回业主的诉求。

以南区某小区为例，由于开发商遗留问题所产生的违建问题，在业委会候选人资格审查时，不同派别的业主相互攻击对方不符合条件，但由于住建部门并非违建的执法部门，且无法与执法部门形成联动，致使该小区在业委会候选人资格审查阶段即出现重大分歧，矛盾不断激化。由于小区是一个"微型"社会，小区问题和纠纷涉及住建、城管、规划、公安、环保等多个主管部门，经调研发现，只有相关主管部门之间形成有效的联动机制，包括通过定期或不定期的协调会议，合力解决小区所存在的问题和纠纷，才能促进小区的良性发展。

（三）部分业主"搭便车"不愿参与小区治理

经发放调查问卷了解，大部分业主对小区治理的积极性和参与度并不高。多数业主抱着"只要和自己没有直接关系，能不管就不管"的心态，还有部分业主认为"就算自己不管，也总会有人管"，因此形成了"搭便车"想法。由于大部分业主不愿参与小区治理，其合法权益容易受到物业服务公司、业委会的损害，最终出现小区缺乏维修资金、物业服务水平低下等一系列问题。虽然众多拥有业主身份的业主并未参与小区自治，但一旦上述矛盾加上开发商、物业服务公司、"业委会异化"追求私利而损害小区集体利益甚至危害到业主的正常生活，"沉默"的大多数业主将集体发声，爆发出惊人的维权力量。

（四）对物业服务缺乏监管和统一标准

自国务院、省陆续出台物业管理企业资质管理改革的政策以来，已经取消了物业管理企业一级、二级、三级和暂定三级资质等级的认定，对于物业服务的关联转为采用诚信管理。但是资质认定取消后，相应的物业服务缺乏统一标准，住建部门对于物业服务公司的管理缺乏必要的行政手段，而业主在选聘物业服务公司时往往不清楚具体的服务标准以及各公司之间的服务差异，导致物业服务合同签订后也难以对物业服务公司进行有效的约束。由于标准不一、缺乏监管，加上近年来物价快速上涨，工人工资、福利水平大幅度提高，使得企业经营成本不断攀升，部分物业服务公司通过降低服务质量等手段来维持经营，进而产生业主不认可物业服务质量拒缴或不愿上调物业服务费的现象，最终形成了恶性循环。课题组调查发现，中山市近三年接到小区物业服务投诉数量约800件，其中物业服务质量、业委会选举、房屋质量问题投诉这三类就占投诉总量的90%。

（五）业委会筹备组、业委会委员谋私利

物业管理最基本的特点是业主自治自律与物业服务公司的统一专业化管理服务相结合。在物业管理的整个环节中，业委会是物业管理的基本主体。但是，大部分开发商及前期的物业服务公司往往将业委会视为对手，采取各种方式阻挠业委会的成立。在各种阻挠下，因大部分业主都有自己的工作、家庭需要兼顾，无法完全投入于业委会的工作，由此容易出现业委会筹备组、业委会委员谋私利。以一个2 000户的小区为例，年管理费与公共收益超过600万元，维修基金超过1 000万元，这庞大的数字给业委会带来了诱惑。当业委会筹备组、业委会委员内部出现居心不良的业主代表时，就可能被物业服务公司的糖衣炮弹收买，或为一己私利（如免物业管理费等），衍生出许多侵害全体业主利益的行为。对业委会委员履职行为无法制约，没有承担法律责任的顾忌，造成了越权或寻租行为，以及私设账户、私盖公章、私自决定、业委会内部意见纷争严重难以达成统一等乱象。实践中经常发生的是业委会委员离职时，不按规定办理移交手续，连印章、文件一起带走，致使下一届业委会无法正常运作。

（六）小区物业服务情况公开程序不一，且缺乏统一标准

《物业服务收费管理办法》第十二条规定，"物业管理企业应当向业主大会或者全体业主公布物业服务资金年度预决算并每年不少于一次公布物业服务资金的收支情况"。但是，调研发现，对于物业服务公司定期公布预决算情况及收支情况，实际中存在监管缺失或不到位的问题。此外，经问卷调研发现，17%的业主认为小区工作不透明，45%的业主要通过小区公告栏了解小区情况，存在一定的不便。因此，为做好

小区物业服务情况的公开，特别是物业服务收支情况的公开，有必要明确具体的公开程序和公开标准。

（七）小区业主表决方式传统，浪费大量的人力物力

按照《物业管理条例》的规定，选举业主委员会或者更换业主委员会委员、选聘和解聘物业服务企业等事项需要业主"双过半"通过。但由于小区业主人数众多，难以在同一时间、同一场地中集体表决，因此，一旦出现需要投票表决时，只有投入大量的人力物力进行上门派发、收集选票，才能推动相关工作的开展，其中还难免会产生选票造假，或不能"双过半"通过需要重新投票等问题。以中山南区为例，某小区作为巨无霸式小区，其业委会选举时，住建部门与社区工作人员通过走访入户，对热心居民进行宣传动员，组织了100多名义工参与协助选举工作，才使选举顺利进行。还有，某小区业委会筹备组推选会议报名人员太多，在住建、公安等部门积极作为，以及近百名业主协助下，该会议才能得以开展。为解决小区投票问题，保障业主的知情权、决策权，有必要加强物业管理的信息化建设，参照深圳、珠海等先进城市的做法，采取"互联网＋"的新模式，建立电子投票系统。

二、国家—市场—社会三维视野下小区治理路径选择

（一）加强小区治理的法律体系建设

1. 加快配套文件制定

任何一个物业管理条例都不可能对小区治理的问题面面俱到，需制定相应的实施细则或单行办法。对于小区治理，在物业管理条例的大框架下，应对管理规约、业主大会议事规则、业主监事会、前期物业服务合同、物业服务合同和装饰装修管理服务协议的示范文本、物业服务单位和人员信用信息及监督、物业服务公司招投标监督管理、物业服务公司经营性补贴和财政资金补贴、专项维修资金续筹等制定配套文件，而且配套文件的出台应与物业管理条例颁布尽量同步，不宜相隔太远。如此，小区治理的法治化、规范化才能真正地有据可依、有规可循。

2. 建立健全业主委员会制度

赋予业主委员会完全的诉讼主体资格。业主委员会的法律性质是物业服务立法不容回避的问题。建议改变现行立法在业主委员会主体资格问题上模棱两可的态度，在《物业管理条例》中明确赋予业主委员会完全的诉讼主体资格——原告资格和被告资格。只有这样，才能既维护业主的利益，又维护物业服务公司的利益。

建立业主委员会运行经费保障制度和业主委员会委员报酬制度。可以通过对《物业管理条例》的修订，明确规定：业主委员会的运行经费由全体业主按照其房屋专有部分占小区建筑物总面积的比例承担；根据业主委员会委员的工作量和工作难度以及物业服务市场行情，给予其适当的报酬。

建立业主委员会规范化运作制度。通过对《物业管理条例》的修订等立法，建立健全业主委员会监督制度、工作记录制度、信息公开制度、损害赔偿制度，具体内容包括：召集业主大会会议，向业主大会报告工作；编制业主大会年度预算、决算方案，拟订共有物业、业主共有资金使用与管理办法，向业主及时公布；制定档案和印章管理制度，制作和保管会议记录、共有物业档案、会计凭证、会计账簿、财务报表等有关文件及印鉴，并建立相关档案，接受业主监督；对于业主委员会委员违反法律法规或者在工作中造成业主权益损害的行为，依法请求其承担赔偿责任。

3. 完善业主共有资金管理制度

业主共有资金是小区业主收益的一笔稳定来源，而且随着城市商业的发展，保持着一定比例的增长。这笔资金理论上归业主，实际操作中不少小区都部分或全部地用于补充物业费的不足，应通过《物业管理条例》予以明确：业主共有资金开户账户单位应当按照国家有关规定建立健全财务管理制度，保证资金安全，并通过物业管理信息平台，向全体业主实时公开；设立业主监事会或者监事的，业主监事会或者监事应当按季度对业主共有资金收支情况进行核查并公示核查情况；业主对业主共有资金收支情况有异议的，可由业主大会委托会计师事务所进行审计，业主对前款审计报告有异议的，由街道办事处组织另行审计。

4. 完善物业服务的行政指导制度

应当完善现行立法，明确规定政府相关部门对业主自治组织的指导义务，指导的内容包括：以培养成熟的业主自治组织为基点，指导业主召开业主大会，选举成立业主委员会；协助业主自治组织制定切实可行的议事规则和决策制度；指导业主自治组织完善自治公约，培育业主的自治理念和谈判博弈能力。

5. 建立物业服务纠纷人民调解制度

人民调解具有扎根基层、方便、快捷等特点，在化解物业纠纷方面有独特优势。建议将人民调解制度作为物业服务纠纷的"第一道防线"，通过人民调解将物业服务纠纷初步消化。

（二）坚持小区治理的党建引领作用

1. 建立党的组织

强化街道工委在物业管理中的政治领导作用，对具备独立成立党组织条件的物业服务公司，街道工委要通过单独组建的方式建立党组织。暂时不具备条件的，采取联合建、挂靠建等多种途径建立党组织。街道工委要指导社区党组织，在业主委员会、居民自管会中成立功能型党支部。对没有党员的物业服务公司和业主委员会，通过选派党建工作指导员、联络员等方式，加强党的工作指导。

2. 开展班子成员交叉任职

社区党组织要积极吸纳物业服务公司、业主委员会、居民自管会的党员负责人担任班子的专兼职委员；已成立党组织的物业服务公司可以吸纳社区党组织领导班子成员、业主委员会、居民自管会中的党员担任兼职委员。通过开展交叉任职，加强工作间的支持配合，形成紧密型的联建共建力量。

3. 建立多方协调联席会

由社区党组织牵头，在街道工委指导下，搭建以社区党组织为核心，社区党组织、社区居委会、物业服务公司、业主委员会或居民自管会、社区民警、居民代表等多方参加的联席会，制定议事规则，定期召开会议。也可根据实际，邀请社区专员、"两代表一委员"、产权单位负责人等参加，发挥"两代表一委员"服务发展、服务基层、服务群众作用，督促产权单位承担法定义务，解决社区物业管理难题。

4. 建立物业党建联盟

在街道工委指导下，在街道层面建立物业党建联盟，将辖区内物业服务公司纳入其中，作为联盟成员单位，加强对物业服务公司的统筹管理和指导，梳理成员单位资源和诉求，形成资源清单和需求清单，精准对接形成项目清单，协调各方推进问题解决。鼓励条件成熟的联盟成立行业协会，并进行注册。

5. 建立双向评议激励机制

由社区党组织牵头，每年年底组织街道职能部门、社区、居民代表对物业服务公司和业主委员会的工作进行评价，同时，邀请物业服务公司负责人、业主委员会负责人参与社区党组织班子会、总结测评会和党组织考评会等，对社区工作进行评价，促进相互提升。

（三）强化行政力量在小区治理中的保障作用

1. 街道办事处

（1）指导和管理职责。指导辖区内的小区成立业主委员会；及时回应小区居民的诉求，对难以通过自治力量解决的事项应主动依职权解决或协调其他行政性力量（如城管、房管、环境等部门）予以解决；监督小区自治力量与市场化力量的履职，即代表公权力监督小区的业主大会、业主委员会和物业服务公司是否依法合理履行自身职责。

（2）落实档案管理。加强对辖区内住宅小区业主委员会、物业服务公司等基本情况的排查，摸清住宅小区的"家底"，对每个住宅小区的宗地图、规划图、竣工图、共有面积与私有面积、设施设备及运行状况等材料有所了解；对每个住宅小区单独设立档案，由专人负责管理，防止因政府部门、居民委员会、业主委员会、物业服务公司等工作人员岗位变动导致累积多年的材料遗失；重点关注历史矛盾较多的、物业管理水平较低的、业主及居民反响较大的小区；定期分析辖区内各住宅小区的情况，做好形势预判，防止出现治理盲区或安全问题。

（3）充实一线力量。结合新一轮机构改革赋权街道，职权下沉，把物业管理日常检查、考核职能向街道下沉。允许每个街道根据辖区内小区的具体数量和实际治理情况，按比例招录、配置工作人员，专职负责服务、协调和处理辖区内小区治理事务。

通过配齐、配强一线力量，强化街道在小区治理中的保障作用。

2. 相关行政机关

小区治理牵涉的行政机关特别是执法部门很多，包括城管、市场监管、卫生、环保、园林等部门，必须明确这些机关在处理小区治理中的责任清单，并对这些责任进行行政、社会、司法、居民等各方面的监督，督促相关部门真正履行小区治理中的职责，增强法律法规在小区的执行力，切实有效地为小区实现良性自治提供有力的执法保障。

3. 社区居委会

协助街道和牵头组织深入一线开展服务和监督工作，包括组织治安巡防、法律服务、就业帮扶、健康医疗等力量进小区，并对小区治理中各种组织履职情况进行监督，比如业主委员会作用发挥、物业日常管理（保洁、治安、维序、服务等）情况，及时帮助协调解决小区自身难以解决的问题。定期形成评价报告，定期向居民通报，接受业主监督。

（四）规范完善市场化力量

1. 大力提倡物业服务进小区

为实现城市管理目标，要大力提倡物业服务进小区。对于没有达到引入市场化物业管理条件的老旧住宅小区，由街道办事处组织实施环境卫生、秩序维护等基本物业服务，所需费用由业主或者物业使用人承担；也可以由街道办事处组织业主表决，聘请专业服务公司或者其他管理人为老旧住宅小区提供准物业服务。政府应制定经营收益补贴、财政资金补贴等方面的扶持政策，引导物业服务公司为老旧住宅小区提供物业服务，同时规定引入市场化物业管理是老旧住宅小区改造的前提条件。

2. 加强物业服务公司资质管理

加强行业自律。建立行业自律组织，依据国家、省、市有关规定，制定物业服务规范和等级标准，建立和完善自律制度，配合物业行政主管部门建立健全信用档案；物业行业协会要定期开展业主满意度测评，运用企业信用等级评定对其服务质量进行考核，促进物业服务公司提高服务水平；物业服务公司要定期向物业行政主管部门报送信用档案信息、统计报表等资料。

规范服务标准。物业服务公司要及时处理业主的投诉，反馈处理情况并建立投诉工作台账；加强电梯、消防设施等涉及人身安全以及其他有特定要求设施设备的管理，并委托专业机构进行及时维修养护，协助相关部门做好物业管理区域的安全防范等工作；对物业管理区域内的违法、违规或者可能侵害业主权益的行为及时劝阻、制止，对拒不听从劝阻的，及时向辖区相关部门报告。

公开服务费用。物业服务公司要向业主公开物业服务内容、服务标准、收费项目、收费标准、收费方式、物业服务费用交纳情况、物业服务项目收支情况及审计报告、由物业服务公司负责经营的物业共用部位和共用设施设备经营所得收益等，要在显著位置公示，做到物业服务费用公开透明。

3. 完善评价机制

通过业主评价、行业主管部门评价和引进第三方评价等方式，完善物业服务公司的监督和考核评价机制。建立物业服务公司"红黑榜"社会发布制度、诚信企业激励奖励和不良企业惩戒机制，督促物业服务公司加强管理、规范运作，提升物业服务管理的水平。

4. 创新经营模式

物业服务质量与物业服务收费标准密切相关。在物业服务收费方式上，根据国家发展和改革委员会、建设部于2003年联合发文的《物业服务收费管理办法》规定，业主与物业服务公司可以采取包干制或者酬金制等形式约定物业服务费用。包干制是指由业主向物业服务公司支付固定物业服务费用，盈余或者亏损均由物业服务公司享有或者承担的物业服务计费方式；酬金制则指在预收的物业服务资金中按约定比例或者约定数额提取酬金支付给物业服务公司，其余全部用于物业服务合同约定的支出，结余或者不足均由业主享有或者承担的物业服务计费方式。

虽然物业服务的资金模式几十年来普遍采取包干制，但是包干制的短板已经越发明显，其中最大的问题就是物业服务费上调难的问题。为了持续提高物业服务质量，大幅度地减少物业服务纠纷，课题组认为，以酬金制代替包干制是物业管理必将走向的道路。以中山南区为例，在物业管理较好的小区当中，万科某小区即采取酬金制，并能做到通过公告栏等方式定期公开物业服务财务收支情况。

经课题组实地考察某小区，其"阳光共管"模式的核心在于采取酬金制并做到了预算合理、将钱花好。具体来说，小区业主与物业服务公司之间的《物业服务合同》约定所有收入除支付给物业服务公司的酬金之外，全都归属业主共有，并且将小区所有收支从"商业秘密"转为账户透明、财务共管，原来的"商业秘密"变成了实时可查的明白账，实现物业服务公司能明明白白赚钱，业主能清清楚楚花钱。同时明确双方权责利，物业服务公司的责任在于提出合理方案并有效执行，业委会的责任在于否决不合理的收支报告，双方各司其职、相互制衡、责任共担，确立了监督与支持并重的制度基础。此外，为了保障物业服务质量，根据物业服务合同约定，业委会每年对服务中心的物业服务质量考核1～4次，其中业主考评占80%，主要是通过微信电子投票，业委会直接考核占20%。1年中如果有多次考评则取平均分作为年度考评结果。考评结果与酬金挂钩，根据不同分值，进行奖励、扣除等。酬金制改变了物业服务公司能不花钱就不花钱的做法，在包干制的情况下，物业服务公司采取的是拼资源、拼资产寿命的管理模式，但由于小区老化是必然的过程，采取包干制的必然结果就是老旧小区成为物业服务管理的"深水区"，物业服务公司普遍不愿问津。因此，在小区资金总体有限的情况下，合理地做好预算，将钱花在实处，并确保物业服务公司按约定获取合理的利润，促进业主代表或业委会与物业服务公司形成良性互动，才能最终实现物业服务质价相符。某小区酬金制为物业管理模式创新提供了具有普遍指导意义的经验借鉴，应成为物业服务公司创新经营模式的重要选择。

（五）确立业主自治力量在小区治理中的主导地位

1. 推进业委会全覆盖

业委会是业主自治的最主要力量，承担着监督物业公司依照合同约定做好小区治理、协调小区内外管理事务、调解小区各类矛盾纠纷等职能。因此，应由街道办事处牵头，推动所有小区均成立业委会，建立业委会职责清单、议事规则、日常办公、内外监督、定期报告、培训宣传等一系列机制，以社区居委会为主负责指导督促业委会正常开展工作。对建立业委会条件不成熟的小区，应因地制宜成立居民自管会、议事协调机构等自治组织，以党建引领带动各方参与小区治理工作，将小区建设成为"环境整洁、管理有序、守望相助、共治共享"的和谐家园。

2. 推进业委会专业化规范化建设

一是业委会各成员要加强学习培训，主动掌握各类专业知识，成为素质高、能力强，有权威、有信誉，能发挥作用的业委会；二是建立定期例会、定时接待、工作记录、业主评议、信息公开、档案管理等各项制度，同时做到制度及文书规范、日常例会及运作规范、业主大会规范、物业选聘及监督规范、专项维修资金与公共收益使用规范、换届改选及成员变更规范、对外签字盖章规范等，向业主提供更加专业的服务；三是明确业委会的工作质量标准和考核机制，设定业委会的工作内容和标准，并通过业主大会或者引入第三方评价方式，对业委会的工作进行量化考核，确保业委会服务质量。

3. 深入发动小区业主自治力量

一是通过规则教化人。通过组织开展居民议事协商，推进小区居民自治公约的制定修订工作。以制定居规民约为载体，逐步培养树立小区规则意识和法治认同，形成小区成员共同遵守的行为规范，营造小区共建共享的良好氛围。二是通过活动吸引人。要求各居民委员会牵头，与业主委员会共同引导业主积极参与车位管理、卫生检查、安全巡逻、绿地认养、宠物管理等公共事务，通过发掘自治载体、开展兴趣活动等方式方法提高业主参与度，增进相互了解。三是通过服务凝聚人。要结合智慧社区建设、网格化服务管理等契机，问需于民、问计于民、问效于民，为业主和居民提供更好的服务。四是通过议题召集人。抓住小区治理的热点和难点，将那些与业主切身利益有关的议题抛给业主，由业主们自行协商决定，提升业主的参与热情。

4. 引入第三方专业社会组织

进一步探索社会组织参与住宅小区治理途径：在业主委员会日常工作开展中，提供政策及业务指导；辅佐业主委员会做好换届改选、物业服务公司选聘、物业管理费用调价成本测算等工作；帮助业主委员会，把好专项维修资金使用关；利用第三方优势，为政府部门、物业服务公司、小区业主等搭建沟通交流的平台；调处、化解业主委员会、业主、物业服务公司间的矛盾；为参与住宅小区治理的各方人员进行不同侧重点的业务培训等。

（六）创新机制提高小区治理水平

1. 重大事项先议机制

明确业主委员会议事应符合物业管理法律法规，在法律法规和业主大会授权的范围内规范议事，在议事中自觉接受同级和上级党组织领导，在街道和社区的指导下开展履职工作。对重大事项，需先召开业主委员会党支部或临时党支部会议讨论，形成共识后再提交业主委员会或业主大会决定。

2. 矛盾化解调解机制

街道要建立、健全调解机制，使各方的矛盾和冲突能及时化解，避免损害相互之间的协作。如：发挥街道司法所标准化建设优势，或发挥三级调解体系优势，将人民调解制度引入住宅小区治理与物业服务领域。以国家的法律、法规、规章、政策和社会公德为依据，对业主委员会成员、业主或居民、物业服务公司等进行宣传教育、规劝疏导，促使纠纷各方互谅互让、消除纷争。

3. 内外监督机制

一是信息化技术监督机制。以住宅专项维修基金的使用为切入点，开发物业管理信息化平台，包含物业管理公共事务决策和住宅专项维修资金管理两个子系统，该平台中的物业管理公共事务决策系统是通过互联网、手机等登录并对业主身份进行核对后，通过电子化召开业主大会表决物业管理的重大事项，譬如业主委员会选举、使用维修资金、改建重建建筑物及其附属设施等，避免召开业主大会时出现的派发、收集选票难，选票统计、查验难问题，以及杜绝选票造假现象。通过决策系统既能提高召开业主大会的效率，又能保证业主大会表决的公开、公平、公正性，同时也能提高业主对小区公共管理事务管理的参与意识和积极性，以信息化的技术实现全员监督，保障最广大群体的合法权益。

二是内部监督机制。发挥业主和业主大会的内部监督作用，在大型、复杂的小区内设置业主委员会监事会等机构，监督业主委员会行使权力。

三是外部监督机制。住房和建设部门、街道办事处有权进入被检查的物业管理区域和相关单位工作场所实施现场检查，要求被检查单位提供有关文件、资料并对有关情况作出说明；住房和建设部门应当建立业主、业主委员会、监事、物业服务公司、物业管理项目负责人、执行秘书信用信息档案，将涉及物业管理的违法行为、行政处罚决定等有关信息进行记录并通过物业管理信息平台予以公布；发挥行业协会自律管理作用，鼓励物业服务公司加入物业服务行业协会，规范行业经营行为，促进行业健康发展。

四是业主委员会委员责任追究机制。增加对业主委员会委员的限制，降低其利用制度漏洞来去自如的可能性。

4．联合议事机制

一是建立市、县（区）、镇街物业管理工作体系。市住建部门负责全市物业管理活动的监督管理工作，县（区）、镇街住建部门负责本行政区域内物业管理活动的监督管理工作。二是建立由镇街人民政府召集，房产、城市管理、公安、民政等县（区）部门和社区居（村）民委员会、业主委员会（业主代表）、建设单位、物业服务公司、专业经营单位等各方代表参加的物业管理联席会议制度，共同研究、协调解决辖区内物业管理重大问题：业主委员会和有关部门不依法履行职责的情况，物业服务公司在履行退出程序以及交接手续中出现的问题，物业管理区域内的突发事件，物业管理与社区管理的衔接和配合问题，等等。因物业管理发生争议的，应当协商解决，协商不成的，应向社区居（村）民委员会或者联席会议申请调解。

三、结语

党的十九届四中全会明确提出要坚持和完善共建共治共享的社会治理制度，保持社会稳定、维护国家安全，这是新时代对社会治理提出的新要求新使命。小区是社会治理的基础单元，事关社会稳定和国家安全。本课题以中山南区小区治理实践为研究案例，分析发现其当前存在的法律法规缺位、职能部门监管不到位、社会参与度偏低、物业服务公司标准不一、业委会运行不规范等问题，实质是国家—市场—社会三维之间不能有效衔接、实现良性互动，这是当今小区治理的共性问题。因此，小区治理现代化必须遵循国家、社会、市场三个维度的逻辑关系，具体路径建议是：加强法律体系建设，坚持党建引领，确立业主自治主导地位，强化行政力量保障作用，规范完善市场化力量，创新机制提高治理水平，以期为构建人人有责、人人尽责、人人享有的社会治理共同体，推进社会治理现代化提供保障。

优化交通管理保障高质量发展的实践探索

袁庆金*

摘要： 中山市交通管理工作基础较好，在事故预防、智慧交通、便民服务等方面取得了良好成效，积累了一些先进经验，但也存在一些短板问题，需要正视。交通发展是经济发展的先行官，要认真执行市委"交通畅通工程"决策部署，加强交通事故预防，强化交通拥堵治理，提前谋划深中通道新建高速公路管理，优化服务促进汽车消费，推进"互联网＋智慧交通"工程，提升综合交通智能化管理水平，为中山市高质量发展保驾护航。

关键词： 优化　交通管理　高质量发展

郭文海书记在中国共产党中山市第十五次代表大会上作报告时深刻指出了我市存在交通不畅等主要矛盾问题，提出要坚定不移实施"交通畅通工程"，打造内通外联的珠江西岸综合交通枢纽。2022 年市政府将"综合提升路域环境"列为年度十件民生实事，要求持续推进交通安全畅通工作，打造一流营商环境。市委、市政府的科学决策，为我们做好交通管理工作提供了根本遵循。

一、交通管理工作基础良好

近年来，中山市交警部门大力推进交通事故预防、交通秩序整治、交通拥堵治理、智慧交通建设应用、车驾管"放管服"改革、队伍建设管理等工作，取得了良好成绩，打下了良好基础，积累了良好经验。

（一）交通事故预防平稳向好

一是坚持人民至上、生命至上，聚焦"减量控大"，推动成立市交通管理委员会，实体化运作市道安办，组织发动全市各镇街各职能部门强力推进春、夏、秋、冬季攻坚行动，以强有力的责任担当助力平安中山建设。二是坚持交通安全隐患排查治理，顺利完成 59 处省市镇三级挂牌督办危险路段整治任务，推动整改全市 230 个平交路口和 92 处水浸隐患路段，高质量完成 25 项系统防范化解交通安全风险隐患攻坚任

---

* 作者简介：袁庆金，中山市公安局交通警察支队秘书科副科长。研究方向：道路交通安全、交通执法等。

务，隐患路段整治等重点工作实现提档升级。2021 年，全年共发生一般程序处理道路交通事故 6 589 宗，死亡 237 人，受伤 3 819 人，直接经济损失 399.28 万元，死亡 3 人以上较大事故 1 宗，同比分别下降 15.55%、11.57%、32.01%、28.5%、50%，全市道路交通安全形势保持平稳，道路交通综合治理能力水平取得新成效，获全市安全生产综合考核第一名。

（二）交通违法整治持续从严

通过全市每周统一行动、异地用警、全警配合、执法站截查等措施，持续开展酒驾醉驾、国省道、农村道路、高速公路重点交通违法整治行动，取得了较好的成效。2021 年，全年共查处交通违法 123 万宗，查处酒驾醉驾超过 1.2 万宗，全市摩电头盔平均佩戴率大幅提升至 90% 以上，摩电事故同比下降 17.93%、货车事故同比下降 15.91%。

（三）智慧交通建设全国领先

加强"互联网＋智慧交通"建设应用，目前，中山市主城区 192 个路口已经实现高峰期智能调优控制，5 条道路平峰期智能动态绿波控制，"互联网＋智慧交通"立体体系已经基本成形，是国内少数几个运用互联网数据对整个城区交通信号系统实施全智能调控管理的城市，智慧交通技术应用走在全国前列。

（四）交通拥堵治理效果明显

一是主动对标对表市委、市政府重大决策部署，站在"保畅通、促经济"的高度，推出"十大举措"，全力以赴疏堵保畅，助力市委、市政府重大项目顺利推进。二是坚持以主城区为主战场，交警为主力军，以交通热点优化、智慧交通应用为重点，组建 250 人铁骑专业疏堵队伍，全面推广"最强大脑""最亮双眼""最快双腿"治堵模式，实现路面见警率管事率全面大幅提升。三是实施"一堵点一方案"，统筹推进，采取交替通行、试点可变车道等创新措施，精准治理了 53 个交通堵点，优化改善了博爱路、长江路、兴中道等重点路段和人民医院、大信商圈、香山小学、金字山隧道等 18 个大型片区交通组织，推进了 G105 国道、南三公路、东阜公路拥堵治理。2021 年，据第三方数据，中山市道路交通拥堵指数为 1.30，属于相对畅通状态，从高到低全省排名第十四位，大幅低于全省最高的 1.41，平均车速为 35.7 公里/小时，高于省内 13 个地级市，疏堵保畅显实效。

（五）"放管服"改革更加便民

一是全面落实公安交管 66 项"放管服"改革措施，重点推进"我为群众办实事"12 项便民服务举措，全国试点机动车驾驶证电子化应用，2021 年共核发机动车驾驶证 14 万本，累计消除考试积压 65 万人次，网办业务 78 万笔。二是组织实施提升执法公信力改革，着力在事故处理、现场执法、非现场执法、车驾管、道路交通设施、科技等方面下功夫，全力保障执法公平公正。三是高标准完成交通事故"绿色救援工程"、缓解出租车驾驶员"三难问题"等省市"我为群众办实事"项目，推动机动车禁区通行证线上办理，推行路口开设、占道施工网上审批，快处轻微交通事故 36 855 宗，开辟绿色救援通道 244 次，垫付救治基金 685 万元，救助事故伤者 162 人。四是坚持宽严相济，平衡执法力度和执法温度，交警执法正在向轻处罚、重教育，轻罚款、重纠错方面转变，交警铁骑勤政为民、热情服务形象深入人心，成为城市新形象。

二、工作经验和启示

（一）转变观念、科学管控是做好交通管理工作的首要前提

近年来，随着经济的持续快速发展，中山市机动车保有量增长迅猛，目前已超过 170 万辆，交通事故每年致数百人员死亡，严重危害群众生命安全。我们认真学习贯彻习近平总书记关于安全生产的重要讲话精神，始终把人民群众生命财产安全放在首位，始终坚持交通事故可防可控的理念，迅速转变思想观念，科学研判交通事故的特点，着力改变传统的粗放型交通安全管理模式，着力推动交通安全管理工作科学向前发展。

（二）政府主导、部门协作是做好交通管理工作的牢固基础

交通管理工作是一项综合治理工程，仅靠交警部门单打独斗是不可能完成的。近年来，我们按照党委政府统筹协调、职能部门牵头负责、全社会共同参与的思路，完善了道路交通安全联席会议机制，在原有 12 个部委办局的基础上，将中山市文化广电旅游局和中山银保监分局纳入市联席会议成员单位，将道路交通安全考核比重提高到占综治工作（平安建设）的 5% 和安全生产责任制考核的 15%，加重镇街政府的交通安全管理责任，督促各级政府加大对交通安全工作的重视和投入，形成了交通安全综合治理新格局。

（三）坚守初心、服务人民是做好交通管理工作的最好归宿

近年来，我们始终坚守全心全意为人民服务的初心，始终坚持以人民为中心的发展思想，巩固深化了公安部交管"放管服"66 项新改革措施，持续擦亮一等车管所品牌，全面推行业务"一站办""一窗办""自助机办""先发后检""上门代办""邮政代办"等便民利民措施，不断扩大社会化服务范围；同时，在车驾管、道路施工审批、交通违法处理等方面简化流程，尽可能实施网上办理，让数据多走路、群众少走路，赢得了广大群众的广泛好评。

（四）从严治党、从严治警是做好交通管理工作的政治保障

全市共有交通民辅警 2 000 多人，是市公安局人数最多的警种，也是执法量最多的警种，队伍管理和业务监管任务非常繁重。我们认真贯彻全面从严治党、政治建警、从严治警的方针，始终将严管厚爱贯穿队伍管理的全过程，深入开展了"不忘初心、牢记

使命"、党史学习教育等主题教育活动，真抓实抓狠抓党风廉政建设和业务风险点防控工作，组织开展队伍教育整顿活动，努力营造风清气正齐心协力干工作的良好氛围；大力推进强警建设，荣获全省大比武活动先进单位称号，被公安部授予第一批"全警实战大练兵部级标兵集体"荣誉称号。通过一系列强有力举措，有效稳定了队伍，确保了全市交警队伍健康稳定发展，为做好交通管理工作提供了坚强政治保障。

三、交通管理工作存在短板

交通管理工作虽然取得一定的成绩，但也存在一些短板及不足，需要正视并加以研究解决。

（一）交通事故仍然多发高发

部分镇街事故预防工作力度不够，交通事故死亡人数同比上升，部分镇街人员死亡事故上升较多；摩托车交通事故总量仍在高位，2021年全市交通事故共导致237人死亡，基数仍然较大，特别是摩电事故死亡人数占比超过6成、务工人员亡人比例接近7成，货车事故共导致103人死亡，农村道路交通安全隐患多、治理难度大、防控压力大。

（二）交通违法整治力度有待加大

国道省道、高速公路、农村道路等道路交通秩序管控存在漏洞，对摩托车、电动自行车的管控力度不足，对酒驾醉驾的整治力度广度深度还不够，交通违法现场执法量有待提升。

（三）道路交通安全隐患仍然大量存在

全市公路特别是农村道路安全隐患较多，重点企业、车辆及驾驶人安全隐患增量多。

（四）交通拥堵加剧

车多路少问题日益加剧。目前，全市机动车保有量达171万辆，非机动车保有量为120万辆，但道路建设发展受制约因素较多，建设项目推进缓慢，全市公路里程仅3 459公里，车多路少根本问题无法有效解决。受道路施工较多、安全设施不足等因素影响，交通高峰期节点拥堵问题较为突出，群众意见较大，疏堵保畅工作有待进一步加强。

（五）停车资源供需不足严重

停车资源供需不足是制约中山市推进道路交通建设、优化交通管理和道路交通畅通的一个重要因素。据摸排统计，中山市城区停车需求约33.62万个小车停车位，而供给车位仅有21.33万个，缺口达12.29万个，满足率仅63.4%，镇街停车位不足问题也与城区相类似。

四、优化交通管理的对策建议

交通发展是经济发展的先行官。市委、市政府部署实施"交通畅通工程"的科学决策抓住了经济社会发展的牛鼻子。我们要坚决贯彻落实市委、市政府的部署，优化交通管理，全力以赴保障道路交通安全畅通，为中山市高质量发展保驾护航。

（一）以事故预防为中心，全面加强道路交通综合治理

2021年，中山市道路交通事故死亡人数达237人，占各类安全事故死亡人数80%以上，对经济社会发展和人民生命财产安全构成很大危害。为此，我们要始终将道路交通事故预防工作放在首位，全面加强道路交通综合治理，着力打赢隐患歼灭仗、秩序净化仗、信息制导仗、宣传攻势仗和协同共治仗，确保交通安全形势稳定，全力服务中山市经济社会发展大局。一是要持续加强道路安全隐患治理工作。组织开展企业画像工作，有序推进"两客一危一货"重点车辆运输企业画像信息采集和推送任务，落实企业主体安全责任。推进严重安全隐患路段排查治理督办工作，委托第三方机构开展全市交通安全设施排查评估，严格落实挂牌督办和动态清零。二是要持续加强交通违法专项整治工作。紧盯"两客一危一货"、农村面包车、摩托车、电动车等重点车辆，以高速公路12类、国省道6类、农村7类交通违法为重点，梯次推进"逢五""逢十"和周末夜查统一行动，利用"警务法眼"和电子警察等科技手段，持续开展交通安全整治。实施多警种联动，严查摩电交通违法，坚决将摩电交通事故高发势头压下去。三是要持续加强农村道路交通安全管理工作。进一步加强全市农村道路交通安全管理工作，强化农村"两站两员"经费保障，分类分级推进警保合作劝导站建设，建立"劝导＋服务＋快处快赔"新模式，推进农村派出所民警参与农村道路交通安全管理工作，扭转农村交通事故多发势头。四是要持续加强交通安全宣传教育工作。利用中山市全国道路交通安全宣传教育示范基地强化违法重点驾驶人教育；通过传统媒体和两微、抖音等新媒体，集中曝光突出安全隐患和严重违法的重点车辆驾驶人、终身禁驾人员、主体责任不落实运输企业。宣传、广电部门要常态化开展交通安全公益性宣传。五是要持续加强交通安全社会共治共援。充分发挥市镇两级联席会议的作用，认真贯彻落实省六部门《进一步加强道路交通事故应急救援工作的指导意见》，减少事故伤员致死致残率。深入推进道路交通事故深度调查工作，倒查责任，倒逼部门行业履职尽责。持续加强道路交通事故救助基金管理，提高救助基金使用率和受伤人员救治率。充分调动行业协会、企业和个人等社会各界力量参与交通安全工作，形成全社会共建共享的局面。

（二）以智慧交通为抓手，全面深化交通科技建设应用

"互联网＋智慧交通"建设应用是新时代交通管理的重要抓手，要全面推进智慧交通建设应用工作，全力服务中山市经济社会发展大局。一是要深化"互联网＋智慧

交通"。集中组织开展智慧交通综合应用技术大培训，全面提升应用水平。通过大数据分析，科学设置和优化交通信号，特别是夜间交通信号系统，保障主干道畅通。筹建智慧停车管理系统，向社会发布停车信息。借助道路交通安全导航提示信息采集和处理系统、互联网、手机 App、诱导屏、电子地图等渠道，为驾驶人提供实时有效、全方位的交通路况信息。与市广电部门密切配合，实时播报高峰时段和施工重点路段路况信息，引导市民合理出行。二是要推进实施智慧交通扁平化指挥平台建设。推进智慧交通指挥体系应用，在主城区范围建立可视化、扁平化接处警指挥平台，提升主城区交通管理水平。升级各镇街交警大队交通调度指挥室，建设"情报引领、业务主导、科技支撑"的精准管控运行机制。三是要推动镇街道路智慧交通建设。针对镇街智慧交通建设落后问题，要加强统筹协调，制定建设规划，争取市镇两级政府支持，积极开展镇街道路智慧交通建设，全力提升镇街道路交通科技应用管理水平。

（三）以道路畅通为目标，全面强化交通拥堵治理

按照"交通畅通工程"部署，当前和今后一段时期，道路施工改造项目会更多，治堵任务比以往任何时候都要繁重。我们要主动承担，科学组织交通，合理安排勤务，确保道路交通畅行，全力服务中山市经济社会发展大局。一是要加强施工路段综合管理。针对南外环、105 国道、中开高速等道路施工严重影响交通问题，要组织研究施工交通影响评估，争取市政府出台加强道路施工管理工作意见；要与交通运输等部门及相关镇街加强联系，严格审批施工组织和交通疏解方案，指导施工单位做好交通组织疏导，完善施工路段安全设施，及时修补路面。同时，要加强宣传引导，对修路引起的交通拥堵等阵痛现象进行客观解释和说明，以赢得广大人民群众的理解和支持，也相信人们一定会给予理解和支持。二是要积极发挥交警铁骑治堵作用。铁骑警务治堵效果明显，要加快推进交警铁骑队伍建设，规范铁骑装备，全面实施路长责任制和网格化管理，完善以定点疏导为主、巡逻管控为辅、铁骑快速处突的高峰时段勤务管理模式，实现高峰期、主干道轻微交通事故平均 5 分钟到达现场指挥疏导交通的目标。三是要加强交通秩序整治。与创文紧密结合，在主城区原有 69 条严管路的基础上，再增加 20 条严管路，镇街也要增加若干条严管路，全面加强交通秩序管控。要创新实施"扫街式执法"，通过铁骑、警用汽车装载"警务法眼"，加强停车秩序整治。同时，要加强人性化执法，贯彻法律政策宽严相济的原则，对严重交通违法从严处理，对轻微交通违法从轻处理，努力实现法律效果和社会效果相统一。四是要综合施策，重点推进。实施老城区交通微循环改造，推进老城区单行交通；完善交通设施、标志标线，提高中小道路通行能力。实施"一点一研判，一点一对策"，逐步推进全市 26 处严重交通拥堵点段治理工作。在全市推进"警家校"护学保畅工作模式，有效治理校园周边道路拥堵问题。全面推广快捷、高效的轻微道路交通事故线上线下两种处理模式，缩短交通事故处理时间，减少轻微事故造成的交通拥堵。五是努力解决停车难问题。一方面，加强路外停车管理，着重解决医院、公园、学校等公共场所热点片区的停车位不足的问题。另一方面，加强路内停车管理，对现有路内停车位进行清理和规范，压缩路内停车泊位，优化道路资源。对主城区道路条件、交通拥堵程度、停车需求、路外停车等实际情况进行系统分析和论证，对现有215条主次干道、约17 726个路内停车泊位进行动态调整，取消部分停车位，全部实施限时停车，可缓解主城区停车难的问题，道路通行效率可提高15%以上。

（四）以深中通道为核心，全面谋划新建高速公路管理工作

深中通道是中山市与深圳实现互联互通的重大项目，是中山市城市东进西连的重大交通枢纽工程，是改变中山市经济社会发展命运的核心工程。我们要勇于担当，抢抓机遇，积极配合市委、市政府的整体规划，提前全面做好深中通道交通安全管理谋划，提前对广中江高速、中开高速、西环高速、东部外环高速及地方公路的管理工作进行通盘考虑，充分做好各项准备，全力服务高质量发展重大战略。目前，要重点在机构设置、警力配备、营房建设、交通安全设施等方面着手，认真做好前期准备工作，深耕中期工作，完善后期工作，确保深中通道及连接道路正式通车后，交通安全管理迅速跟上，决不允许出现道路通车了管理措施却跟不上和影响全市发展大局的问题。

（五）以便民服务为导向，全面促进汽车及相关行业消费

面对疫情等因素影响，中山市经济下行压力加大，高质量发展任务更加紧迫。我们要出台更多关于汽车登记上牌等方面的便民措施，营造良好的、便利的消费环境，大力提升社消零额，全力服务中山市经济社会发展大局。一是要深化"放管服"改革。擦亮"全国一等车管所"招牌，积极开展改革试点，推进快捷代办和警邮合作"社会办""无人车管所""自助办"和"网上办"，简化车辆检测、新车和二手车登记上牌的办事流程，促进汽车消费及相关行业消费。二是要加强机动车驾驶人考试工作。挖掘潜能，提升长江和小榄机动车驾驶人考场考试量，减少考试积压；筹建南部驾驶人考试政府考场，抓紧规划建设新的实际道路考试路段，增大驾驶人考试考能，满足群众驾考需求，扩大汽车消费对象。三是要推进电动自行车管理服务工作。要加大电动自行车登记上牌工作力度，推进电动自行车带牌销售、邮政代办上牌等便民措施，不断提高上牌数量。同时，加强路面执法，大力规范超标电动车上路行驶等行为，加快淘汰超标电动车，促进合格电动车消费需求。

关于加强中山市生态环保司法保障的几点思考

郑　骅*

摘要：近年来，中山经济社会高速发展，但是环保工作也正面临着前所未有的压力。目前，珠江口沿岸、西江下游段等河段水体都受到了不同程度的污染，近岸海域富营养化明显、个别海域垃圾堆积、酸雨和重金属污染依然存在、河涌治理效果不佳等各种生态问题逐渐显露，中山这个昔日的鱼米之乡、"广东四小虎"正面临着环保危机，这些问题在一定程度上制约着中山经济社会的可持续发展，也制约着加快中山高质量发展之路。当前，珠三角区域甚至全国的环境保护与经济发展正面临重要的战略机遇，环境保护压力与动力同在，挑战与机遇并存。司法作为环境保护不可或缺的重要力量和手段，对解决因环境问题引发的社会矛盾具有重要作用。因此，有必要探求有关治理对策，以保障生态环保进入经济社会的主战场。

关键词：中山市　生态环保　司法保障　公益诉讼

党的十九届四中全会提出，生态文明建设是关系中华民族永续发展的千年大计。必须践行绿水青山就是金山银山的理念，坚持节约资源和保护环境的基本国策，坚持节约优先、保护优先、自然恢复为主的方针，坚定走生产发展、生活富裕、生态良好的文明发展道路，建设美丽中国。要实行最严格的生态环境保护制度，全面建立资源高效利用制度，健全生态保护和修复制度，严明生态环境保护责任制度。

近年来，中山经济社会高速增长，但是环保工作也正面临着前所未有的压力。珠江口沿岸、西江下游段等河段水体都受到了不同程度的污染，近岸海域富营养化明显，个别海域垃圾堆积，酸雨、重金属污染依然存在，河涌治理效果不佳等，各种生态问题逐渐显露，中山这个昔日的鱼米之乡、"广东四小虎"正面临着环保危机，这些问题在一定程度上制约着中山经济社会的可持续发展，也制约着加快中山高质量发展之路。司法作为环境保护不可或缺的重要力量和手段，对解决因环境问题引发的社会矛盾具有重要作用。

---

*　作者简介：郑骅，中山市人民检察院第三检察部副主任、四级高级检察官。研究方向：主要从事经济犯罪、职务犯罪检察工作研究。

一、强化环境司法的重要意义

环境司法是对与环境相关的司法活动的称谓，是指司法功能在环境保护方面的体现和运用。在环境保护方面强化司法手段的运用，就是要利用国家赋予司法机关的权力和权威，对环境违法者给予追究和处罚，对环境污染纠纷进行裁定和调解，对污染受害者给予救济和赔偿。强化环境司法的重要意义在于营造权利受尊重、安全有保障、行为有约束、纠纷可诉求、利益可维护的法治环境。环境司法是在环境行政执法监督之外，维护法律尊严，将环境立法落到实处的一个重要途径，也是一个比行政执法更具强制性和权威性的手段。环境司法通过体制、机制和制度的创新完善为因环境污染造成的各类民事、行政纠纷提供一个公正高效的解决机制，有力地保障社会和谐与稳定。

（一）强化环境司法是强化环境保护主题的重要内容

当前，中山市所处的珠三角地区经过多年快速的工业化进程，工业原材料大都依赖外部供给，耕地资源被大规模非农占用，受重金属、有机物污染的土壤增多等资源环境问题突出，社会利益格局纷繁复杂，环境问题已成为引发珠三角区域社会矛盾的重要诱因和矛盾冲突的焦点，直接威胁珠三角区域社会的和谐稳定与经济社会的协调发展。环境保护已成为珠三角区域所有城市重要的政治意愿，担负着优化经济增长和保障民生双重责任和使命，要切实履行好这双重责任和使命，必须用法律权威和法律力量作保障。

（二）环境司法是打击环境违法行为、维护法律尊严的重要手段

从环境治理的基本结构着眼，立法规范、行政管理与司法保障是法治社会条件下环境保护工作得以顺利开展并发挥应有作用的基本要求。环境立法的本质是对环境、社会与经济发展之间的利益分配，这种利益分配一方面通过环境管理推行，另一方面要通过环境司法进行最终保障。司法实际上是法的适用，是司法机关依据法定的职责和法定程序，具体应用法律处理各种案件的专门活动。因此，环境司法是在环境行政执法监督之外，维护法律尊严、将环境立法落到实处的一个重要途径，也是一个比行政执法更具强制性和权威性的手段。环境司法保障由于其独具的公开、公正的特点，成为公民判断一个社会法治基本状况的主要指标。在打击严重环境违法行为，强制执行取缔、关闭重污染企业等行动中，人民检察院、人民法院等司法机关将发挥不可替代的重要作用。

（三）环境司法是及时解决环境纠纷、化解社会矛盾的重要途径

作为法律的维护者和执行者，司法机关对保障和促进人的发展起着十分重要的作用。环境司法通过体制、机制和制度的创新完善为因环境污染造成的各类民事、行政纠纷，特别是涉众、涉稳的群体性民事、行政环境纠纷提供一个公正高效的解决机

制，及时、彻底地解决涉及资源节约和环境保护的各类行政争议，调和经济社会建设中的各种利益冲突，有力地保障社会的和谐与稳定。

二、当前环境司法工作存在的问题和不足

重立法、轻司法，法多而治少，其结果就是环境保护工作在经济社会发展中的作用大打折扣，环境法律保障人民群众切身利益、维护社会和谐稳定的作用不能充分发挥；重行政、轻诉讼，许多环境污染案件久拖不决，成为一些环境污染受害人转而寻求其他解决途径甚至发展成群体性环境事件的一个重要原因；重制裁、轻保障，公民环境权益保障中面临的主要障碍在侵权责任法中未能得到显著消除，这就造成已经取得的环境立法成果难以在环境保护实践中发挥切实作用，环境纠纷时有发生，公民维护环境权益障碍重重，一些人民群众关心的环境问题长期得不到解决，甚至激化了社会矛盾，影响了社会稳定。

（一）重立法、轻司法

有法可依是环境法治建设的基础。我国当代环境立法进程至少可以回溯到1979年颁布的《中华人民共和国环境保护法（试行）》。四十年间，环境立法蓬勃发展，年年有法律通过，甚至一年有几部法律通过。环境立法成果成为一段时期以来我国衡量环境法治建设水平的一个主要标准。在大规模立法的同时，环境法治建设却忽略了环境司法过程、程序与方法的建设，对司法者力不从心的状态缺乏关注。比如，有些判决书成为无法兑现的白条；有些当事人过于强大，司法者无法做到秉公裁判；有些法律条文与现实相去甚远，难以适用。诸如此类的主客观因素，大大地削弱了环境法律对社会关系的调整能力，同时也降低了社会公众心目中对环境法律的期望，影响了政府的公信力。

环境法律欠缺实施力度是当前环境法治建设中的一个痼疾。法多而治少，其结果就是环境保护工作在经济社会发展中的作用大打折扣，环境违法得不到必要的惩治，环境正义得不到根本的伸张，环境权利难以得到合理的维护。环境法律对我国环境与经济协调发展的保障和调整能力颇为羸弱，其保障人民群众切身利益、维护社会和谐稳定的作用尚未充分发挥，这是环境法治进程的一个隐忧。环境法律规范要以有限的数量去完成无限的规范性事业，它不能被单纯地看作一个静止存在的立法成果，而必须对公民个人的环境权益、企业的违法排污等行为发生实实在在的影响。正是因为环境司法建设的薄弱，我国的环境立法、环境管理与行政执法虽然成效可喜，但环境法治的现状却依然严峻。

环境保护工作已全面进入经济社会发展的主战场、主干线和大舞台，对经济发展具有"优化""助推""扩容"和"增值"的综合和特殊作用，这是历史赋予环境保护的重要使命和职责。所谓失之东隅收之桑榆，抓住历史契机，乘势而上，是当前环保工作的必然选择。加强环境司法，是巩固环境立法成果并使其切实发挥作用的迫切需要。

（二）重行政、轻诉讼

在环境纠纷的解决上，重行政途径而轻司法诉讼途径是我国环境法治中一个较为显著的特点。近年来，我国经济发展取得了举世瞩目的成就，与经济增长趋势相一致的另一个显著增长就是环境纠纷数量的增长。但真正通过诉讼渠道解决的环境纠纷很少，大多数群众遇到环境纠纷，宁愿选择投诉举报等行政途径寻求解决，而不选择司法途径。主要依靠行政途径解决环境纠纷的现状不符合法治社会的要求，也不符合"三个转变"所要求的"从主要用行政办法保护环境转变为综合运用法律、经济、技术和必要的行政办法解决环境问题"。

司法是社会正义的最后一道屏障，也是社会纠纷最具权威性的解决办法。相比于行政途径而言，司法途径所具有的公开性、程序性以及权威性显然更为有效。但是就环境纠纷的解决而言，环境诉讼对于环境纠纷的排解能力和效果颇为低下，环境官司难打是一个普遍存在的现象。在环境纠纷的处理中，对环境污染造成的损害后果往往在因果关系、损害赔偿标准等关键问题上争议不断、疑难重重。许多环境污染案件久拖不决，对当事人来说消耗巨大，诉讼成本高昂。这成为一些环境污染受害人转而寻求其他解决途径甚至发展至群体性环境事件的一个重要原因。

（三）重制裁、轻保障

重制裁、轻保障是我国环境法治的另一特点。制裁与保障是法律应当具备的两大重要功能，环境法律规范也不例外。环境法律的制裁功能针对的是环境违法行为，要求其对环境违法行为给予强制性惩罚。环境法律的保障功能关注守法者环境权益的维护，通过法律权利义务的配置，保障公民基本环境权益的实现。两大功能相辅相成，不可偏废。

我国环境立法从防治工业"二废"污染开始，对环境违法行为特别是企业排污过程中的环境违法行为关注有加。多年来，环境立法进程中针对监管企业排污行为、使违法成本不断提高等的具体措施不断出台。环境法律对于环境违法行为的制裁功能虽然尚不完备，但其进展有目共睹。相比较而言，对公民环境权益的法律保障却始终徘徊不前。一旦发生环境事件或者环境纠纷，企业的违法行为可以在一定程度上受到制裁，但是作为弱者的公民个人受到损害的切身利益却很难得到有效保障。从松花江污染到血铅事件，老百姓在环境权益受到严重损害时，最为基本的生命、健康和财产权利也同时失去了保障。

就环境权益的法律保障而言，一方面，环境权益对公民个人的生存发展乃至对整个社会的发展、稳定越来越重要；另一方面，环境权益与其他的基本权利比如财产、健康、生命甚至人格权利交织在一起，为环境权益的专门立法保障带来了极大困难。面对如此两难境地，加强环境司法是一条行之有效的途径。应建立维护环境权益的有效司法途径，努力探索解决环境司法过程中的技术难题，使环境司法成为解决环境纠纷、维护社会稳定的有效途径。

三、增强环境司法保护的有益尝试

当前，珠三角区域甚至全国的环境保护与经济发展正面临重要的战略机遇，环境保护压力与动力同在，挑战与机遇并存，环境保护工作要进入经济社会的主战场，要在"调结构，保民生"中承担重要的历史使命，尤其需要环境法治发挥坚实的保障作用，特别是要增强国家环境司法的保障力量。作为一名长期从事检察工作的人员，笔者认为应从以下几个方面进行积极而有效的尝试：

一是要建立维护环境权益的专门司法途径。在公安机关层面，要进一步加强公安机关在处置环保案件中的积极作用，强化环保警察支队力量，提高办理环保案件的水平。在检察机关层面，要建立专门办案单元，集中办理环保案件，将涉及环保案件的逮捕、起诉、公益诉讼、维权申诉等工作统筹起来。在审判机关层面，要建立环保法庭。公检法专业环保机构的成立对于环境执法起到了良好的推动和配合作用。环保案件的管辖权限、司法尺度、司法程序得到进一步明确，特别有利于污染问题的解决。同时，专门司法执法机构的设立统一了环境诉讼案件的司法标准，增强了环境执法的权威性，有助于克服因涉及受害人较多、环境专业知识要求较高、受害人无法举证等原因引起的诉讼困难，减少地方政府的干预；并且有助于提高全社会的环境意识，督促有关单位及时停止违法行为，拓宽环境纠纷司法救济的途径，进一步健全生态保护和修复制度。

二是要建立检察机关与行政部门的协同工作机制。完善行政执法与刑事司法相衔接工作机制，进一步推广两法衔接信息共享平台，落实信息共享范围、录入时限和责任追究制度，督促行政执法机关加大查处力度。环保部门在登录使用平台时，充分录入污染环境犯罪的事实与证据，有利于司法机关查处犯罪，防止有案不移、有罪不究、以罚代刑等现象。公、检、法在法律适用及证据认定等问题上要统一认识，形成打击污染环境犯罪的高压态势，有效遏制此类犯罪的复发、多发，对查处过程中发现的司法、行政机关不作为、怠于作为的线索及相关部门和领导说情、袒护、干预的线索要及时移送监察委，追究违纪违法责任。

三是要加大对环境违法行为的刑事司法震慑力度。刑事司法是国家从社会利益出发对给社会秩序与社会关系造成破坏的严重违法行为予以主动追诉的活动，在环境与经济社会关系的整合中起着举足轻重的作用。但是，就我国环境犯罪的刑事处罚而言，刑罚力度显著轻微，已经不能起到对犯罪行为的惩罚、警诫、教育等基本作用。特别是重大环境污染事故案件的量刑问题，长期以来一直受到社会舆论广泛关注。建议适当加大环境犯罪的刑事责任追究力度，对环境违法行为形成震慑，以刑法威慑力促进环境执法监督，进一步严明生态环境保护责任制度。但是，就我国环境犯罪的刑事处罚而言，刑罚力度显著轻微，已经不能起到对犯罪行为的惩罚、警诫、教育等基本作用。特别是重大环境污染事故案件的量刑问题，长期以来一直受到社会舆论广泛关注。在一些案件的审判中，非但没有对公众产生警诫、教育作用，反而会引发人们对法律权威甚至环境保护目标的质疑。如 2017 年针对中山市南朗、民众等海域倾倒垃圾案件（简称"海上倒垃圾"案件）的处理，由于检察机关采用了污染环境罪罪名对倾倒垃圾的船主批准逮捕并提起公诉，最终依法判决，引发了社会舆论的广泛关注，并促成全省沿海地区开展专项打击工作，取得了非常好的震慑效果，有力维护环境法治权威。

四是要加快建立环境公益诉讼制度。近几年来，我国在环境公益诉讼领域进行了许多有益的探索。与其他国家相比，我国目前已经开展的环境公益诉讼具有自己鲜明的特点，即环境公益诉讼依托政府部门逐步开展，而不是像美国等其他国家那样主要依赖于环保团体的大力推动。促进环境公益诉讼，检察机关要充分发挥主导作用，按照中央深改办的要求，加强与法院、环保部门以及公安部门执法协调机制的建设，积极探索环保公益诉讼的案件提起与受理程序，积极吸收环保团体与个人参加诉讼过程，探索一条符合我国环保特点的环境公益诉讼之路。如检察机关在办理"海上倒垃圾"案件期间，除了采取刑事打击的手段之外，还通过环境公益诉讼，由检察长亲自出庭起诉，向倾倒垃圾的船主追讨损害赔偿和环境修复费用，让不法分子为环境污染"买单"，取得了好的社会效果。

五是要强化环境司法的技术支撑。环境污染损害复杂多样，污染行为与损害后果之间的因果关系难以认定。环境损害认定的专业性、复杂性是很多污染受害人不愿意选择司法途径解决环境纠纷的一个重要原因。我国目前尚未建立一个专门的全国性环境污染损害鉴定评估机构，环境损害鉴定评估程序复杂、费用高、时间长、难度大，往往一个案件的评估费用甚至高于案件认定的损害数额。如检察机关在办理"海上倒垃圾"案件时就发现，鉴定工作花费了办案人员很大精力，鉴定难度大、有鉴定资质的公司少、鉴定费用高昂、鉴定时间长等，一定程度上影响了案件查处的力度和效果。环保部门应及时将有关问题向市委、市政府反映，并切实加强与司法机关的沟通与协作，就环境损害鉴定评估工作开展深入研究，建立一套高效、便捷、经济的评估鉴定机制，让环保案件不再因为鉴定问题而举步维艰。

香山文化

黄培芳年谱

曾欢玲[*]

摘要： 黄培芳（1778—1859）是清代嘉庆、道光、咸丰年间的学者、画家、教育家和诗人。黄培芳继承家学，早为郑士超、冯敏昌所器重。游其门者，名硕辈出。北平翁方纲称其与番禺张维屏、阳春谭敬昭为"粤东三子"。又与张维屏、谭敬昭、顺德吴梯与黄玉衡、吴川林联桂、镇平黄钊同被誉为"粤东七子"。黄培芳著述颇丰，有著录的有 71 种，涉及经学、史地、兵略、教育、文献、诗学等，视野宏阔，持论独到。本课题旨在整理黄培芳年谱，夯实黄培芳研究的文献基础。

关键词： 黄培芳　年谱　研究

乾隆四十三年（1778）戊戌　一岁

十二月十二日丑时，培芳生于石城（今广东廉江）。香山人。小名沃根，翼堂公黄绍统季子，字子实，别字香石，取香人石产之义。

黄培芳等撰《黄氏家乘》（道光纯渊堂刊本）卷三《小传》："培芳，小名沃根，翼堂公季子。字子实，别字香石，取香人石产之义。六游罗浮，因自号粤岳山人。嘉庆二年补弟子员，九年，甲子科中式第九名副榜，二十四年，肄业太学，迎大驾，献诗册一体，祝嘏恭逢庆典，由直隶州州判加布政司理问衔，请封父母赐封祖父母，是年考取武英殿校录官。道光元年，恭遇临雍接驾观礼，二年充补校录，六年奉旨议叙一等。道光十年，选授韶州府乳源县教谕。十二年，调补琼州府陵水县边缺教谕，邑人祀长生禄位，于顺湖书院《陵水志》有《德教序》。十四年，加捐国子监典簿，双月选用。十五年，烟瘴俸满保升知县，先补肇庆府训导，在任候升，郡士初入学例具修贽，凡亲戚故交赤贫皆不取，人称'三不取'先生。十八年，计典保举卓异，候升加一级，捐办惠济义仓，议叙钦加纪录三次襄办夷务，奏委劝谕各乡设立社学团练义勇。廿三年，钦加内阁中书，生母服阕。廿五年，选授大埔县教谕，覃恩赐胞兄沃楷，如其官，嫂吕氏八品孺人。"

---

* 作者简介：曾欢玲，电子科技大学中山学院讲师，在读博士。研究方向：岭南文学文献、岭南文化等。

乾隆四十七年（1782）壬寅　五岁

自石城返广州。

黄培芳《岭海楼诗钞十一卷》（道光富文斋刊本）卷四《杂忆》："我生在石城，五龄还广州。"

乾隆五十一年（1786）丙午　九岁

随父赴琼州任。

黄培芳《岭海楼诗钞十一卷》（道光富文斋刊本）卷四《杂忆》："九岁经沧海，其波大如山。舟随波起落，掀播惊心颜。隙中望邻舶，似已沦波间。茫茫十万顷，何处通人寰。"

乾隆五十三年（1788）戊申　十一岁

父绍统琼州官舍捐馆。

黄培芳《黄氏家乘》（道光纯渊堂刊本）卷三《小传》："（绍统）生雍正丙午年十月十四日卯时，终乾隆戊申年九月廿一日卯时，年六十三。"黄培芳撰，陈步墀编《粤岳草堂诗话》（宣统绣诗楼刊本）卷二："先君在琼州官舍捐馆，培芳正髫年，先生哭先君诗云：'凄凉穷海三千里，憔悴遗孤十二龄。'"按：据《黄氏家乘》载，黄培芳生乾隆戊戌年十二月十二日丑时，黄绍统终于乾隆戊申年九月廿一日卯时，此时培芳应为十一岁。所谓"十二龄"应为概数或为仄声韵故。

从兄沃棠挈培芳返粤。

黄培芳《岭海楼诗钞十一卷》（道光富文斋刊本）卷四《从兄荫力沃棠》："父官海南时，往省兄渡琼。既乃遭大故，全家羁岛瀛。兄来挈之返，敝庐居仙城。为我择名师，奖励使有成。"

乾隆五十五年（1790）庚戌　十三岁

从田上珍学诗。

黄培芳《香石诗话》（嘉庆岭海楼刻本）卷二："余十三岁，从田西畴先生学诗。"

乾隆六十年（1795）乙卯　十八岁

冬，撰《香石山房丛钞四卷》。

黄培芳《黄氏家乘》（道光纯渊堂刊本）卷六《艺文》载培芳《香石山房丛钞四卷·自序》末署"时乾隆六十年，岁次乙卯冬日，香山黄培芳漫书于五羊城之宝书楼（时年十八）"。

嘉庆二年（1797）丁巳　二十岁

补弟子员。

（光绪）《香山县志》卷十五："（黄培芳）二十，补弟子员。"黄培芳《黄氏家乘》（道光纯渊堂刊本）卷三《小传》："嘉庆二年，补弟子员。"

嘉庆三年（1798）戊午　二十一岁

刘彬华主讲羊石讲院，培芳拜师受业。

黄培芳《岭海楼诗钞十一卷》（道光富文斋刊本）卷二有《羊石讲院书事》："嘉庆戊午，刘朴石师在此主讲，时余及门，今岁戊辰余复忝主此席。"

是年，林则徐中秀才。纪昀《阅微草堂笔记》刊行。

嘉庆六年（1801）辛酉　二十四岁

正月，春，撰《永思录一卷》。

黄培芳《黄氏家乘》（道光纯渊堂刊本）卷六《艺文》载黄培芳《永思录一卷·后序》末署"嘉庆辛酉开岁之五日，不孝培芳谨识于宝书楼外舍"。

嘉庆八年（1803）癸亥　二十六岁

撰《香石诗说》。

黄培芳《香石诗说》（民国四年在我轩木刻本）题注："癸亥岁答友人作。"

嘉庆九年（1804）甲子　二十七岁

乡试中副榜。典试陈恭甫称赞其试帖。

黄培芳《香石诗话》（嘉庆岭海楼刻本）卷四："甲子同典试者闽县陈恭甫师榜后谒见，甚称余试帖。"（光绪）《香山县志》卷十五："黄培芳（中略）嘉庆九年，中式副榜，肄业太学。"黄佛颐《黄氏家乘续编》（光绪刊本）小传："九年，甲子科乡试中式第九名副榜。"

嘉庆十年（1805）乙丑　二十八岁

九月十六日，撰《才调百首一卷》。

黄培芳《黄氏家乘》（道光纯渊堂刊本）卷六《艺文》载培芳《才调百首一卷·序》末署"嘉庆乙丑秋，九月既望，香山黄培芳叙"。

冬，以王士禛选，吴煊、胡棠笺注《唐贤三昧集笺注》为底本，加以批评，成《批唐贤三昧集笺注》一书。

黄培芳《批唐贤三昧集笺注》（清光绪翰墨园刊本）王士禛《序》后有培芳识语："嘉庆十年乙丑三冬，香山香石山人黄培芳阅。"书末培芳识云："或问子生平瓣香其在是集乎？曰：非也。岁乙丑，评以授徒，取其卷帙简约，笺释详明，聊举一隅，以便初学肄业云尔。香石山人阅毕识。"

嘉庆十一年（1806）丙寅　二十九岁

授徒粤秀山应元道院。

黄培芳《香石诗话》（嘉庆岭海楼刻本）卷一："嘉庆丙寅，余授徒粤秀山应元道院。"

嘉庆十二年（1807）丁卯　三十岁

往游罗浮。

黄培芳《香石诗话》（嘉庆岭海楼刻本）卷一："嘉庆丁卯、戊辰，余两度往游。重游诗有云：'君看武陵叟，重来已迷津。我复游仙山，宁非澹荡人。'"谭敬昭《听云楼诗钞》（清光绪双门底古经阁刊本）卷七《丁卯秋黄香石游罗浮得古铜盘丹灶砖属余作歌》："前度谁知明月身，一诗许借飞仙读。（香石游酥醪观，壁上见余诗《蓬莱山绝句》一帧，不知何来。盖前二十年书赠瀛道人者，今在山中亦一段奇缘嘉话）"

嘉庆十三年（1808）戊辰　三十一岁

主讲羊石书院。

黄培芳《香石诗话》（嘉庆岭海楼刻本）卷一："戊辰，余主讲羊石书院。"黄培芳《岭海楼诗钞十一卷》（道光富文斋刊本）卷二《羊石讲院书事》（嘉庆戊午刘朴石师在此主讲时余及门，今岁戊辰余复忝主此席）："风光依旧冷元亭，十载重游忆弱龄。我愧黄童非博学，世推刘向善传经。新花带雨栽三径，细草和烟活一庭。手抚梧桐今已长，栖鸾孤干辣青青。"

冬，重游罗浮。度岁山中，与胡栗堂同住罗浮山酥醪观。

黄培芳《香石诗话》（嘉庆岭海楼刻本）卷一："嘉庆丁卯、戊辰，余两度往游。重游诗有云：'君看武陵叟，重来已迷津。我复游仙山，宁非澹荡人。'"《香石诗话》卷二："嘉庆戊辰东杪，余再游罗浮，度岁山中，与武林胡栗堂（绍宁）同住浮山酥醪观。"

嘉庆十四年（1809）己巳　三十二岁

元旦，《浮山小志三卷》初刻。

黄培芳《黄氏家乘》（道光纯渊堂刊本）卷六《浮山小志三卷·自序》末署："嘉庆十四年，岁次己巳元旦，粤岳山人黄培芳书于浮山第一楼。"

秋，撰成《香石诗话》。

黄培芳《黄氏家乘》（道光纯渊堂刊本）卷六《香石诗话四卷·自序》："《鲁

论》记夫子论诗最详，此吾党学诗之本，即古今诗话之祖也。诗话之作，固以论诗，兼以志美。崔信明'风落吴江冷'，单词遂足千古，其在多乎？盖有选家存历代之诗，复有诗话尽诗人之绪，诗学可以不坠，而艺林之善，可以不没矣。余偶掇拾所闻，成此一编，本无足述，门人辈爱而校录之，爰识数语于首。嘉庆己巳秋，香石居士漫题。"

嘉庆十五年（1810）庚午　三十三岁

季夏，编《儒林录约刻四卷》。

黄培芳《黄氏家乘》（道光纯渊堂刊本）卷六《儒林录约刻四卷·自序》末署："嘉庆十五年庚午季夏，下浣香山黄培芳子实甫谨序。"

秋，《香石诗话》四卷刊行。

黄培芳《香石诗话》（嘉庆岭海楼刻本）庞茂荣跋："吾粤风雅，前明为盛，南园五先生杰出，黄泰泉先生继之，南园后五先生，皆其弟子。朱竹垞称其'领袖之功不可没'，故吾粤论诗每推泰泉先生。香石夫子为泰泉先生云孙，以著述世其家，所撰《香石诗话四卷》持论之正，阐发之精，多前人所未发，深有功于初学，至其采录之广，则自父兄诗友，以至海内名流，上自宗藩，下迄属国，旁及方外杂流，闺阁仙鬼，耳目所逮，片长必录，而其取法谨严，不涉佻薄泛滥，实得诗教之正，有非近时诗话之所可及也。海内多以诗话行世，惟吾粤尚少见，即粤西蒋文定有《琼台诗话》，南海劳阮斋有《春秋诗话》，亦仅为一人一代而作，搜罗尚未广及，夫子此书独能博采见闻，抒以议论，开吾粤诗话之始，匪特风雅提倡，足继泰泉先生，以诗鸣于岭海已也。嘉庆庚午秋日番禺受业门人庞茂荣顿首敬跋。"

嘉庆十六年（1811）辛未　三十四岁

春，番禺黄乔松钞张维屏《听松庐诗钞》、黄培芳《岭海楼诗钞》、谭敬昭《听云楼诗钞》寄北平翁方纲鉴定，并序而刻《粤东三子诗钞》。

谭敬昭《听云楼诗钞》（光绪古经阁刊本）自序三："辛未春，番禺黄苍厓尝钞余诗暨南山听松庐、香石岭海楼诸集，寄都中翁覃溪先生鉴定，序而刻之。"

《香石诗话》重校本刊行。

上海图书馆藏黄培芳《香石诗话》题名曰："翁覃溪先生鉴定　《香石诗话》嘉庆庚午刊辛未年重校　岭海楼藏板。"

嘉庆十七年（1812）壬申　三十五岁

朝廷开儒林、文苑两史传之局，总纂宋湘征粤之先辈事迹，所辑《文苑事迹》中，黄培芳分辑得程可则、梁佩兰等事略。与林伯桐、吴应逵、张维屏所辑共编定为六篇，并于次年由叶梦龙邮寄京城。

黄培芳《黄氏家乘》（道光纯渊堂刊本）卷六黄培芳《史传事略引》："嘉庆十有七年，我国家肇开儒林、文苑两史传之局，总纂宋编修湘书来征吾粤先辈事迹。是岁，吾师刘朴石太史暨谢庶常兰生先上所辑《儒林事迹》；宋编修纂为《胡方》《冯经》二传，继辑《文苑事迹》；培芳分辑得程可则、梁佩兰等事略；林孝廉伯桐辑得林蒲封事略；吴孝廉应逵辑得劳孝舆等事略；张孝廉维屏辑得冯敏昌、张锦芳等事略，凡六篇并所引各事迹原文汇为一帙，刘、谢二先生编定。十八年由叶户部梦龙邮寄都中，时宋编修已请郡出守云南，前御史吴君荣光辑呈总裁桂香东侍郎无何侍郎奉使道卒，叶户部就存稿重钞一帙，共呈制府蒋砺堂尚书，咨入使馆以备采择。培芳幸与分辑之役，合缮副本共八篇。"

秋，与段佩兰等在白云山所筑云泉山馆落成。

黄培芳《岭海楼诗钞十一卷》（道光富文斋刊本）卷四《云泉山馆二十境诗并序》："山馆在白云簾泉之间，宋苏文忠有千章古木百尺飞涛之咏，即是处也。崔清献亦尝读书其地，至有明先文裕公讲学山中，又别建泰泉书院，前贤虽往，风流未坠。嘉庆十七年，余与诸同志沿涧卜筑，依山结宇，并购碧虚观外余地以足之。"

嘉庆十八年（1813）癸酉 三十六岁

翁方纲为云泉山馆赋诗，伊秉绶为之记，汤贻汾为之图。

张维屏《松心诗集》（道光咸丰间《张南山全集》本）《白云集》卷二《云泉歌并序》："嘉庆十七年秋落成。其明年，北平翁学士方纲自京师邮诗至，汀州伊太守秉绶为之记，武进汤都尉贻汾为之图。斯陶斯咏，以遨以游。缅怀古人，用谂来者。"

端阳，《浮山小志三卷》重刻。

黄培芳《黄氏家乘》（道光纯渊堂刊本）卷六《浮山小志三卷·重刻小引》末署："嘉庆癸酉，端阳番禺黄乔松识。"

夏，馆于濠梁，课孔炽庭、罗萝村诸子，编《缥缃杂录一卷》。

黄培芳《黄氏家乘》（道光纯渊堂刊本）卷六载培芳《缥缃杂录一卷·自序》曰："嘉庆癸酉夏，余馆于濠梁，课孔炽庭、罗萝村诸子，晨夕既为说经，中午炎歊，别从事楮墨、道学风流、英雄儿女，一切奇文轶事，辄随笔录之，皆散取诸缥囊缃素，故曰杂也。单辞短幅，阅者不劳，而言近指远，足以沁心脾而化鄙吝，倘亦为之，犹贤乎？已之意与！黄培芳书。"

初秋，撰《云泉随札二卷附录一卷》。

黄培芳《黄氏家乘》（道光纯渊堂刊本）卷六载黄乔松《云泉随札二卷附录一卷·序》末署"嘉庆十八年癸酉初秋，番禺黄乔松，书于云泉山馆"。

嘉庆十九年（1814）甲戌　三十七岁

春，《岭海楼经义二卷》刊行。

黄培芳《黄氏家乘》（道光纯渊堂刊本）卷六载黄熙文《岭海楼经义二卷·跋》末署"嘉庆十有九年，岁次甲戌季春，受业侄熙文谨识"。

九月，撰《史传事略引》。

黄培芳《史传事略》（嘉庆富文斋刊本）引语末署"甲戌九月望日香山黄培芳谨识"。

冬至前五日，姚莹撰《岭海楼诗钞十二卷序》。

黄培芳《黄氏家乘》（道光纯渊堂刊本）卷六《艺文》下："世徒称其诗，将谓香石以诗人成名，岂吾之所以为香石望者哉？不得已而终以诗称，亦必如吾所云，不惟其诗，惟其人者，然后可也。（中略）甲戌冬至前五日，石甫弟姚莹拜序。"

嘉庆二十年（1815）乙亥　三十八岁

父兄属先生草创《黄氏家乘》。

黄培芳《黄氏家乘》（道光纯渊堂刊本）自序："嘉庆乙亥，一二父兄属为草创，爰定义例。适族兄永东出所藏丛残老谱参互考订。"

八月朔日，恽敬为《岭海楼诗钞十二卷》作序。

黄培芳《黄氏家乘》（道光纯渊堂刊本）卷六《艺文》下："今子实世为儒，善矣，而诗又善，诗人之诗也，由于其为学也，儒与诗分而习之，故其为诗，非犹夫为儒者之诗也，夫道一而已矣。然必分习之，而后得其合，故儒可以扬道之华，而诗可以既道之实，能如是，庶几通儒与诗两家之蔽矣。（中略）嘉庆二十年八月朔日，阳湖恽敬序。"按：恽敬，字子居，号简堂，江苏阳湖人。乾隆四十八年举人。历官浙江富阳，江西新喻、瑞金诸县，官至吴城同知。与张惠言同为阳湖派创始人。著有《大云山房文稿》等。

嘉庆二十三年（1818）戊寅　四十一岁

冬，北行，并撰《北行小草一卷》。

黄培芳《北行小草一卷》（冯愿跋稿本）卷首："北行小草（戊寅冬起）。"

嘉庆二十四年（1819）己卯　四十二岁

恭逢庆典，由直隶州州判加布政使司理问衔。

黄培芳《岭海楼诗钞十一卷》（道光富文斋刊本）卷六《述事》（时己卯旬庆，恭请六品封典，以奉慈闱，仍改教职）。黄佛颐《黄氏家乘续编》（光绪刊本）小传："（黄培芳）恭逢庆典，由直隶州州判加布政使司理问衔。"黄培芳《黄氏家乘》（道光纯渊堂刊本）卷三《小传》："（培芳）二十四年，肄业太学，迎大驾，献诗册一体，祝瑕恭逢庆典，由直隶州州判加布政司理问衔，请封父母赠封祖父母。"

考取武英殿校录官。

黄培芳《黄氏家乘》（道光纯渊堂刊本）卷三《小传》："（黄培芳）二十四年，肄业太学，迎大驾，献诗册一体，祝瑕恭逢庆典，由直隶州州判加布政司理问衔，请封父母赠封祖父母。是年考取武英殿校录官。"

嘉庆二十五年（1820）庚辰　四十三岁

夏，修定《粤岳子二卷》。

黄培芳《黄氏家乘》（道光纯渊堂刊本）卷六《艺文》载培芳《粤岳子二卷·自序》云："己卯北游，友人见之，病其纷颐，乃为分篇断章。上篇胪辞谓仿马扶风，下篇各章谓仍诸子例，友人之见云尔。"末署"嘉庆二十五年庚辰首夏粤岳子书"。

道光元年（1821）辛巳　四十四岁

再入都，将充武英殿校录官。

黄培芳《岭海楼诗钞十一卷》（道光富文斋刊本）卷七《辛巳录别》（时再入都，将充武英殿校录官）："亲老游仍远，家贫别更难。不缘营薄禄，忍复上长安。海国风声壮，关山雪意寒。承平何以报，琴剑几回看。"《唁山》（云泉后山诸境既为俗掾所毁，余归一岁，道光纪元复北游，赋律句刘唁，用广山灵之意云）："诛茅辟径忆当年，鹤怨猿啼此惘然。世外烟云虚过眼，人间沧海几成田。幽篁欲访林全缺，明月重来境已迁。鞭石移山何足问，草堂无恙待归眠。"

道光二年（1822）壬午　四十五岁

充武英殿校录官。

黄培芳《黄氏家乘》（道光纯渊堂刊本）卷五《事迹》载黄鼎文《送香石五叔父调任陵水教谕序》："叔父以嘉庆甲子举乡副贡士，充武英殿校录官。"（光绪）《香山县志》卷十五："（黄培芳）道光二年，充补武英殿校录官，十年，选授乳源教谕。"黄佛颐《黄氏家乘续编》（光绪刊本）小传："（黄培芳）道光二年，充补武英殿校录官。"

九秋，于京邸撰《日下偶笔四卷》。

黄培芳《黄氏家乘》（道光纯渊堂刊本）卷六《艺文》载培芳《日下偶笔四卷·自序》末署"道光二年壬午九秋，岭南黄培芳子实漫书于京邸"。

冬，于京邸始撰《良方偶存一卷》。

黄培芳《黄氏家乘》（道光纯渊堂刊本）卷六《艺文》载培芳《良方偶存一卷·自序》曰："壬午冬夜，京邸无事，追忆良方，可纪者存之。自此以往，得辄录焉，储材平日，备用临时，读书用人之道，可类触矣。并知凡物有触到之才，尤不可以其微末而忽之也。"

道光五年（1825）乙酉 四十八岁

冬，始编《岭海楼尺牍偶存二卷》。

黄培芳《黄氏家乘》（道光纯渊堂刊本）卷六《艺文》载培芳《岭海楼尺牍偶存二卷·自序》云："始于乙酉冬，置一册起草，自此以往，或可稍存。"

岁末，撰成《增订四库全书字辨四卷》。

黄培芳《黄氏家乘》（道光纯渊堂刊本）卷六《艺文》载培芳《增订四库全书字辨四卷·自序》末署"道光五年，乙酉岁杪，香山学人黄培芳敬识"。

道光六年（1826）丙戌 四十九岁

奉旨议叙一等。

黄佛颐《黄氏家乘续编》（光绪刊本）小传："（黄培芳）道光二年，充补武英殿校录官。六年，议叙一等。"

孟陬，撰成《岭海楼尺牍偶存二卷》。

黄培芳《黄氏家乘》（道光纯渊堂刊本）卷六《艺文》载培芳《岭海楼尺牍偶存二卷·自序》末署"道光六年孟陬，香石自叙于注经窝"。

腊月，香山荐绅致书黄培芳倡重修县志。

黄培芳《黄氏家乘》（道光纯渊堂刊本）卷六《艺文》载《重修香山县志八卷》"书目录后"："道光丙戌腊月，邑中荐绅先生驰书羊城，谓培芳云：'邑乘缺有间者，七十余年，今兹议修乃祖文裕公尝从事于此。子其继事，勿辞。'"

道光七年（1827）丁亥 五十岁

仲春，《重修香山县志》开局，黄培芳为总纂。

黄培芳《黄氏家乘》（道光纯渊堂刊本）卷六《艺文》载《重修香山县志八卷》"书目录后"："伍遁斋（中略）番禺贤书庞鹿门茂荣六人共事而属培芳汇其总焉。诹吉于丁亥仲春开局，城西各都并设采访局，分其劳任，即专其覈实也。"

秋，《重修香山县志》撰成。

黄培芳《黄氏家乘》（道光纯渊堂刊本）卷六《艺文》载《重修香山县志八卷》"书目录后"末署"丁亥九秋，里人黄培芳谨识"。

九月，约所总纂之《重修香山县志》为"土地""人民""政事"三篇，并附诸家集，成《香山志一卷》。

黄培芳《黄氏家乘》（道光纯渊堂刊本）卷六《艺文》载《香山志一卷·自序》："香山者，广州之大邑也。自秦郡县天下而史汉列传未尝称某县人，兹志不名县，法古且避官书也。道光七年，余总纂《香山县志八卷》，论者往往以为称首，然百数十年后，必将割裂汩没，弁髦弃之，余故约为三篇，纂栝土地、人民、政事，付诸家集以贻好事者。道光九年九月九日黄培芳书。"

道光九年（1829）己丑　五十二岁

修《肇庆府志》，三游石室。

伍庆禄、陈鸿钧《广东碑刻铭文集》（广东高等教育出版社 2019 年版，第 161 页）第二卷《清黄培芳题名》："道光己丑来修肇志，三游石室。黄培芳题。"

道光十年（1830）庚寅　五十三岁

春，与诸兄子侄重理《黄氏家乘》旧帙，细加考证，并撰《自序》。《黄氏家乘》已脱稿付族人收贮。

黄培芳《黄氏家乘》（道光纯渊堂刊本）自序："道光庚寅春，与诸兄子侄重理旧帙，细加考证。约分八类，次为六卷。""道光十年庚寅孟陬十六世孙培芳谨撰。"《黄氏家乘》目录后子牧附识："《家乘》六卷，子实弟总纂，余与子直、子皓兄弟同修，道光十年即已脱稿付族人收贮。"

选授乳源教谕。有《韶阳舟中述怀》诗。

（光绪）《香山县志》卷十五："（黄培芳）道光二年，充补武英殿校录官，十年，选授乳源教谕。"

道光十二年（1832）壬辰　五十五岁

初夏，任陵水教谕。

黄培芳《黄氏家乘》（道光纯渊堂刊本）卷五《事迹》黄玉阶撰《送香石夫子调任陵水教谕序》："道光壬辰四月，吾师香石先生任陵水教谕。"

道光十三年（1833）癸巳　五十六岁

秋，撰《十三经或问十三卷》。

黄培芳《黄氏家乘》（道光纯渊堂刊本）卷六《艺文》载《十三经或问十三卷》黄培芳自序，末署："道光十三年，岁在癸巳仲秋，香山学人黄培芳书学廨。"

道光十六年（1836）丙申　五十九岁

春，撰《四书阐注阐十九卷》。

黄培芳《黄氏家乘》（道光纯渊堂刊本）卷六《艺文》载《四书阐注阐十九卷》自序末署："道光十六年丙申孟陬，香山黄培芳识于抚署之雨春馆。"

道光十九年（1839）己亥　六十二岁

春，撰成《罗经简明录二卷》。

黄培芳《黄氏家乘》（道光纯渊堂刊本）卷六《艺文》载培芳《罗经简明录二卷·自序》末署"道光己亥季春，粤岳黄培芳识"。

四月，始撰《重修新会县志十四卷》。

黄培芳《黄氏家乘》（道光纯渊堂刊本）卷六《艺文》载培芳《重修新会县志十四卷·序》曰："始事于道光己亥四月，越岁庚子夏五而脱稿。"

秋，子婿庞文纲整理《岭海楼刻本三卷》。

黄培芳《黄氏家乘》（道光纯渊堂刊本）卷六《艺文》载庞文纲《岭海楼刻本三卷·序》曰："道光丙申、丁酉、戊戌间，祈竹轩宫保延先生于节署训课子侄，兹其课本也。合天崇《国朝文约》存五十首，又另选国初至近科墨卷三十首、附稿二十首，共百篇，清浓奇淡，无所不备。"末署"道光十九年己亥秋日受业子婿庞文纲顿首"。

十一月十五日，与粤秀山长区玉章、羊城山长陈其锟，以及张维屏、鲍俊、梁廷枏等往林则徐寓所小集。

《林则徐全集》编辑委员会编《林则徐全集·日记卷》第九册（海峡文艺出版社2002年版，第416页）林则徐道光十九年十一月十五日记："十五日，丁未（12月20日），阴，微雨。晨起对客。是午粤秀山长区仁圃吏部玉章麟戊辰庶常；羊城山长陈棠溪仪部其锟、张南山维屏、鲍逸卿俊癸未庶常刑部主事降。黄香石培芳甲子副车；梁章冉廷枏甲午副车，俱来寓小集，申刻散。"

道光二十年（1840）庚子　六十三岁

夏，《重修新会县志十四卷》脱稿。并于端阳后五日撰序。

黄培芳《黄氏家乘》（道光纯渊堂刊本）卷六《艺文》载培芳《重修新会县志十四卷·序》曰："始事于道光己亥四月，越岁庚子夏五而脱稿。"末署"道光二十年，岁次庚子端阳后五日，香山黄培芳撰"。

腊月中旬，鸦片战争爆发，作诗感愤。

黄培芳《岭海楼诗钞十一卷》（道光富文斋刊本）卷十一《道光庚子腊月中旬感事六首》："海氛烽火阵云屯，落日荒荒大虎门。"黄培芳《诗法举要不分卷》（清咸丰四年岭海楼稿本）《道光庚子腊月中旬感事》："倚天长剑插岌岌，幽愤盈胸欲枕戈。上将非材轻赵括，敌人得计代廉颇。圣朝八极思归化，宋室千秋病议和。但愿同仇驱乱贼，甲兵洗尽挽银河。"

入祈埙幕。

黄培芳《黄氏家乘》（道光纯渊堂刊本）卷六《艺文》载培芳《校正火龙经十一卷·序》曰："道光庚子、辛丑、壬寅间，英夷为乱。祈埙恭恪公以大司马总制两粤，延余幕府。"

道光二十一年（1841）辛丑　六十四岁

夏至，撰《岭海楼藏书总目三卷》。

黄培芳《黄氏家乘》（道光纯渊堂刊本）卷六《艺文》载培芳《岭海楼藏书总目三卷·自序》末署"道光二十一年辛丑长至，香石黄培芳识于岭海楼外之艮阁"。

撰并书《重修肇庆府梅庵碑记》。

伍庆禄、陈鸿钧《广东碑刻铭文集》（广东高等教育出版社 2019 年版）第二卷《清肇庆重修肇庆府梅庵碑记》："端州西郭外梅庵，名刹也。创建于宋至道二年。（中略）儒林郎武英殿校录官国子监典簿现任肇庆府学以教谕衔管训导事即升知县卓加一级钦加纪录三次香山黄培芳撰并书。"

道光二十三年（1843）癸卯　六十六岁

钦加内阁中书衔。

黄佛颐《黄氏家乘续编》（光绪刊本）小传："（黄培芳）二十三年，钦加内阁中书衔。"

道光二十五年（1845）乙巳　六十八岁

选授大埔县学教谕。

黄佛颐《黄氏家乘续编》（光绪刊本）小传："（黄培芳）二十五年，选授大埔县学教谕。"

夏，撰成《相地要诀一卷》。

黄培芳《黄氏家乘》（道光纯渊堂刊本）卷六《艺文》载培芳《相地要诀一卷·题辞》末署："道光二十五年乙巳九夏，粤岳山人黄培芳漫识。"

以嘉庆十八年所撰《缥缃杂录一卷》为本，撰《藤阴小记一卷》。

黄培芳《黄氏家乘》（道光纯渊堂刊本）卷六《艺文》载培芳《藤阴小记一卷·自序》曰："《缥缃杂录一卷》，余置敝簏，久已忘怀。道光乙巳，养疴藤阴小室，偶检得之，尚余纸素，遂取而随笔采记，体例仍前。岁月已易，非复从前，课经时血气之壮盛矣，不宜袭旧名，因题《藤阴小记》，即识小之义也。黄太公香石书，时年六十有八。"

道光二十七年（1847）丁未　七十岁

春，撰《岭海楼经义续编一卷》。

黄培芳《黄氏家乘》（道光纯渊堂刊本）卷六《艺文》载培芳《岭海楼经义续编一卷·自序》末署"道光二十有七年丁未小春，病夫香石老人自识于羊城艮阁，时年七十"。

撰《参同契汇要三卷》。

黄培芳《黄氏家乘》（道光纯渊堂刊本）卷六《艺文》载培芳《参同契汇要三卷·自序》末署"粤岳子识，时年七十"。

秋，撰《广三百首诗选》。

黄培芳《黄氏家乘》（道光纯渊堂刊本）卷六《艺文》载培芳《广三百首诗选·自序》末署"道光丁未九秋香石老人漫识"。

冬，《黄氏家乘》续补后付梓，曾望颜作序。

黄培芳《黄氏家乘》（道光纯渊堂刊本）卷首子牧附识："《家乘》六卷，子实弟总纂，余与子直、子皓兄弟同修，道光十年即已脱稿付族人收贮，而子实或宦游或就馆，不复家食，余亦授徒鲜暇。迨二十七年始刻成。溯十余年来日新月异，人事又增几许。爰命子侄辈按条类续补之，俾后人览观无阙焉。丁未冬日，七十四老人谦子牧氏附识。"

道光二十八年（1848）戊申　七十一岁

春，撰成《校正火龙经十一卷》。

黄培芳《黄氏家乘》（道光纯渊堂刊本）卷六《艺文》载培芳《校正火龙经十一卷·序》末署"道光二十有八年戊申上巳，粤岳黄培芳识"。

补刻《岭海楼经义续编一卷》。

黄培芳《黄氏家乘》（道光纯渊堂刊本）卷六《艺文》载恩彤《岭海楼经义续编一卷·总序补刻》末署"道光戊申孟春，东鲁宗人恩彤拜序"。

道光二十九年（1849）己酉　七十二岁

秋，自定诗文集《粤岳山人集》。

黄培芳《黄氏家乘》（道光纯渊堂刊本）卷六《艺文》载张维屏《粤岳山人集·序》末署"道光己酉秋九月，重阳前一日，年弟张维屏拜序"。

撰并书《重修永胜寺碑记》。

伍庆禄、陈鸿钧《广东碑刻铭文集》（广东高等教育出版社2019年版）第二卷《清广州永胜寺重修碑记》："羊城出东郭一里而近，有三松古径，是为永胜禅林。（中略）予愧非其人，特重其请，不辞而为之记。晋授儒林郎武英殿校录官内阁中书舍人香石黄培芳撰并书。"

咸丰七年（1857）丁巳　八十岁

英人入城，黄培芳坚守先祠不动。终无恙。

（光绪）《广州府志》（广东省地方史志办公室辑《广东历代方志集成》，岭南美术出版社2009年版）卷一百三十五列传二十四："黄培芳（中略）世居郡城，泰泉旧里藏书万余卷，咸丰丁巳，英人入城，培芳以先祠图书所在，坚守不动，后卒无恙。人服其定识。"

咸丰九年（1859）己未　八十二岁

二月初八日逝世。

黄佛颐《黄氏家乘续编》（光绪刊本）小传："（黄培芳）生乾隆戊戌年十二月十二日丑时，终咸丰己未年二月初八日未时，年八十二，葬花县白泥墟佛子迳肥龙岭。"

是年，洪仁玕作《资政新篇》。郭嵩焘奏请立通译学堂。春，张维屏与陈澧、李长荣、谭莹等饮游唱酬。张维屏卒。梁鼎芬生。况周颐生。

宣统二年（1910）庚戌

《粤岳草堂诗话》印行。陈步墀为之作序，侄孙黄映奎跋。

黄培芳《粤岳草堂诗话》（宣统绣诗楼刊本）序："宣统二年庚戌二月，饶平陈步墀序。"跋："宣统二年岁次庚戌二月望日，侄孙映奎敬跋。"

香山名人唐露园的非凡人生

褚梦宇[*]

摘要： 在清末民初社会转型的巨变中，唐露园是一位活跃在公益界的香山名人。他是容闳[①]留美教育计划派遣去美国的第二批幼童中的一员，回国后起初服务于电报局，积极推动电政事务现代化发展。1913 年离开电报局后，唐露园专心从事社会公益团体事业，不再参与政事，先后服务于中国红十字会和寰球中国学生会。凭借出色的个人能力和救国济世的奉献精神，唐露园在上海公益团体中脱颖而出，发挥了极其重要的作用。

关键词： 香山名人　唐露园　电报局　慈善事业

唐露园是清末民初上海社会活跃人物。作为第二批留美幼童之一，他 1873 年赴美学习，9 年后归国，入电报局工作，由电报生升迁至电报局局长，出电报局后参与上海社会公益活动。他是红十字会的总理事长，负责红十字会会务；担任寰球中国学生会副会长达 13 年之久，积极推动留学事业发展；作为代表监视 1919 年上海焚烧烟土工作中亦发挥特别才干。对于唐露园的一生，特别是对于他在社会公益活动中的重要作用，学术界尚无系统研究。本文试图对此做一初步研究。

一

唐元湛（1861—1921），号唐露园，广东香山县唐家村人（今珠海市唐家湾镇唐家村），11 岁随父游沪。其时清政府正实施选派幼童留学美国计划，由先前留学美国归国的容闳具体负责该事。容闳在上海设立预备学校，为留美幼童补习英文。其时，风气未开，留学美国被视为畏途，生死难卜，一般官宦、殷实人家多不愿子弟投身其中。但是，风气已开的广东香山，乐意留学的青少年颇有其人。容闳系香山人，与唐露园同乡。于是，唐露园父亲让儿子前往报考，结果被选中。唐露园进入预备学校补

---

[*] 作者简介：褚梦宇，香港中文大学中国研究中心研究生。研究方向：当代中国。

[①] 容闳（1828—1912），广东香山县南屏镇人，晚清官派留学的最早倡导者。毕业于美国耶鲁大学，与黄宽等人成为中国第一批留学生，是近代中国名留史册的爱国主义者、教育家，被誉为"中国留学生之父"。

习英文，一年后作为第二批幼童赴美留学。晚清留美幼童一共四批，每批 30 人。第二批 30 人中，有 24 人来自广东，此外江苏 2 人，浙江 4 人。广东人中，又以香山人最多，有 12 人。这说明，香山人在当时确实领风气之先。

包括唐露园在内的第二批幼童于 1873 年随容闳赴美。容闳安排这些幼童寄宿在当地美国人家中，以便更好地融入美国生活。留美期间，唐与蔡廷干同住在马萨诸塞州斯普林菲尔德市（Springfield）麦克琳先生（A. S. McClean）家中，入读于新不列颠（New Britain）中学。在洛厄尔（Lowell）机器厂实习期间，因在机床上操作机器有危险，特准剪去辫子。1881 年，由于清政府终止留学的政策，勒令留学生回国，除因事故撤回及在美病故 26 名外，其余均陆续被召回，唐露园亦于是年回国。

回国后，唐露园初入电报局任电报生，后被派往天津电报学堂在沪分堂任教。1907 年出任邮传部左侍郎，后担任清政府最后一任上海电报局总办。他曾任两江督署驻沪接待外宾专员、筹防局总办、开浚黄浦工程局咨议和上海海关督办，并于 1907 年担任总办招待美国政府访华代表团。民国初年，又任中华民国临时政府第一任电报局局长，是中国电报事业的奠基人之一。

1905 年，受中国留学生组织寰球中国学生会发起人李登辉[①]之邀，唐露园加入寰球中国学生会，热心帮助游学者。其时正逢清政府鼓励留学，留学人数不断上涨，唐露园不仅教留学生如何在国外居住和行动，回国后亦介绍职业，保证了留学生可以学以致用。此外，唐露园在 1917 年担任同济德文医工学堂校董帮助复校，并于 1918 年代理复旦大学校长，为社会培养了大批新式人才。

1913 年离开电报局后，唐露园专心从事社会公益团体事业，不再参与政事。他秉性仁厚，上海各重要社团几乎都有列名，非董事即职员，"孜孜以从事者有三十余团体之多"[②]，如上海商业储蓄银行董事、建设会副会长、盲童学校校董等。1919 年，他担任中国红十字会理事长，受任以后，筹措赈灾，举办救疫和施种牛痘活动，还请沪上慈善家协助解决因战事而资金费用困难的时疫医院和吴淞防疫医院问题。

1921 年，唐露园病逝于上海，享年 61 岁。唐育有二子，均送往英国留学，后均为工程师。长子观翼先后担任沪宁、沪杭甬铁路管理局机务总管，是中国自行车工业从 28 寸平车过渡到 26 寸轻便车的奠基人；次子观爵是铁路工程师。

二

唐露园在 1881 年回国后竭诚为电报局服务，承担了大量工作，其中以推动中国电报现代化发展意义最大。

---

① 李登辉（1872—1947），字腾飞，祖籍福建省同安县，印尼华侨，美国耶鲁大学文学士、上海圣约翰大学名誉博士。1905 年，李登辉参照世界基督教学生会，成立寰球中国学生会。

② 《唐露园先生传》，《中国红十字会月刊》1935 年第 3 期，第 119 – 121 页。

在西方列强侵华战争中，外国军队之间的快速通信给时任直隶总督兼北洋大臣的李鸿章留下了深刻的印象，意识到电报技术的先进性与建设电报线路的必要性。他指出："外国军信速于中国，利害已判若径庭，且其铁甲等项兵船在海洋日行千里，势必声东击西，莫可测度，全赖军报神速，相机调援，是电报实为防务必需之物。"① 因此他开始大力发展电报事业，同时也需要更多的技术性人才。

易于接受西方先进科技的留美幼童在被召回国后，就成了李鸿章的首选。第一批回国 21 人均被送往电报局学习电报技术，唐露园在天津拜访李鸿章后，就被派入电报局担任电报生。初入电报局月薪仅八两，但他不以为苦②，在担任我国第一条自主修建、全长 3 000 余里的津沪线的报房领班时，潜心研究电学。经过天津电报学堂的训练学习后，又参与第二条电报干线——苏浙闽粤新线的测量与勘造。③ 唐露园等留美幼童逐渐成为电报干线监造、测量、架设等的中坚力量，获得了朝廷的重用与嘉奖。1892 年，他们被李鸿章保荐为历年办理京城、天津、上海等处电报尤为出力各员。④ 1895 年又因全国各省电报线联成一体，获得电局督办大臣盛宣怀的奏保嘉奖。⑤ 1905 年，清政府颁布派遣载泽、戴鸿慈、徐世昌、端方、绍英五位大臣出洋考察政治的谕旨，唐露园随戴鸿慈出使挪威、丹麦、瑞典等国。⑥ 他"所到之处悉心研究电政一门"⑦，在瑞典参观爱立信公司时，发现"陈列各式电话器甚多"⑧，为上海电报局订购多部，奠定了上海电报局现代化发展的基础。

民国成立后，唐露园升迁至江苏电报局监督兼上海局总办。由于当时西方势力在中国迅速扩展，出于国家安全等因素考虑，唐露园奏请交通部下令居住在上海的外国人不得私自架设无线电。经唐查明在上海私设无线电有两处，"一在美租界南浔路二十三号法国天主教堂所设之圣舫济书院内，一在英租界同孚路十八号犹太人住宅，可达百余英里"⑨，但由于列强的阻挠，最后只能认定这两部电台均为电学试验用途。

同年，在获悉汤寿潜⑩为交通部部长时，唐露园认为汤任浙江都督时，曾主张电政由各省分办，如汤任交通部要职将导致各省之间联络迟缓，呼应不灵，电政总局亦

---

① 交通、铁道部交通史编纂委员会：《交通史邮政编》（第一册），南京：交通部总务司，1939 年，第 5 - 6 页。

② 《唐露园先生事略》，《中国红十字会月刊》1922 年第 4 期，第 51 - 54 页。

③ 李鸿章：《李鸿章全集·奏稿》（第三册，卷 45），海口：海南出版社，1997 年，第 1387 页。

④ 国家第一历史档案馆：军机处录副奏折，全宗号 3，目录号 168，案卷号 9437。

⑤ 周棉：《中国留学生大辞典》，南京：南京大学出版社，1999 年，第 100 页。

⑥ 清政府在朝野上下一致要求立宪的形势下，于 1905 年 6 月 14 日颁布派遣载泽、戴鸿慈、徐世昌、端方四大臣出洋考察政治的谕旨，后又添派绍英，史称"五大臣出洋考察"。

⑦ 《唐露园先生事略》，《中国红十字会月刊》1922 年第 4 期，第 51 - 54 页。

⑧ 戴鸿慈：《出使九国日记》，长沙：湖南人民出版社，1982 年，第 194 页。

⑨ 交通、铁道部交通史编纂委员会：《交通史电政编》（第二册），南京：交通部总务司，1939 年，第 20 页。

⑩ 汤寿潜（1856—1917），原名震，字蛰仙，浙江萧山人，是晚清立宪派的领袖人物。

难以从中调度，势必影响军情。为保电政一体，他立即发函致电大总统孙中山："昨悉汤寿潜为交通部长，不胜骇异。现在军情紧急，电政为通信机关，至为重要。与交通前途大为危险，实非军民之福。"①

1913 年，唐露园因帮助革命党人被撤职，共在电报事业任职 32 年。凭借扎实的专业知识与英语优势，他与留美幼童一起积极发展电报事业，保持了早期我国电报事业的独立性，维护了电政主权，获得了"服务于电信局的回国留学生要首推唐露园"② 的称赞。

三

出电报局后，唐露园认为"于政界中讨生活，不如办公益"③，而其中中国红十字会至关重要。

中国红十字会在民国肇建后获得立案承认，成为全国唯一合法的红十字会组织。辛亥革命时，红十字会因积极救护受到兵灾的百姓声望渐高，并获得民国政府的全力支持。其中孙中山对红十字会有着高度的肯定："各战地将士赴义捐躯，伤亡不鲜，均赖红十字会救护、掩埋，善功所及，非特鄂省一役而已，文实德之。该会热心毅力，诚不可无表彰之处，应即令由内务部准予立案，以昭奖劝。"④

1912 年 9 月 29 日，中国红十字会在上海英租界大马路议事厅隆重召开首届会员大会，参加会议者多达 1 352 人。本次会议决定成立常议会作为议事决策，推举唐露园等 34 人为常议员。10 月 6 日，常议会再次公举袁世凯、黎元洪为名誉正、副总裁，选举吕海寰为正会长，沈敦和为副会长兼常议会议长，江绍墀为理事长。9 日，唐露园等常议员联名公电政府，请以明令宣布正、副会长，"昭示中外，策励将来"。⑤ 中国红十字会通过本次会议协调了京沪分会的分歧，确立了内部的制度，正式步入发展的正轨。

对于处理 1918 年中美红十字会误解问题，唐露园的态度是客观求是，不走极端。第一次世界大战进入尾声，中国和美国都加入了协约国而成为同一阵营。美国红十字会借此赴华发起赞助征求活动募捐钱款，并拟备购绷带等医用物品以提高救助效率。中国红十字会副会长沈敦和应允美国红十字会一系列活动，不料遭到朝野一片反对，一些人认为："至若设立分会，则与募捐性质迥不相同。国际主权，关系重大，断无

① 中国历史博物馆馆刊编委会：《中国历史博物馆馆刊》，北京：文物出版社，1981 年，第 9 页。
② 胡德海：《理念的沉思与言说》，北京：人民教育出版社，2005 年，第 329 页。
③ 《唐露园先生传》，《中国红十字会月刊》1935 年第 3 期，第 119 – 121 页。
④ 中国社会科学院近代史研究所中华民国史研究室等合编：《复黎元洪电》，《孙中山全集》（第 2 卷），北京：中华书局，1982 年，第 125 页。
⑤ 池子华、严晓风、郝如一主编：《〈申报〉上的红十字》，合肥：安徽人民出版社，2011 年，第 286 页。

迁就瞻拘之可言。查全球各国红十字会，向无甲国至乙国设立分会先例。"① 唐露园等人则认为美国红十字会在中国做了很多善举，如"前岁皖省饥荒捐银十五万元，导淮工程十万元，去岁天津二十五万元"②，中国红十字会理应同样帮助美国红十字会。美国红十字会在华代表、公使馆商务参赞安立德又亲自出面澄清，解释美国红十字会在华所设为办事处而非分会，并无侵犯权限之处。经过唐露园等人的积极推动和奔走呼吁，美国红十字会在 5 月下旬正式在上海开展募捐活动，最终共征得赞成员 3 万余人，得款 10 万余元。而其中最为出力者为唐露园、朱少屏二君，安立德特呈请美国总统威尔逊函谢，虽然外交部以"美国大总统除外国元首外向不直接与他国人民通问"婉拒这一请求，但对"唐露园、朱少屏二君募款之成绩，不胜钦佩之至，二君之热心殊属罕见，同人均应同深致谢"。③

1919 年 5 月 1 日，美国红十字会利用安立德和上海总领事萨门斯在华的特殊身份与地位对北洋政府施压，大总统徐世昌就下令免除沈敦和中国红十字会副会长之职，改派蔡廷干继任。由于蔡廷干在京要务缠身，3 个月后方才抵沪，蔡和沈分别由唐露园、江趋丹代表"检点交收各项册籍文件"④。蔡廷干因常年驻京便在任职之初即任命唐露园为总办事处理事长，"此后进行事宜，悉由唐君遵照向章办理"⑤。作为中国红十字会总理事长，唐露园认为红十字会有必要通过改革更进一步，发表了《中国红十字会之过去及未来》，提出"扩充常议员名额延聘各界通人充任以资众擎也，举办学生部会员以谋普及也，广募政军两界会员并呈请政府通令全国以资提倡也"。⑥ 在唐露园的提议下，蔡廷干首先扩充了红十字会会员，增加了普通会员和学生会员并扩大征集政界、军界会员人数。蔡廷干又采纳了金箔屏的建议设立了常议员委员会，"提议组织常议员委员会分类担任，大致分交际、庶务、卫生、财政、救赈共五科，稗各事分任而易成"。⑦ 经过一系列改革，中国红十字会大幅扩充了会员人数，扩大了在社会上的影响力。

唐露园在 1920 年沈敦和离世后担任中国红十字会时疫医院副院长。时疫医院始创于 1908 年，本为治疗突发性痧症、吐泻等症而设立的临时机构。后因上海每逢夏令都有时疫发生，"时疫为夏令最危险之症，传染最速"⑧，中国红十字会乃专门设立一所时疫医院，每年开办三四个月。在开办之时，院长们都会登报数日通知市民开幕

---

① 《中国红十字会往来函稿·夏应堂等致沈敦和函》，《申报》，1918 年 5 月 7 日。
② 《赞助美红十字会之真相》，《申报》，1918 年 5 月 9 日。
③ 《协助美红会之嘉奖》，《申报》，1918 年 11 月 10 日。
④ 《红会新旧副会长之交替》，《申报》，1919 年 7 月 31 日。
⑤ 《中国红十字会副会长蔡廷干就职启事》，《申报》，1919 年 8 月 8 日。
⑥ 《唐露园："万家生佛，一代完人"》，《中国红十字报》，2019 年 1 月 1 日。
⑦ 《红十字会常议员会纪事》，《申报》，1919 年 8 月 13 日。
⑧ 池子华、崔龙健主编：《中国红十字会时疫医院章程》，《中国红十字运动史料选编》（第一辑），合肥：合肥工业大学出版社，2014 年，第 105 - 107 页。

启事，唐露园任副院长期间，登报内容已包含时疫医院救治疫病种类、疫病症状以及救治免费等信息。在疫情严重时，几乎每日登报提醒市民，"现闻本埠发生疫症极为危险，如有患此疫者速至天津路三百十六号，本医院诊治分文不取。万勿先行挑痧自误，特此警告"①。时疫医院因资金困难时，唐多次商请上海慈善家协力赞助，以延期闭幕救治更多病人，而且引进国外新技术以提高救治效率，"锐意改良内部组织病室，力从清洁，药品预备外国最新之血清，施用盐水注射，手术亦经中西医士研究新法"。②

唐露园对中国红十字会实行的改良，使得红十字会的管理更加专门化，保障了救助行动的有序开展，缓解了自然灾害与人为的灾害对于普通百姓的困扰。

四

唐露园同样致力于留学事业。1881 年中国学生留美事业被中断后，唐立志要为以后留学生竭力服务。

1904 年，美国排华条约期满当废，美国政府却有意将该条约续为永久有效。李登辉在国内的拒约抵货运动中意识到只有自办救国事业方能寻找到救国之路，因此创办了寰球中国学生会。寰球会③是在上海成立最早也是规模最大的民间学生社会团体组织，共设立学校部、庶务部、游学招待部、代办招考部等八个部门，会务职能由最初的偏重联络感情、交换智识，渐次扩大至服务社会④，进而以扶助学生、服务留学而驰声走誉，成为当时上海中外教育文化交流的中心之一。

在李登辉"吸收国际间先进文化，以图改造社会，贡献祖国"⑤ 的倡议下，唐露园加入寰球会，并于 1907 年担任寰球会副会长。他自担任副会长以来，除协助李登辉会长主持会内事务，多用心于扶助留学生，为全国各地路经上海出国的留学生作各种安排。工作内容包括办理出国手续、汇换货币、包订舱位、验身体、领护照、购船票以及告知留学需注意的各类事项等，也会为归国留学生介绍应聘工作等事宜。清末民初留学手续较为复杂，初次出国的学子对一切情形多不熟悉，加之美国厉行禁止华工之禁例，赴美留学生不仅签发护照极其严格，预订船票舱位也尤为困难。唐露园必定悉心照料，"有至数月后，犹不能得一护照者，而寰球会却能于数小时内办理完

---

① 《中国红十字会时疫医院警告》，《新闻报》，1921 年 8 月 14 日。
② 《中国红十字会二十年大事纲目》，《中国红十字会二十周年纪念册》，1924 年。
③ 民国的期刊报纸中，常常将"寰球中国学生会"简称为"寰球学生会"或"寰球会"。本文亦简称其为"寰球会"。
④ 《本会廿年来之经过概况》，《寰球中国学生会廿周年纪念册》，1925 年。
⑤ 朱仲华、陈于德：《复校长李登辉事迹述要》，载政协全国委员会文史资料研究委员会编：《文史资料选辑》（第 97 辑），北京：文史资料出版社，1985 年，第 109 页。

善"。① 1908 年，美国以退还庚子赔款和中国签订关于留美学生规程，寰球会积极响应配合，唐露园等人对于后起之留学者，"自负有指导之天职"②，协助政府以让留学生安心就学。1911 年，清华学堂创办，专门培养赴美游学生，每年选派的留学生也由寰球会负责招待，"清华学校历届出洋学生亦均在该会办事"。③

为留学生举办欢送会是寰球会每年重要活动之一。唐露园等寰球会会员均有留洋经历，因而能以自身经历向留学生现身说法，提醒注意事项，详细指导沿途规则、西俗礼法、各国学校之状况等。寰球会常鼓励他们相互团结，毋忘祖国，"诸君此去，于求学之外，所见彼国种种事物，莫谓较中国为优而生羡心。吾中国事物较之西国优胜者甚多，愿诸君须先注意于学术，待学成归来，仿行改造之，中国不为无望"。④ 除传授经验外，寰球会亦敦请名士演说，内容多涉及政治、实业、外交等方面，希望留学生可以学有所用，造福社会，"今观诸君赴美，各习实艺，洵属美事。诸君既抱此宗旨，必须实地练习，有裨实用，并须研究其确实条理，幸勿徒事课读，忽略实验之功"。⑤ 例如朱少屏倡导学习实业对于社会进步的重要性，"大抵出洋求学之士，不知美国尚有无文凭之学科，其用较有文凭者为广。学成返国即可经营其事，利益甚大。吾国现在所最缺乏者亦惟此种学科"。⑥ 伍廷芳亦曾表示留学之目的不在做官，中国缺乏的是农、工、矿等科的专业技术人才。

寰球会同样重视平民教育，在成立之初即有"改良中国之教育方法"宣言。⑦ 1913 年设立夜馆，开设英文、法文及商科，以"补助商界、培植少年"为宗旨。⑧ 翌年又开设日馆推广教育，以"小学二年以上中学以下学龄十六岁以内"儿童为招生对象⑨，日、夜馆共招生 600 人。除教习基本知识外，寰球会注重社会实践及身体锻炼，如学习欧洲编练体操。"教科求详，学费从廉"⑩ 的办学理念极富成效，为时人所称誉。毕业时由唐露园颁发文凭，证明已有一技之长，能自立于社会上。

唐露园共担任寰球会副会长 11 届，当选会董 15 届，主张"假使各省得一二百人游学成归国，分布各重要机关于风俗卫生教育，诸端大加改革，使国民程度日高以辅助政府，则政府渐入佳境，盖以改革之道由下而上其效广，自上而下其效微也"。⑪ 他

---

① 《学生会公宴各省教育会代表》，《申报》，1918 年 10 月 21 日。
② 《游学招待部报告》，《寰球中国学生会年鉴》（第一期），寰球中国学生会印行，1921 年。
③ 《学生会招待留学生之忙碌》，《申报》，1918 年 9 月 5 日。
④ 《欢迎出洋学生纪事》，《教育杂志》1912 年第四卷第八期。
⑤ 《欢送游美学生之警语》，《申报》，1915 年 8 月 6 日。
⑥ 《再志赴美留学之壮行》，《申报》，1916 年 9 月 3 日。
⑦ 《组织寰球中国学生会之发起大意》，《申报》，1905 年 7 月 1 日。
⑧ 《寰球中国学生会夜馆招生》，《申报》，1913 年 10 月 3 日。
⑨ 《寰球中国学生会日馆招生》，《申报》，1914 年 7 月 4 日。
⑩ 《寰球中国学生会夜馆开课》，《申报》，1913 年 10 月 13 日。
⑪ 《唐露园先生事略》，《中国红十字会月刊》1922 年第 4 期，第 52 - 53 页。

始终以推进留学教育、振兴中华为职志，架起了中外教育文化的桥梁，推动寰球会承担起改良社会的重任。

五

唐露园有着强烈的民族意识和爱国情怀，有力地促进了禁烟焚土运动的开展。

鸦片为害中国至深且巨，严禁之声、禁烟努力从未间断并持续高涨。1909 年万国禁烟会以及 3 年后的海牙国际禁烟会议的召开推动了国内禁烟的发展，各地种植罂粟面积大大减少，提高了人们的禁烟意识。1908 年中英又达成 10 年禁烟协议，呈现出一派革除陋习的新气象。作为新生政府的中华民国政府在成立之初便开展了一次全国性的禁烟运动，制定了严格的禁烟惩罚条例，规定"凡不戒烟者，不可为共和之民，剥夺其选举、被选举一切公权"。①

正当禁烟政策在禁运、禁种方面取得一定成效之时，各地军阀割地称霸陷入混战的局面。各军阀为维持巨大的军费开支，默许甚至鼓励鸦片贸易以从中牟利，烟患再次出现。按照 10 年禁烟协议，英国至 1917 年将结束进口鸦片，然而在上海遗留了大量鸦片积压。为转嫁上海存土危机，香港同上海鸦片联合营业所合作成立了"洋药公所"。在"洋药公所"的威逼利诱下，身为北京政府副总统的冯国璋一方面在公众面前赞成不再延长鸦片销售时间，另一方面却建议政府收买存土以作药品出售，不仅能保全外国商人利益避免中英政府的矛盾升级，也能让政府从中获利。经国务院批准后，双方草签了《收购存烟合同》。根据合同规定，"北洋政府与上海洋药商行签订合同，决定以每箱计银八千二百两的价格购买未经售尽之存土 2 500 余箱，用于以后专做药品之需，同时约定洋药公所也将随即解散"②。社会各界纷纷谴责政府："试问此种巨资果系何人担付乎？是惟责诸中国人民而已。"③ 迫于社会各界的强烈反对，北洋政府同意将剩余 1 200 余箱存土销毁。

唐露园作为万国禁烟会会长提出一系列焚土办法以彻底消弭存土之祸。万国禁烟会是由在上海的各国领事代表、商界代表和学界团体等中外多个团体发起成立的，其宗旨是"设法辅助查禁私运，并筹议严峻办法禁止国内种烟，务令此后青年不复沾染烟毒"④。1919 年北洋政府委派监视焚土专员前往上海主持焚土事宜，上海各社会团体都表示了热烈欢迎，"中华民国建设会、江苏省教育会、上海总商会、万国禁烟会在青年会会客厅开会，欢迎焚土委员，实表非常愉快之意"⑤。对于本次焚土，唐露园

① 《临时政府公报》第 27 号，民国元年 3 月 2 日，转引自王金香：《中国禁毒简史》，北京：学习出版社，1996 年，第 73 页。
② 《西报记政府收买存土》，《申报》，1917 年 2 月 9 日。
③ 《再纪收买存土之证实》，《申报》，1918 年 6 月 13 日。
④ 《禁烟会定期开成立会》，《申报》，1919 年 1 月 14 日。
⑤ 《各团体欢迎焚土员记》，《申报》，1919 年 1 月 5 日。

借此提出扩大政府焚土的声势和影响，让禁烟的思想更加深入人心，"焚土应令子弟往看使知烟土之害，希望沪上各学校学生均往参观俾此事印在脑中。此次焚土应于沪上留一纪念，最好在适当处建一纪念品，否则两礼拜后恐此绝大之事将尽行忘却矣，应请中西人士之赞助及中外报纸之鼓吹"①。为杜绝鸦片死灰复燃，万国禁烟会主张加大禁烟力度，对于私贩私吸等罪处罚同与惩治盗匪，以期吸烟者之减少。同时寻找科学的戒烟之法，"拟集款多办良善之医院及戒烟药，使吸者得极好之戒除方法"②。

唐露园等 25 人为监视焚土代表严查私土进口和禁止卖土以防作伪存土，公议一切监视焚土手续。在正式焚土前社会各界传闻，"惟现在外间风传有人将真土调换为伪土，是不可不设法监察焚毁"③。最终在监视焚土团等社会团体的监察下，1 月 17 日公开焚毁存土 1 206 箱，"厉三日而事竣"。④ 在上海焚土后，由于部分官员禁烟不力加之租界禁烟的阳奉阴违，烟患再次呈现回潮的趋势。唐露园在万国拒土会中表达了对于烟患再起的担忧，"本埠各租界内各小洋杂货店与一般旧货摊上皆陈列各种烟具堂皇出售，殊足引起人民吸食鸦片之念，亟应严加取缔"⑤，同时积极寻求得到国际社会的支持，恳求各国政府积极落实 1912 年第二次海牙国际禁烟会议的有关条约以渐禁鸦片。

此次焚土正式结束了鸦片合法运往中国的历史，不亚于晚清时期的虎门销烟，激发了民众的爱国情怀，也得到了社会各界的赞同，"近日中国上海焚土之成绩其价值约一千四百余万元。数十年之毒害一旦除去，此为中国醒悟之明证"⑥。

六

1921 年 11 月 7 日，唐露园在收回徐家汇总医院会议上忽患中风，逾三日，病逝于上海，终年 60 岁。1 月 7 日青年会举行追悼会，沪上中外人士、各团体送葬者数以千计，深为哀悼。尚贤堂总理李佳白博士称颂"与君卅载缔交，忻志同道合，久契岑苔，且钦学贯东西，教和孔耶，作政学工商界之明星，正期金错常攻，协助中邦仗益友"⑦。

作为留美幼童的唐露园，纵观其一生，恪尽职责，奋力进取，工作严谨。在电报局任职期间与西方列强据理力争电政主权，保证了国有电报完整。但其生涯最重要的转折莫过于出电报局后便专心服务于社会公益，以其官场经历和与外人的良好关系，

① 《万国禁烟会大会纪事》，《申报》，1919 年 1 月 18 日。
② 《万国禁烟会大会纪事》，《申报》，1919 年 1 月 18 日。
③ 《上海讨论监察焚土办法》，《益世报》，1918 年 12 月 14 日。
④ 许指严：《民国十周纪事本末》（下），上海：大东图书公司，1977 年，第 520 页。
⑤ 《万国拒土会年会纪》，《申报》，1921 年 5 月 5 日。
⑥ 《天津之拒毒大会》，《申报》，1919 年 2 月 13 日。
⑦ 《纪本堂董事唐露园先生事略》，《尚贤堂纪事》1922 年第 1 期第 13 卷，第 39 页。

在上海公益团体中脱颖而出，发挥了极其重要的作用，时人评论其"可见君之一世，六十一岁全为他人服役，尽力于慈善事者"①。作为中国红十字会总理事长，他勇于创新，完善红十字会，救助社会；作为寰球中国学生会副会长，他推进留学，拓展会务，扶助学生；作为万国禁烟会会长，他遏制烟患，监督焚土，唤醒青年。受到过西方思想和社会风气熏陶的唐露园，怀抱强烈的民族意识和救国济世的慈悲情怀，为上海公益发展、完善之功，不可湮没。为实现远大的人生理想，唐露园一生鞠躬尽瘁，赢得了世人的崇敬，中国红十字会赞扬："服务社会，尽瘁殒身，万家生佛，一代完人。"②

① 《唐露园昨晨病故》，《时报》，1921 年 11 月 10 日。
② 《唐露园先生传》，《中国红十字会月刊》1921 年第 3 期，第 24 页。

岐澳古道历史文化遗产活化利用研究

葛丹丹*

摘要： 岐澳古道是明清时期的遗迹，是内地与澳门乃至西方活跃经贸的见证。作为海上丝绸之路的重要文化遗产，近代中国新文化、新思想输入的一条通道，对其进行历史意义、文化价值的挖掘，文化遗产活化与利用的研究，不仅可以加强对中山与澳门同文同脉、一衣带水的文化共识，对增强中山与澳门的历史文化交流与合作有较强的理论意义，还对推动中山旅游经济与乡村振兴有机结合、提高中山文化软实力有重要的现实意义。

关键词： 岐澳古道　活化利用　文化旅游　乡村振兴　人文湾区

岐澳古道是于清咸丰十年（1860）修筑的，当时就有很多香山、四邑居民经古道去澳门谋生、参与海外贸易。岐澳古道现存遗址大部分位于五桂山境内，包括古驿道路遗址在内，沿线还有云迳寺遗址、桂峰茶亭遗址等近十处历史遗迹。经过数十年的尘封，在新时代的历史发展机遇期，在粤港澳大湾区建设当中，岐澳古道自身具有很高的历史价值和现实意义，对其活化利用的研究显得尤为必要和紧迫。

一、岐澳古道的历史人文价值

在历史的长河中，岐澳古道从发端到当下，历经的时间跨度并不能说很长。但毋庸置疑的是，随着时间的推移，岐澳古道的历史价值历久弥新，尤其是在我国整体步入新时代的历史机遇期，岐澳古道的研究价值愈发显著。

（一）推动文化交流相融

岐澳古道是中国人开眼看世界的一扇窗。这条修筑于清咸丰十年的古道，年代并不算久远，七十多公里的长度也不算可观，可在那个因蒙昧而落后、因闭关锁国而与世界文明隔绝的时代，它不但是海上丝绸之路的重要通道之一，也是人们仅有几条开眼看世界的通道之一。

历经岁月洗礼的岐澳古道延绵百年，文脉深厚。在历史的长河中，岐澳古道犹如

---

* 作者简介：葛丹丹，中山开放大学讲师。研究方向：思想政治教育、行政管理制度改革、中山文化资源、社会基层治理等。

一条活力奔腾的动脉，源源不断地将商品、文化、人才传播到南洋，乃至海外各地，同时也把海外的多元文化带来中山。当年出洋打拼的第一代华侨，不少就是沿岐澳古道走向澳门，乘船前往香港或者出洋。还有一些人沿着岐澳古道见到了一个新世界，转头望向自己脑后的辫子和千疮百孔的大清，开始思索中国的未来。清朝后期澳门发展成为我国对外贸易的港口和海上丝绸之路的中继港，岐澳古道更是推动了海内外文化交流相融。

（二）成为"孙中山文化资源"符号

"孙中山文化资源"被写进了《粤港澳大湾区发展规划纲要》之中，成为国家战略的一个重要内容。而如果要寻访"孙中山文化资源"的印记，岐澳古道是绕不开的注脚。斑驳的岐澳古道上烙印着中山近代的群英改变中国命运的足迹，在古道的一个重要节点——前山寨，如今仍留着一段古城墙，默默地记录着一段段光辉历史。其古城墙如今所处的地方，就是前山中学，在这个已经有二百五十余年历史的学府旁，曾留下一条路和一座亭——一条逸仙路、一座中山亭，它们的名字渊源都离不开一位伟人——孙中山先生。

1911 年 10 月 10 日，辛亥革命爆发，全国各地掀起了推翻清政府的革命。受孙中山指示，同盟会澳门分会着手组织起义，组织者经过严密商讨，制定了香山起义以前山起义为重点、县城次之的策略，并于同年 11 月组织发动了前山新军起义，为革命成功写下了不可磨灭的光辉一页。1912 年 5 月 27 日，辛亥革命胜利后，孙中山先生从澳门经岐澳古驿道返回家乡翠亨村途中，特意在前山停留，并在恭都学堂，也就是今天的前山中学进行了一场激动人心的爱国演讲，并高度赞赏前山新军起义。演讲后，为纪念"孙中山首创民国之功"，民众提议在"前山东城附郭"建一凉亭，得到孙中山的欣然答允，并亲自恭锄奠基，该亭因而成为最早纪念孙中山的建筑物之一。

（三）促进粤澳经济繁荣

岐澳古道是连接内地与澳门的重要纽带，见证了粤澳两地经贸往来，两地的经济发展多元化和生产产品结构的互补，在历史上都留下了不可磨灭的深远影响。同时，岐澳古道也是中国经济走向世界的一条通道走廊，加速了中山乃至南粤大地与外界在经济上的互通有无。

早在 1553 年，葡萄牙人强占澳门，就将岐澳古道作为商贸往来基地。清代海禁后，一度只剩广州一个口岸对外，澳门地位水涨船高，成为重要的贸易中转站。来往岐澳古道者，绝非只有香山民众，广州乃至粤北、粤西的客商，西方商人与传教士，各路冒险家与拓荒者，希望出洋打拼者，纷纷踏上这条古道寻求财富之道。沿着这条古道远赴重洋的，有一代代华侨，还有瓷器、茶叶和丝绸。而沿着这条古道进来的，则有西方物产和先进思想。守旧的中国在颤颤巍巍中与世界文明接轨，多少就是拜这条古道所赐。也正是在这经济往来的交往中，文化辐射同步发挥着作用，香山乃至南粤大地，成为中国最早向近现代经济转型之地。甚至多年后的今天，珠三角和广东省仍是中国最具活力的经济区域，以及成为与世界文明、经济接轨的最前线。

（四）见证粤澳人民为实现中华民族独立的英勇奋斗历程

1936年岐关公路通车后，没落的岐澳古道在沉寂了七八年后，成为当时中山抗日斗争的重要活动地区，共产党领导的抗日武装在这里不断战斗，不断牺牲，不断壮大。1944年初，在离云迳寺不足一公里的东侧槟榔山村之古氏宗祠，成立了珠江纵队。珠江纵队在远离党中央、孤悬敌后的情况下，坚决执行党的指示，依靠人民群众，贯彻党的抗日民族统一战线，坚持灵活运用人民军队的游击战略战术，独立自主开展敌后游击战，与东江纵队、琼崖纵队等兄弟部队并肩战斗，消灭了大量日伪军，有力地牵制了日伪军数以万计的兵力，成为华南地区敌后战场的一面旗帜，为中华民族解放事业做出了重要的贡献。岐澳古道也见证了中国共产党领导的人民武装为中华民族的独立解放而立下的丰功伟绩。

另值得一提的是，珠江纵队及其前身部队之一的中山人民抗日义勇大队与澳门关系密切，有着深厚的历史渊源。珠江纵队在敌后战场取得的胜利，与澳门同胞的支持和声援作为有力的后盾分不开。抗战期间，与中山相邻的澳门当局，出于遏制土匪和日伪势力的需要，希望与中山人民抗日义勇大队建立合作关系。中山人民抗日义勇大队经向上级请示后，决定利用澳门的特殊地位，拓展珠江三角洲敌后游击区的空间。中山人民抗日义勇大队在澳门建立秘密办事处，为部队开展募捐筹款，筹集军需给养。并开展对澳门的抗日民族统一战线工作，动员和组织了一批又一批青年学生参加中山抗日游击队。因此岐澳古道也是彰显海外侨胞深厚家国情怀的归根纽带，是无数革命先辈追求梦想、献身革命的英雄之路。

二、岐澳古道活化利用的现实意义

综观这条香山的"茶马古道"，我们不难发现，其内涵已经包括了文化交流、区域经济、政治变迁、乡村振兴等多个方面。尤其是在当前改革开放、粤港澳大湾区建设、乡村振兴等国家战略的实施下，岐澳古道的活化利用和再开发的现实意义，已经显得尤为必要。

（一）启示着当前进一步改革开放的必要性

在一定程度上，岐澳古道和历史上的茶马古道、闯关东和走西口一样，都是在那个特定的年代里，人们不甘于清贫而努力改变命运的时代象征。世上本无路，走的人多了也就成了路。正是因为越来越多的人走上了岐澳古道，为生计、为前途、为革命走出去开眼看世界，所以更多的人走了出去，更多的物质进行了交易，更多的新鲜观念发生了碰撞。可以说，当时的这一切，在某种程度上促进了那个年代的开放与发展。

习近平总书记在庆祝改革开放四十周年大会上的讲话中指出："四十年的实践充分证明,改革开放是党和人民大踏步赶上时代的重要法宝,是坚持和发展中国特色社会主义的必由之路,是决定当代中国命运的关键一招,也是决定实现'两个一百年'奋斗目标、实现中华民族伟大复兴的关键一招。"在当代研究岐澳古道,首先就是要提高认识站位,彰显岐澳古道所具有的改革开放的研究价值。这启示着我们,在任何年代,故步自封都是不可取的,只有坚持改革开放才是最终科学正确的选择。

(二) 启发着做好粤港澳大湾区建设大文章

明清时期,香山地区(包括今中山、珠海和澳门)是珠三角经济文化发达地区。明中叶澳门开埠后,与广州形成广东贸易的"二元中心"结构,香山县管辖下的澳门是广州的外港,是全球海上贸易航线的重要商港。随着世界海洋贸易体系与早期全球化的推进,香山、澳门成为广东甚至中国通向海洋、走向世界的重要节点,连接粤澳的香山岐澳古道是海陆联通的"黄金路段"。岐澳古道是当时香山县居民除水路以外的另一种出行方式,沿着七十多公里的古驿道,从香山县到澳门仅用一天的时间,因此这里成为当时小商小贩们去澳门兜售货物的最佳路线。资金、人员和货物在石岐与澳门之间流通,把粤澳两地的关系密切地联系在了一起。据不完全数据统计,当前旅居澳门的中山籍乡亲有16万人,约占澳门人口的四分之一,他们先辈中的大部分沿着岐澳古道走到澳门,然后就慢慢地在那里定居下来。

岐澳古道应当算是粤澳两地最早的交流通道,是粤澳一体化发展的发端。时隔数百年之后,粤澳两地的发展共同迎来了百年不遇的历史发展契机。"粤港澳大湾区建设,是习近平总书记亲自谋划、亲自部署、亲自推动的重大国家战略,是粤港澳三地共同的重大历史机遇。"广东以此作为新时代改革发展的"纲",贯彻落实总书记重要指示精神,遵循中央顶层设计,全面贯彻"一国两制"方针,把"中央要求""湾区所向""三地所长"结合起来,对标国际一流湾区,纲举目张做好大湾区建设和改革发展各项工作。

(三) 启迪着坚定走一条乡村振兴战略之路

当前,中国乡村正在经历着百年来未有之巨变,乡村振兴作为中央和国务院重大战略,正在为中国乡村带来深刻的变化。乡村振兴战略是习近平总书记2017年10月18日在党的十九大报告中提出的,"农业农村农民问题是关系国计民生的根本性问题,必须始终把解决好'三农'问题作为全党工作重中之重,实施乡村振兴战略"。香山人郑彼岸曾写过长诗《走翠微》,记录岐澳古道上那些来自乡村、为了生计而来回奔波的艰辛行者。所谓"翠微",指如今的珠海。当年从香山县城走岐澳古道前往澳门,珠海是必经之路。许多人就背负瓜果蔬菜前往珠海和澳门关闸贩卖,再购置石岐紧缺的火柴、煤油和蜡烛等货物回香山县城售卖。长诗主角是郑彼岸的表妹徐慧侠,当时年仅15岁。因父亲早亡,她只能靠"走翠微"糊口并赡养母亲。当年"走翠微",往返一趟需两天一夜。头一天未天亮就启程，下午到翠微，卖完东西后投宿一晚，第二天黎明时去圩市买货，再启程回县城，黄昏时分才能到家，第二天一早又要去售卖运回的货物。如此反复，终年无休，才能勉强填饱肚子。

岐澳古道一头连着澳门，一头连的是旧中国下的农村和农民。显而易见的是，当时的乡村没有产业，所以农民就不得不为了生计远走他乡，乡村就会成为永远留不住乡愁的地方，乡村发展也更加留不住人才。旧中国时的乡村治理，通过岐澳古道可见一斑。

（四）助力人文湾区构建，推进大湾区文化软实力建设

今天的中山、珠海和澳门在旧时都属香山。古时，从中山通往澳门，走的便是陆路。其中岐澳古道是必经之路。东干大道从香山县城东侧至南朗，途经南朗镇翠亨村，这里是孙中山的故乡。从南朗再出发，就可到达大名鼎鼎的唐家湾，民国首任总理唐绍仪，清华首任校长、主导庚子赔款留美的唐国安，民族实业家唐廷枢等都出自这里。沿着海边继续前行，便是澳门。南干大道从香山县城南麓通往澳门，途经三乡雍陌村，这里是郑观应的故乡。在中国近代史上，以孙中山为中心的香山籍群英，为岭南留下了无数的故居遗址。如今，这些古建筑群和名人故事，已经成为广东乃至全国珍贵的历史文化遗产。

岐澳古道的活化，将作为一条联系的纽带，有助于促进中山、珠海、澳门历史文化遗产的深入保护与利用挖掘，将古驿道、绿道、村道和省道串通，打造适合骑行和徒步旅游的"香山古道群英故里遗产线路"，进一步促进三地文化研究的交流与合作；驿道沿线的红色革命遗址、古村落古建筑的活化创新研究，有助于激活当地文化，唤醒民族记忆，增强文化自信，延续岭南文脉，为构建人文湾区注入强大动力，进一步推进粤港澳大湾区文化软实力的建设。

三、粤港澳大湾区背景下的岐澳古道进一步活化利用的思考

有专家认为，岐澳古道藏着旧时香山与半部中国近代史。2017年3月底，广东省副省长许瑞生在澳门国际环保合作发展论坛期间建议："结合南粤古驿道活化行动，以古驿道、绿道、村道和省道串通，将原岐澳古道提升为'香山古道历史文化遗产线路'，促进粤港澳大湾区文化软实力的建设，成为'国家记忆'的重要组成部分。"随着岐澳古道的研究价值逐渐显现，近年来社会上和业界内对其活化利用的呼声也越来越高。

（一）以深圳先行示范区为战略依托，探索多元产业，促进古道经济高质量发展

中山有厚重的人文历史底蕴，又有改革开放所积淀的坚实基础，更有新时代厚积薄发的创新动力。应该以深圳先行示范区为战略依托，对标深圳建设中国特色社会主义先行示范区的创新实践，将深圳创新发展与创新文化的先行示范、绿色发展的先行

示范等方面可借鉴可复制的创新性经验大胆移植过来，以美丽和宜居宜业宜游城市提升中山城市价值，通过活化利用岐澳古道，依托旅游、文化、体育等产业发展，使生产要素在道里道外加快流动，产业与资源精准落地，形成健康、绿色、可持续、高增长的产业链，构筑起多元的岐澳古道经济带，为沿线乡村发展注入新动能，有效帮助贫困村建立起发展内生动力、打开"造血式扶贫"新空间，带动古道沿线贫困村发展和村民致富，促进古道沿线经济发展，成为中山乡村经济发展的一个新增长点。

1. 因地制宜开发多样旅游特色产品

通过岐澳古道线路把岐澳古道遗存资源、旅游景点和沿线镇村及其农业生产基地串联起来，将古道沿线欣赏体验自然风光、探寻历史文化故事的家乡游、亲子游等休闲娱乐与知识性、趣味性、体育健身相结合，发展人文体验、自然观光、生态休闲、运动探险等类型旅游产业。引导沿线群众发展休闲民宿、农家乐、休闲农场等配套服务，带动群众就业和创业，促进农产品流通升值，带动沿线镇村经济的发展。

针对岐澳古道不同路段因地制宜地开发特色旅游产品。对于五桂山段的古驿道以保护性修复其本体、还原其历史风貌为基础，以"古道＋红道＋绿道"立体式旅游线路为打造思路，整合岐澳古道沿线自然生态和历史人文资源，开发五桂山片区红色旅游、乡村旅游、体育旅游、生态休闲、客家美食等主题旅游线路。对于三乡段的古驿道可以整合中山温泉、泉眼温泉、罗三妹山、小琅环公园、雍陌村、古鹤村等旅游资源及三乡茶果等非遗美食文化，开发古村落游、温泉养生、休闲美食等旅游线路。

2. 精心策划体育文化赛事活动

以岐澳古道线路及其沿线发展节点为依托，有效整合岐澳古道沿线路径及体育场地，如登山道、绿道、古村、公园、景区等，积极开发康体健身、生态休闲、户外运动等类型的体育活动，组织城乡居民开展以徒步、慢跑、定向运动、野外穿越等为主题的岐澳古道品牌赛事，着力构建集体育、休闲、旅游于一体的岐澳古道体育带，促进全民健身服务业的发展。

在岐澳古道沿线积极开展岐澳古道遗存、沿线古村的保护与利用，设计岐澳古道历史文化创意产品，同时结合各种民俗节庆及庙会等大型文化节庆，开展岐澳古道历史文化体验、岐澳古道遗存参观、岐澳古道摄影、文艺创作、民俗展示等文化活动，带动文创产品的营销，助推文化创意产业发展。

3. 组织开发以教育为主题的游学路线

发掘更多古驿道相关的传统建筑、非遗文化、红色文化、爱国主义、特色民俗民风、自然资源、改革开放主题研学等主要教育方向的深层内容。在名人故居零星散落的村落间，用"旅游、展览、游学"等丰富多样的形式，知识性与休闲性结合，让孩子和家长获得历史和自然界的知识，在游学当中深度体验岐澳古道的建筑、植物、美食、民间美术、非遗文化等。组织艺术、文化、教育、旅游相结合的"艺道游学"，选取引导在游学途中对标志性建筑或景点进行即兴写生的方式，让广大学生和家长感受到南粤古驿道文化生动精彩、独具创造性的一面。

4. 推动名镇名村保护和特色村镇建设

以三乡雍陌村为例，古旧的建筑随处可见，其中郑氏宗祠就有八座。据说明朝"香山四贤"之一郑子纲放弃功名，在村里钻研学问、教授学生，并以建立一套家规改善乡俗为己任，致力于消除乡间的一些陋习。郑氏家规十分重视孝悌，这些家规祖训得到了很好的传承。在郑子纲去世后，村民们把村子的名字改成了他的号"雍陌"。而他流传下来的家规更是经过岁月洗礼而不断丰富。孝悌爱亲、忠贞爱国、乐善好施成为族人做人行事的准则。村里另一位名人就是中国现代化运动思想先驱——郑观应。郑观应所著《盛世危言》不仅对当时中国思想界产生巨大的影响，也直接影响了孙中山、毛泽东以及康有为和梁启超等人。郑观应重视子女的道德教育，他训诫子孙要勤俭、洁身自爱，在他的教育理念当中，融合了"勤、学、廉、善"等主题的家训家规，培养了一批出色的人才，也成为传承中华优秀传统文化以及道德品格的跨时代桥梁。

社会和谐、国家发展离不开良好家风的传承。以此人文素材，可以打造好家风传承的特色文化之旅。岐澳古道活化利用将成为名镇名村保护和特色村镇建设的重要推动力。

（二）以构建人文湾区为目标，深挖古道历史，强化岐澳古道文化功能建设

岐澳古道的核心资源在其历史文化、自然和未来发展竞争力中。《粤港澳大湾区发展规划纲要》指出，要"共建人文湾区""支持中山深度挖掘和弘扬孙中山文化资源"。以五桂山精华片段为核心、四周辐射的历史景点为场地开展历史文化环境教育，让公众在岐澳古道中认识其作为连接内地与澳门的纽带和桥梁的历史，体会国人开眼看世界、探索救国道路的历程，奋斗拼搏追求美好生活、实现民族独立与复兴的决心和信心，有利于传承和延续古驿道历史文脉，共构人文湾区建设。

1. 活化古道为纽带，牢筑文化认同平台

澳门自古以来是香山的一部分，岐澳古道作为澳门与内地血脉相连的重要见证，是深化粤港澳大湾区合作交流的重要平台。应通过挖掘古道历史人文资源，并与周边的环境资源相结合，将岐澳古道的文化脉络展现于世人面前。通过精心设计丰富多样的"旅游、展览、游学"活动，组织港澳同胞走进岐澳古道，寻访中山与澳门的同文同脉、一衣带水的历史足迹，有助于加强粤澳文化交流，增强港澳同胞特别是港澳青少年民族认同感。

2. 加强澳门、珠海和中山交流合作，共同深挖孙中山文化资源

在中国近代史上，以孙中山为中心的香山籍群英，为岭南留下了无数的故居遗址。如今，这些古建筑群和名人故事，已经成为广东乃至全国珍贵的历史文化遗产。澳门是孙中山踏入社会走向世界的通途，也是孙中山革命活动的舞台。在缔造和捍卫共和国的斗争中，孙中山把粤东和西南地区作为革命活动的主要基地，澳门也就因其

特殊地位而成为重要据点，发挥了它的积极作用。孙中山和革命党人在海外策动的无数次武装斗争中，澳门因其特殊的地理位置和社会情况，成为革命志士聚集之地或撤退的通道。

岐澳古道的中山段加珠海段，一共七十多公里，沿线附近有很多名人故居和文化遗产，在活化利用工作中，应全盘统筹，以岐澳古道为纽带，以挖掘孙中山文化资源为核心，作为粤港澳大湾区建设的重要载体共建人文湾区，制订孙中山文化交流合作长中短期的工作规划，将连接澳门、珠海和中山三地的古驿道和人物融为一体，以"打造香山古驿道文化线，弘扬中国近现代革命文化"为目标，加强与珠海、澳门的文化交流与项目合作，系统推进岐澳古道的活化利用研究与建设。

3. 深挖红色革命资源，传承红色基因文化

中山拥有丰富的红色革命资源。这些资源展现了近代以来中山人民英勇奋斗的壮丽篇章，是激发爱国热情、振奋民族精神的深厚滋养，是党带领全国人民不忘初心、继续前进的力量源泉。党和国家事业的发展，迫切需要加强红色革命遗址保护利用，深化红色革命资源价值挖掘、整合与传播。

岐澳古道的保护利用工作，要紧密结合红色文化资源，充分发挥红色文化鼓舞精神、凝聚力量的重要作用。在岐澳古道保护修复的实际工作中，应注重保护红色革命遗址，打造如珠江纵队遗址，先驱苏兆征、林伟民、杨匏安故居以及陈列馆，雕塑广场等红色革命节点。坚持修旧如旧原则，结合古道标识系统建设，注重融合红色文化元素，完善红色革命遗址的解说类标识标牌。整合孙中山故居纪念馆、中山革命烈士陵园、杨殷故居、陆皓东故居、古氏宗祠（珠江纵队司令部）等红色旅游资源，开发系列重温红色精神、传承红色基因思政课程实践教学基地，使之成为增强四个自信、弘扬爱国主义主旋律的重要载体。

4. 重视沿线古村保护利用，助力岭南文化复兴

岐澳古道是近代中国连接中西方文明的重要通道，中国近现代史上许多著名人物都诞生在古道两旁，它们同样是南粤古驿道上的文化珍宝，也是岭南文化不可缺失的一部分。这些古村落是传统农耕生活的载体，是岭南文化的物质积淀和有力见证，是岭南文化的根，具有重要文化价值和保护意义。如翠亨村历史文化资源丰富，现存传统民居68座，体现了清代和民国时期岭南传统民居的特色和风格。类型上有富有人家、贫穷人家、中等农家、侨眷家庭、中药铺、杂货店、理发店、更楼、竹织作坊、木器作坊等，立体再现了翠亨村孙中山活动时社会各阶层的生活状况，使我们可以了解这位伟大人物成长初期的历史环境，并以此领略珠江三角洲的部分民俗风情。翠亨村门墙上多配有灰雕、木雕、壁画，形态逼真，非常古朴。还有珠江三角洲特有的农业生态桑基鱼塘、禽畜饲养、无土栽培等现代农业方式，也可以方便游客了解珠三角的农业文化。

四、结论

一条岐澳古道，半部香山近代史。岐澳古道是近代中国连接中西方文明的重要通道，在新时代中国特色社会主义建设的征程上，应让古道重新焕发生机活力。对其保护与利用，保护是第一位。要坚持以人民为中心的发展理念，从可持续发展的长远角度整体策划古道沿线开发，丰富古道的生态特色、历史文化、现实价值等信息，深入挖掘、展示、活化岐澳古道历史文化遗产，形成各类特色主题线路，为老百姓提供优质生态产品，并推动文化、体育、旅游、农业等绿色要素融合，为乡村带来客流、资金和全新观念，提振乡村文化自信，改善乡村人居环境，提升中山文化软实力。

参考文献

［1］唐曦文、梅欣、叶青：《探寻南粤文明复兴之路——〈广东省南粤古驿道线路保护与利用总体规划〉简介》，《南方建筑》2017 年第 6 期。

［2］王琼：《乡村振兴战略背景下古村落文化的当代转化——以潇贺古道古村落建筑文化为例》，《桂林航天工业学院学报》2018 年第 4 期。

［3］彭星霖：《茶马古道的历史解析与价值探讨》，《福建茶叶》2016 年第 12 期。

［4］邓泽平、张河清、王蕾蕾：《南粤古驿道旅游资源分类评价与开发研究——基于 8 条示范段的实证分析》，《中南林业科技大学学报》（社会科学版）2018 年第 12 期。

［5］《习近平在庆祝改革开放 40 周年大会上的讲话》，中国青年网，2018 年 12 月 18 日，http://news. youth. cn/sz/201812/t20181218_11817799. htm。

［6］《习近平在中国共产党第十九次全国代表大会上的报告》，人民网，2017 年 10 月 28 日，http://cpc. people. com. cn/n1/2017/1028/c64094 – 29613660. html。

［7］冯海波：《岐澳古道：连接粤澳两地的陆上交通通道》，《广东科技报》，2017 年 7 月 10 日，http://www. gdkjb. com/News_Detail. aspx? code = 0304&id = 3101。

［8］袁佩如：《南粤古道东风起　特色产业蓬勃兴》，《南方日报》，2017 年 1 月 3 日，http://news. southcn. com/gd/content/2017 – 01/03/content_162898869. htm。

［9］《省领导调研古道文化活化工作》，网易，2017 年 4 月 1 日，http://news. 163. com/17/0401/04/CGTK3EKJ00018AOP. html。

［10］《广东省粤港澳合作促进会第四届会员代表大会召开》，《广州日报》，2018 年 12 月 15 日，http://www. chinanews. com/gn/2018/12 – 14/8702803. shtml。

［11］郎慧：《岐澳古道成新晋"网红"景点》，《南方日报》，2018 年 10 月 11 日，http://byst. southcn. com/xzsj/content/2018 – 10/11/content_183613899. htm。

［12］《游中山岐澳古道，探寻"群英故里"文化遗产》，网易，2018 年 10 月 29 日，http://dy. 163. com/v2/article/detail/DVAHJ6460514W2Q2. html。

［13］罗新：《从大都到上都：古道上重新发现中国》，北京：新星出版社，2018 年。

水上运动与民俗旅游资源整合开发路径探索

——以中山市"非遗"项目为例①

黄金湖*

摘要：广东省中山市至今仍保存着从明清时起便广泛流传的以舟、艇等水上交通工具进行竞技娱乐的水上运动或表演祭神的民间习俗等古老传统，其中不少为"非遗"项目。它们主要盛行于北部片区、中心城区和部分低沙田地区，随着现代节庆赛事等的介入，成为影响力越来越大的地方文化盛事。本文从民俗事象、节庆赛事、旅游景点三个方面梳理了该市"非遗"项目中水上运动与民俗旅游资源整合的基础，客观分析了其存在问题，就全市"非遗"项目中的水上运动与民俗旅游资源整合开发提出了六大开发原则，并探索了具体实施路径。

关键词：水上运动　"非遗"项目　民俗旅游　资源整合　开发路径

一、中山市"非遗"项目中的水上运动与民俗旅游资源

位于珠江三角洲中部偏南的西、北江下游出海处的广东省中山市在距今 5 000 多年前的新石器时代，曾是珠江口伶仃洋上的一个岛屿，其时已有古越族人在该地渔猎、生活。到了近现代，地处伶仃洋出海口咸淡水交汇处的中山，依然是河网密布、水网交错，从其下辖的各镇区流传下来的对北帝、洪圣王等司水神祇的信仰，以及以舟、艇等水上交通工具进行竞技娱乐的水上运动或表演祭神的民间习俗可以看到历史上客观的地理环境和物质条件对当地生活生产方式的影响。该地流传的水上运动经过在岁月长河中人类文明的洗礼，逐渐凸显本土特色，并沉淀为地域文化的组成部分。当地有不少的水上运动已成功申遗，被列入省、市级非物质文化遗产项目名录。

中山市现有涵盖民俗，传统舞蹈，传统音乐，传统技艺，传统体育、游艺与杂技，传统美术 6 大种类在内的各级非物质文化遗产共 39 项，其中民俗类最多，共有 12 项，接近总数的 1/3；传统技艺次之，共有 9 项；传统体育、游艺与杂技则以一项

＊　作者简介：黄金湖，中山市黄圃镇宣传文体服务中心办公室主任，群众文化馆员，中级作家。
　　研究方向：非物质文化遗产传承与保育、全域旅游、文化产业战略等。
①　本文应邀参加广东省民俗学会举办的"民俗与旅游——广东民俗学术年会（2019）"，本书收稿有删节。

之差居第三，共有 8 项，约占总数的 1/5。在民俗种类中，与水上运动有关的有 2 项（黄圃赛龙舟习俗、长洲扒仙艇习俗）；而在传统体育、游艺与杂技中，水上运动则有 6 项，分别是南头五人飞艇赛、东凤五人飞艇赛、石岐赛龙舟、小榄赛龙艇、阜沙单人农艇赛、民众扒禾桶。

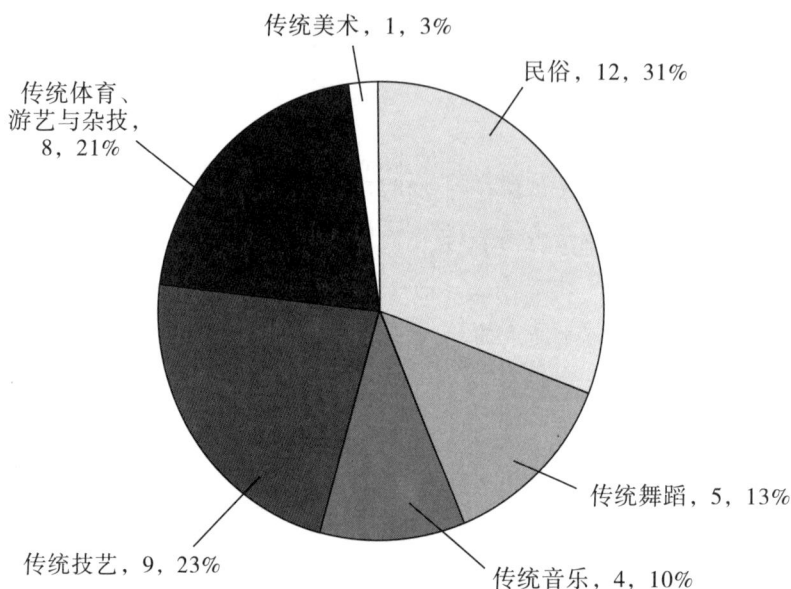

传统美术，1，3%
民俗，12，31%
传统体育、游艺与杂技，8，21%
传统技艺，9，23%
传统舞蹈，5，13%
传统音乐，4，10%

图1　中山市非物质文化遗产项目类别结构

分布于中山市"非遗"项目中的民俗和传统体育、游艺与杂技两大种类的水上运动共计 8 项，接近全市现有"非遗"项目总量的 1/5，足见其流行的广泛性。另外，稳占"非遗"项目总量绝对优势的是民俗种类，也足见当地的民俗文化源流悠远、灿烂多姿、绚丽丰富。

表1　中山市"非遗"项目中的水上运动一览表

序号	级别	项目名称	项目类别	所在地区	起源年代	确认年份
1	省级	石岐赛龙舟	传统体育、游艺与杂技	石岐	明嘉靖	2012
2	省级	小榄赛龙艇	传统体育、游艺与杂技	小榄	明清时期	2012
3	省级	东凤五人飞艇赛	传统体育、游艺与杂技	东凤	清代	2012
4	省级	南头五人飞艇赛	传统体育、游艺与杂技	南头	清末	2012
5	省级	黄圃赛龙舟习俗	民俗	黄圃	清嘉庆	2013
6	市级	阜沙单人农艇赛	传统体育、游艺与杂技	阜沙	清末民初	2012
7	市级	长洲扒仙艇习俗	民俗	西区	清代	2016
8	市级	民众扒禾桶	传统体育、游艺与杂技	民众	—	2018

从表 1 我们可以看到，中山市"非遗"项目中的水上运动源于明，盛于清。从2012 年开始，石岐赛龙舟等水上运动被确认为"非遗"项目。现有"非遗"项目的水上运动被列入名录绝大多数也是集中在 2012 年，许多作为传统体育、游艺与杂技类别成功申遗。其实，石岐赛龙舟、小榄赛龙艇都是源于以粽祀神、辟邪迎祥的民俗心理；东凤五人飞艇赛和阜沙单人农艇赛在工具形制上虽然与传统的龙舟相去甚远，但从其起龙（验艇①）、放龙、吃龙舟饭、收龙等传统仪式，可见均仍然承袭或糅合了古老的端阳民俗和龙舟文化；南头五人飞艇赛则是当地群众祭祀"孔明诞"的一种传统活动，反映了先贤崇拜的民俗心理；民众扒禾桶既是农耕文明的一种投射，也是生产民俗的一种镜像。可见，它们均具有强烈的民俗色彩和完整的民俗本体、俗民群体②，都不同程度地反映了包括经济民俗、社会民俗和精神民俗在内的民俗文化事象，但并不作为民俗的项目类别去申遗，兴许这便是为当地民俗文化工作者或文旅界所忽略的在地民俗旅游资源，同时也是一个亟待深入解读、发掘其民俗文化内涵，并在当前文旅融合的语境下，进一步探索其开发路径的课题。

二、中山市"非遗"项目中的水上运动与民俗旅游资源整合基础

尽管中山市"非遗"项目中的水上运动以传统体育、游艺与杂技类型居多（共有6 项目），但它们均具有不同程度的民俗特征和民俗行为，因此以下行文均从民俗的视角切入，不再拘泥于它们是纯粹的民俗类型"非遗"项目还是传统体育、游艺与杂技类型"非遗"项目。

从已被列入"非遗"项目名录的石岐赛龙舟、小榄赛龙艇、东凤五人飞艇赛、南头五人飞艇赛、黄圃赛龙舟习俗、阜沙单人农艇赛、长洲扒仙艇习俗、民众扒禾桶 8 种水上运动看，民俗事象相似，流传地点相近，在规程仪式及社会功能方面大同小异，但又有着细微的差别，足以构成当地特色和形成本身的辨识度，总体上均保留了农耕文明和水乡传统的典型地域文化。并且部分地区如石岐、黄圃、西区将水上运动这一民俗事象融入现代节庆活动，其中石岐还建成了主题景点公园等发扬和传承民俗文化的物质载体、展示阵地及公共空间，为民俗文化嫁接商业文化做出了探索，为文旅融合及新民俗的形成奠定了基础。与此同时，貌似分散于全市不同镇区的 8 个"非遗"项目也具备了整合的基础。下面笔者从民俗事象、节庆赛事、旅游景点三方面着手梳理。

（一）民俗事象

这里的民俗事象"包括经济民俗、社会民俗、信仰民俗三大类。经济民俗包括传

---

① 阜沙单人农艇赛的赛前规程称"验艇"。
② 两个以上、不论什么样的关系和方式组成的、具有共同认同和分享的民俗文化传统的民众团体，叫做俗民群体。

统村落居民为满足基本生产生活需求而衍生的物质生产民俗、交通运输民俗和消费民俗；社会民俗包括村落民众在人际交往过程中产生的家族民俗、岁时节庆民俗、人生仪礼民俗、游艺民俗等；信仰民俗则是村落民众在长期的历史发展中逐渐产生的神灵崇拜观念、行为习惯和相应的仪式制度"①。中山市"非遗"项目中的 8 种水上运动的民俗本体体量庞杂、内涵丰富，承袭着农耕文明的物质生产民俗、水乡传统的交通运输民俗等经济民俗，端午的岁时节庆民俗、舟楫竞技的游艺民俗等社会民俗和先贤崇拜、祭祀酬神等信仰民俗。

1. 流传地点连片

中山市水上运动"非遗"项目主要分布在北部片区的阜沙、黄圃、南头、东凤、小榄，中心片区的石岐、西区次之，东部片区的民众最少。从图 2 可见，北部片区五镇，是中山市水上运动"非遗"项目最为集中地。这些均是水上运动与民俗旅游资源整合中的"地利"优势，将大大降低资源流转之间的物流成本。同时，集中的片区、丰富的节点、短暂的距离等利好因素也必将为旅游线路拓展带来便利。

2. 时间适当错位

相似的地形地貌、相邻的水域资源等决定了该片区的农事生产规律相近，所以北部五镇和低沙田地区的民众的水上运动大多盛行于夏秋两季的农闲时。而位于城区的石岐赛龙舟、长洲扒仙艇习俗则更多的是端午期间举行，恰好与其余六地形成时间上的错位，这又将是水上运动和民俗旅游资源整合的"天时"所在。

3. 社会功能相近

中山市"非遗"项目中的各种水上运动在社会功能方面虽然各有凸显，但总体而言主要有以下三种或兼而有之：一是先贤崇拜、纪念祭祀的信仰需求；二是辟邪迎祥、趋吉避凶的祈愿需求；三是休闲娱乐、竞技游艺的社交需求。相似的社会功能和民俗心理增强了不同区域群众之间的人文情感认同，是资源整合"人和"的前提。

（二）节庆赛事

1. 中山（石岐）休闲旅游文化节暨粤港澳大湾区龙舟邀请赛

中山市先后举办（分别由相应镇街主办）了中山（石岐）休闲旅游文化节、西区醉龙文化节、黄圃龙舟文化节等。其中，中山（石岐）休闲旅游文化节历史最悠久，从 2008 年创办起至今已连续举办了十多届，其通常在"五一"小长假前夕举行开幕式，以龙舟赛、烟花会演等大型活动吸引各方游客，其间联合网络平台、手机客户端、商家发放衣、食、住、行、玩、乐、购等方面的各种优惠券和让利信息，引导游客在地消费、娱乐；并通过让游客参与诚信单位评选活动，引导游客对消费品质的反馈、监督，进一步强化了游客的互动性。其也是中山市目前综合性最强、受众面最广的旅游文化节。2018 年起，龙舟邀请赛从中山（石岐）休闲旅游文化节中独立而

---

① 郭晋媛：《山西传统村落旅游开发动力机制研究》，《技术经济与管理研究》2019 年第 2 期。

出，石岐开始策划主办辐射范围遍及粤港澳大湾区的龙舟文化节，至 2020 年已成功举办两届。这也是龙舟文化在当地影响力越来越大的结果。

2. 西区醉龙文化节

西区醉龙文化节通常涵盖四月八浴佛节、"五一"小长假、端午节等传统节日和国家法定节假日，在人流密集的商圈购物广场搭建主舞台和观众席，以醉龙舞、醒狮等传统民俗艺术表演作为重头戏，举行隆重的开幕式。举办完开幕式后的舞台仍然保留，几乎每天都有不同的文娱节目上演。醉龙文化节期间会举行扒仙艇竞赛、美食节、猜灯谜等活动，以及推广醉龙文化如醉龙宴品鉴、醉龙酒品评等。近年来亦搭上"互联网＋"的潮流快车，通过微信公众号、手机客户端的"抢红包"活动而吸引更多的游客和市民参与。

3. 黄圃龙舟文化节

黄圃 2018 年起举办龙舟文化节，复原了"水面扒龙船，岸上游飘色"的传统民俗，激活了海外乡亲和当地群众的记忆认同，反响良好。其依据每年的侧重点不同，实行每年一节、循环办节，依次推出龙舟文化节、飘色文化节、体育文化节。该镇的各类文化节都选择在秋季举办，通常覆盖中秋、国庆长假。

上述与水上运动"非遗"项目有关的三大节庆活动通常历时一个多月，都是由镇区政府组织、策划，故每年的举办时间都会注意覆盖"五一"小长假、端午小长假、中秋小长假、国庆黄金周等特定的节假日。民俗表演艺术或传统体育比赛通常严格地遵循固定的时间、固定的场所和路线，但由于现代舞台对外展示和消费节点促成的需要，文化节庆里所呈现的传统"非遗"项目的民俗艺术已是"改良版"。譬如：传统的农历五月初五赛龙舟可能会因主办单位的安排及全局统筹而改在 5 月 1 日、10 月 1 日举行或安排在端午小长假的前夕，传统的醉龙舞则是沿所辖的旧街老巷（通常是旧城区的核心范围）边走边舞式地巡游。俗民们遵循每届文化节的规定，在当届所策划安排好的时间、空间去进行表演或比赛。但在相应的传统节日，俗民们还是会进行传统的民俗活动，这些均可视为一种民俗自觉，只是受新兴节庆活动的冲击和影响，规模日渐式微。

（三）旅游景点

1. 石岐龙舟文化主题公园

石岐龙舟文化主题公园坐落于中山市岐江河环境整治工程二期其中一分段。公园景观设计采用中山民间传统的龙舟文化元素，创造了多个具有特色的景观艺术节点，充分彰显中山厚重的历史文化积淀：如争渡廊以中山龙舟形态为主体，廊架顶为红色船桨框架停靠在岐江河边；东边靠近东明桥端的九根龙柱和西面靠近康华桥的仙舟竞渡、千帆进发、龙舟壁特色雕塑等彰显出"激流勇进，奋发向前"的赛龙夺锦精神。

2. 长洲黄氏大宗祠

长洲黄氏大宗祠位于中山市西区长洲社区西大街 8 号，始建于明万历年间，分别于清代、1930 年和 1998 年重修。祠堂坐北向南，平面呈长方形，三间三进带两侧厢房，砖木结构。硬山顶，灰塑博古脊，蚝壳外墙，麻石脚。头门前廊设花岗岩石台，次间前檐下采用木梁驼峰承托密集的如意木斗拱，外檐板木雕人物、花鸟等图案，屋脊饰瑞兽灰塑。二进为斗拱抬梁木架构，前廊次间饰琉璃花窗，后廊金柱间设雕花隔扇。三进为穿斗与抬梁混合式木架构，中后部设木雕神龛。祠堂内的隔扇木雕、灰塑、砖雕装饰精美，均保存完好，极富岭南建筑特色。祠堂于 1990 年被公布为中山市文物保护单位，2008 年被公布为广东省文物保护单位。现时祠堂常年展出宗族源流、家族名人的史迹和长洲醉龙舞、长洲扒仙艇习俗由来等丰富翔实的历史资料，还陈列醉龙舞的道具木制龙头、现存年代最久远的古仙艇（一艘）等，该祠堂还是"国家级非物质文化遗产（中山长洲醉龙）传承基地"，是地方历史文化的活课室。

3. 鳌山古迹群及海蚀遗址地质公园

黄圃地处中山市最北部，是中山市唯一一个国家级历史文化名镇。镇内人文景观众多，其中数鳌山村最为集中：三十六级古石径道、宋代古码头遗址、古祠堂群、古青砖屋群、北极古殿、社学庙及北约观音大庙等均坐落在鳌山村。2012 年，鳌山村成功申报为广东省第三批古村落。该镇拥有广东沿海迄今为止所发现规模最大、也是广东为数不多的保存最完整的海蚀遗址（占地 2 500 亩，连绵长达 300 米），有着非常独特的科学价值和美学价值。据地质学家考证，此海蚀地形主要形成于晚全新世之前海侵时的古珠江口海湾中岛屿时期（距今 7 000—2 000 年），见证了黄圃沧海桑田的变迁。由于长时期的风化，岩层产生裂隙和剥落，形成了玉泉洞、穿狗径、鼻管石、蟾蜍石、滴水岩等形态各异的山体奇观。2015 年，海蚀遗址获批建设省级地质公园，可望打造为集休闲娱乐、修身养性及农林科普教育于一身的创新型现代化生态风景旅游区。[①]

综上，从民俗事象、节庆赛事、旅游景点三个方面来看，中山市"非遗"项目中的水上运动都具备了与民俗旅游资源进行充分整合的基础："非遗"项目中的水上运动，盛行地点相邻、民心相连、人情相通、风俗相似，而在节庆赛事和旅游景点上，刚好具备时间节点和空间节点的错位，既避免了重叠，又具备扩展连线延伸的基础条件。

三、中山当地水上运动与民俗旅游开发路径探索

尽管我们看到了中山市"非遗"项目中的水上运动与民俗旅游资源整合基础，但在探索其开发路径的过程中仍然要客观分析，正视其问题所在。

---

① 参见中山市黄圃镇官网，http://www.zs.gov.cn/hpz/zjhp/view/index.action? did = 3352&id = 351515，2019 年 11 月 13 日。

（一）存在问题

1. 投入成本高、筹备周期长

中山市"非遗"项目中的水上运动需要耗费大量的人力、物力、财力和时间，需要统筹协调安保、医疗、应急、交通、海事、消防等多个部门和多方面事宜，和其他的民间艺术巡游活动、大型民俗风情剧排演等一样，具有投入成本高、筹备周期长的特点。而且大多数是由政府宣传文化部门的在职人员在日常行政事务中兼顾组织策划，有别于由专门的旅游经营或体育管理方面的公司承担策划：一是历时较长，通常因要层层审批、上会、修改方案而前后需要耗时 3 个月到半年不等的筹备时间；二是因考虑到维护、保管和放置场地的原因，赛前准备的排练艇通常不采用一次性投入直接购买的方式，而是租赁方式（相较而言，后者成本更为昂贵）；三是目前除石岐有固定的看台外，其余地区的赛事都采用临时搭建的看台且每年只是用一次（一个上午），利用率尤其是循环利用率不高，但搭建费用却不菲。外加部分村、社区或镇区临时聘用教练费用和运动员的训练补贴等，这些都拉高了龙舟赛的时间成本和硬件成本。

2. 受场地及专业技能制约大

中山市"非遗"项目中的水上运动需要在水域上进行，且部分水域在平日的航行会受到市政部门的管制，每年当地政府组织策划作为节庆活动的水上运动则须在规定的时间和指定的水域进行，而不是常规性地在某一时段或固定地点持续进行，而且观赏的地点是在户外——水域沿岸，这就受到了时间和场地空间的双重制约。另外，其对安全救生、踩踏救治应急、人群迅速撤离疏散和划艇专业技能等方面都有极高的要求，这同时也是一种制约。

3. 完整的旅游产业链条欠缺

一方面，中山市由于土地存量小，景点分散且体量小，缺乏大型的综合景区，无法吸引外地游客留宿过夜，使得其旅游市场长期以来无法在中珠游或中珠澳游的团体旅游线路中分得一杯羹：通常是住在珠海、购在澳门，最能催生消费、提高旅游业收入的两项均与中山无缘。哪怕是有为一睹伟人故里风采的散客自驾游前来游览孙中山故居等星级景点，但最终住宿也会因自驾的便利性而被分流到近在咫尺的珠海。

另一方面，中山市"非遗"项目中的水上运动虽然尝试与旅游业进行"联姻嫁接"，如石岐就借助龙舟赛举办每年一度的休闲旅游文化节，西区醉龙舞也尝试推出醉龙宴、醉龙酒以及舞台版和户外版两种版本的醉龙舞，但其余地区的水上运动仅停留在就赛事办赛事，缺乏完整的旅游产业链条。而石岐的休闲旅游文化节的内涵还不够丰富，其实还是停留在举办消费节的层面，但受电商冲击，传统的商家让利、由实体店发行优惠券的做法正在经受着市场的考验；西区的醉龙文化节虽然有意识地推出衍生产品，但因缺乏统一的包装宣传和专业的品牌策划而尚没有做大做强。其他的 IP 授权模式或创新创意思维，更是空白。

（二）开发原则

1. 注重体验与保障安全相结合原则

无论是作为"非遗"项目，还是作为一种水上运动，要与游客产生互动和共鸣，最直接的方式就是让"旁观者"变"实践者"，在安保设施齐全、保障安全能力足够的情况下，到舟艇上实地体验，将游客群体的身份暂时调整为俗民群体的身份认同，凸显民俗的传承性和扩布性的特征，让游客身临其境地去感受活动乐趣和技艺妙处。这有助于吸引越来越庞大的群体参与"非遗"项目的水上运动，激发他们的兴趣，从而扩大"非遗"项目中水上运动的影响力，采取注重体验与保障安全相结合原则，为开发体验式或休闲运动型的旅游项目奠定群众基础。

2. 遵循原生与适度创新相结合原则

由于要迎合政府策划的文化节等活动，中山"非遗"项目中的水上运动并未能完全做到在传统节日举行，但在传统节日仍有由当地俗民自发举行的小规模竞渡。若一味地求新求异会让民俗中的维系功能丧失，从而也丧失了民俗旅游的社会意义和文化价值。这就要求我们在探索中山当地水上运动与民俗旅游资源开发路径时，要采取遵循原生与适度创新相结合原则，既尊重和保护现存民俗的原生态，又要适当地采取创新手段，运用掌握好民俗的稳定性和变异性的规律，对旅游市场、旅游产品进行开发。

3. 组团发展与错峰开展相结合原则

从民俗学的视角看，中山市"非遗"项目中的水上运动尽管分布于不同的镇区，但具有普同性，都彰显着维系、调节、审美等社会功能，可实行城区片区与北部片区的组团发展，而且从前文所述可知，市域内的水上运动在时间上刚好错开，形成夏秋两季的活动峰期。这种组团发展与错峰开展相结合的原则，可以实现资源共享，避免重复建设，从而统筹全局地对水上运动与民俗旅游资源进行有效整合和科学开发。值得注意的是，这里的"组团"应当包括两个层面：一是外部空间片区的联合，二是内部资源要素的整合。

4. 社会公益与市场经营相结合原则

民俗中的教化功能、规范功能决定了对水上运动与民俗旅游资源整合的公益属性，但单纯注重公益投入未必就能使得民俗活动广为传续，娱乐日益多元化的今天让年轻一代无暇体味到民俗传统活动的乐趣和情感认同，这些也是各类"非遗"项目尤其是在沿海发达地区出现传承人青黄不接、后继乏力甚至断层的原因之一。因此，可尝试采取社会公益与市场经营相结合原则，让活化石般的"非遗"民俗可以通过市场化去焕发新姿，历久常青。

5. 增进内涵与产业培育相结合原则

前文也论述到在整合开发的过程中存在完整产业链条欠缺的问题，这就要求中山市在开发"非遗"项目中的水上运动时需要进一步发掘民俗文化，采取增进内涵与产业培育相结合原则，为产品设计理念、开发提供文化底蕴和历史故事，助力上下游产业链条的延伸和产业生态圈的培育。

6. 拓展外延与多元搭配相结合原则

应结合中山市原有的"一镇一品"工业旅游基础，发散性地扩大和拓展民俗旅游业的外延，并利用老字号商铺、现代商圈、当代品牌、城市综合体、地方美食、传统小吃、特色手工、技艺绝活等，将各个景点有机地串联成线，进行包括文化研学、信仰仪式体验、现代文明采风以及商贸采购、美食尝鲜、手工定制、农业观光等内容的各类旅游路线的精心策划、多元搭配、整体输出。

（三）实施路径

根据中山市"非遗"项目中的水上运动与民俗旅游资源整合的基础和原则，提出实施路径的建议对策如下。

1. 政府牵头，全局统筹，适时易角

由市文化广电旅游局等对口职能部门牵头，充分调研全市现有资源及整合的可行性，以打造人文湾区高地的全局之视野，统筹协调教体、海事、水利等相关部门，搭建架构：一是成立民俗文旅方面的研究机构，培育熟悉本土市情、具有情感维系的自主科研团队，在解决本土研究人员"留得下、待得久"的问题的同时，要坚持以"请进来、送出去"的方式提升团队的科研素质和综合实力；二是成立针对"非遗"项目的水上运动协会，整合教练及运动员资源，为产业化后的整体输出储备梯队；三是探讨通过合作办学等方式，在中山体校开设"非遗"水上运动课程或专业；四是鼓励有条件的中小学在体育课、第二课堂兴趣班或市青少年宫开展相关的水上运动教学、水上运动体验、水上运动夏令营等，加强"非遗"项目的传承力量；五是甄选、引进市场开发实力强和运行管理经验佳的大型文体公司或文旅公司，共同出台产业发展规划并稳步推进、落到实处。让专业的机构干专业的事，而且是有规划、有步骤地做事。并且要适时"易角"，真正地做到"政府搭台，企业唱戏"，不能像以往那样政府"搭台"，但依然是由政府"登台唱戏"。地方政府也要随之调整角色，从"主办方"变换为"协调者"，服务企业，辅助文旅产业的发展，让其以社会效益和税收收益来反哺政府。具体可先以石岐为试点，将龙舟文化主题公园的看台承包或出租给引进企业经营，也可探索采取对其先行免租扶持，或免费供其使用，但看台座椅每年的维护与保洁费用由企业承担等多种灵活的合作方式。还可考虑合作开发沿江风情的休闲户外餐饮进行统一招租，利用新媒体、流量经济，包装、打造一批契合当前消费群体需求偏好的文化网红店等，适时打造龙舟文化特色小镇。

2. 市场介入，内部激活，焕发新生

市场运作的介入首先是资本的介入，通过招才选资、直接引进、众筹或 PPP 等模式，遴选优质资本介入对水上运动与民俗旅游资源的整合开发。通过运用俱乐部经营模式、开办培训班及购买服务的形式承包、承办、承接政府节庆活动、教育系统的教学，中小学的第二课堂或青少年宫、妇女儿童活动中心兴趣班等，大规模推广水上运动教育教学，通过内部激活兴趣，培育市场需求。除了上述政府购买服务的营利模式，企业还应利用好自身的办训、办赛的专业平台和操盘团队，统筹所有资源，在固有的水域场所，错峰错时地推出不同的文旅产品以提升资源的循环利用率、节约成本、实现增收：一是通过推出自有的培训产品激发在地体验消费；二是对现有的节庆赛事进行升级、提质、增效、创收，通过策划举办或引进全国乃至世界有影响力的赛事，或邀请明星进行水上运动表演，售卖门票以及包括门票信封封底，看台横幅、门额、座椅靠背，宣传官网、公众号、订阅号等在内的平面、现场、线上、线下等全域广告位、冠名权进行营利。其中预留一定份额的广告位用于对民俗文化进行宣传，并通过基金会运作赞助、支持民俗传承公益项目，既让文旅产业自成气候，又让"非遗"民俗传统在市场氛围中得以焕发新生。

3. 学界助力，多方参与，产业运营

一是当地高校应面向修读会展、营销、广告、传播等专业学生开设相应的文化节庆策划营销、民俗体育运动俱乐部管理、民俗学概论等方面的专业课程或选修课程，并在当地的相应企业设立实习基地，在理论和实操两个层面培养人才，助力民俗文旅产业发展；二是高校或科研机构的教授、专家学者要投入对民俗文旅产业的课题研究，长远规划和动态监测相结合，及时为企业排忧解难、指点迷津，为产业把正航向，政府部门对此类课题应给予倾斜扶持；三是动用高校、科研机构和协会的力量，通过引进名师工作室或举办设计新秀竞赛选拔文创产品、文创项目设计方案，集合力量开发民俗文化的衍生文创产品、文创项目，由企业负责投产或争取风投，全面延伸产业链条，实行产学研一体化发展；四是引导当代艺术收藏界对民俗文化、民俗工艺的认识、认可和关注、鉴赏，并与电视台、拍卖行及知名网站、网红平台、抖音团队等合作打造线上线下全方位的产品运营。

4. 三体联动，以点带面，文旅融合

通过参加旅游会展集中向外推介、依托"互联网＋旅游"的宣传推广平台、与外地旅行社组织策划"让利团""研学团"促销等多种方式，引导旅游主体（旅游者）、客体（旅游产品）、介体（旅游业和贯穿在其中的旅游活动）三体之间的有效链接、动态循环、良性流转，聚力"非遗"项目中的水上运动和民俗旅游资源整合开发的支点，以点带面地促进文旅融合。

参考文献

［1］钟敬文：《民俗学概论》，上海：上海文艺出版社，2009 年。

［2］中山市人民政府西区办事处：《中山市西区文化保育与传承》，《财富》2015 年第 4 期。

［3］李铭霞：《黄圃历史文化》，珠海：珠海出版社，2010 年。

［4］长洲社区居民委员会：《长洲村志》，2006 年。

［5］中山市黄圃镇人民政府：《黄圃志》，1997 年。

［6］郭晋媛：《山西传统村落旅游开发动力机制研究》，《技术经济与管理研究》2019 年第 2 期。

［7］黄金湖：《长洲仙艇民俗初探》，《芒种》2017 年第 5 期。

［8］黄金湖：《长洲仙艇民俗刍议》，《中山社会科学》2017 年第 4 期。

［9］黄金湖：《中山名人文化资源开发利用研究新探》，《2018 中山市社会科学学术年会之四——中山市名人文化资源研究和利用专场论文汇编》，2018 年。

模范县时期的翠亨建设

——以中山县立乡村师范学校和中山农事试验场为视角

庄　迎[*]

摘要：模范县时期是历史上中山在全国地位最高的一个时期。1929 年 2 月，中山县作为全国唯一的模范县，率先试行训政，为全国 1 700 多个县树立经济、社会、文化建设的典范，其建设活动一直延续到 20 世纪 30 年代中后期。当时，中山县享有超一流的政治地位和充分的财权、军权，延请著名知识分子做智囊，在社会各领域实行了许多创新举措，大胆改革，积极发挥引领作用。翠亨作为孙中山先生的故乡，从乡村教育、农林经济两大方面发力，试图成为全国乡村建设的模范，走出了一条与众不同的建设之路。这一时期的翠亨建设虽不一定成功，但已经具有敢为人先、实行跨区域合作等特征，吸引了全国的关注。课题报告从微观角度入手，选择 20 世纪 30 年代翠亨村中山县立乡村师范学校、中山农事试验场两个前人缺乏关注的机构进行个案研究，讨论翠亨村模范建设的情况，考察翠亨在向全国乡村模范这一目标前进途中付出的艰辛努力和存在的局限性。

关键词：中山　模范县　中山县立乡村师范学校　中山农事试验场

一、前言

1929 年 2 月 8 日，南京国民政府第十九次国务会议召开，决定中山县作为全国模范县试行自治，实施训政。中山县作为模范县在全国享有特殊政策，县长为南京国民政府特任，不受省政府统辖；各级政府不得驻军，自行组织"县兵总队"，拥有独立的武装；最关键的是，地方税收留作地方使用，不用上交省库。[①]因为特殊的管辖机制和充分的财权、军权，模范县享有全国超一流的政治地位，一时声名显赫，一举一动频频见诸报端，引起全国范围内的高度关注。

翠亨是孙中山先生出生的地方，地方虽小却地位重要，成为中山建设模范县的一个重要试验田，引来各方面瞩目。当时往来中山县的社会名流络绎不绝，免不了去距离县治唐家不远的翠亨拜谒孙中山故居，他们或留下诗词墨迹，或提供规划建议，给

---

[*]　作者简介：庄迎，孙中山故居纪念馆文博馆员。

[①]　《广东中山县之殷富》，《兴华》1934 年第 31 卷第 43 期，第 37－38 页。

翠亨留下一笔思想遗产。

伴随模范县建设的热潮，翠亨也开展了一系列改良乡村教育、发展现代农业的改革，朝着全国乡村模范的目标而努力。村中设有两所重要的机构——中山县立乡村师范学校和广东省建设厅农林局中山农事试验场。中山县立乡村师范学校在翠亨杨兼善祠、杨仰仙祠、杨寅庵祠等处，中山农事试验场在杨莱礼堂处。这两个机构经过优秀知识分子规划，调动了大量资源，甚至进行了跨区域合作，是当时践行孙中山思想、改造孙中山故乡的重要成果，可惜的是它们长期不为人所知。文章试图还原当时两个机构在翠亨发展的基本情况，从文化教育、农林经济、旅游观光等方面讨论相关建设取得的成绩和面临的困境，希望借此丰富对中山历史文化的认知，发掘乡村旅游文化资源，弘扬地方文化自信，为大湾区框架下中山提升旅游文化定位提供些微启发。

二、文化教育——中山县立乡村师范学校

中山县立乡村师范学校前身是诞生于1913年的香山县师范学校（今中山市实验中学），历史上几经变动、数易其名。1929年更名"中山县立乡村师范"，1930年冬迁往翠亨办学，以杨兼善祠、杨寅庵祠、杨仰仙祠等地作为校址。

1934年春季学期，中山县立乡村师范学校由总理故乡纪念中学校董会代办，纪中校长黄中廑同时担任中山县立乡村师范学校校长。由于当时纪中校舍竣工但尚未招生，乡村师范学校借纪中校舍上课，原校园便被附近居民侵占，校舍拆剩颓垣断墙，校方诉诸法律后收回土地重建校舍。1934年11月，乡村师范学校迁回原址，改称"中山县立简易师范学校"。1938年10月日军进犯广州之后，学校停课。1939年1月，中山县立简易师范学校与县立中学、县立女中合并，前往南屏复课，校名为"中山县临时联合中学"，结束了在翠亨办学的历史。[1]

（一）中山县立乡村师范学校的办学情况

1. 办学条件

中山县立乡村师范学校1930年10月前往翠亨办学后，全校学生几乎都在校寄宿。学校地处乡村，办学条件十分简陋。根据搬迁当月的记载，学校在杨兼善祠和杨寅庵祠之间的旷地上盖搭葵棚，将杨兼善祠和葵棚作为教室。杨寅庵祠充当学生宿舍，可容学生120余人。附近的杨仰仙祠一部分作为膳堂，另一部分作为宿舍。没有专门设立仪器室，阅书处暂时用校舍两廊充当，计划设立农场和畜牧场。[2] 由于校舍"系乡中祠宇，地方浅窄，不敷办公"，到了1932年时，"增招新生一班，学生人数，

① 张海经主编：《百年变迁：中山市实验中学校史（1913—2013）》，广州：广东人民出版社，2013年，第8–9页。
② 《中山县立乡村师范学校报告书》，《民国文献类编》（第829卷），北京：国家图书馆出版社，2015年，第327页。

比上年多三分之二有奇，而各生均非通学，原有宿舍，实不敷用"，所以学校只得另租民房作为学生宿舍，也曾一度借用隔壁总理故乡纪念中学的校舍。中山县立乡村师范学校用地紧张、经费有限，条件非常艰辛。

2. 师资力量

1934 年春，原上海暨南大学教授黄中廑受孙科委托，带了几名学生到翠亨主持总理故乡纪念中学的工作。由于纪念中学还在筹创时期，并未开学，中山县政府将同在翠亨的中山县立乡村师范学校交给总理故乡纪念中学的校董会代办，由黄中廑担任校长。除了 1934 年春季学期外，总理故乡纪念中学至少还代办了当年的秋季学期。① 自从代办之后，中山县立乡村师范学校在黄中廑的带领下，面貌焕然一新。

因为孙科重视总理故乡纪念中学的建设，所以当时纪念中学教员的专业素养在同时代的中学教师中都是出类拔萃的。除了黄中廑外，许多教员都是暨南大学毕业的。比如唐颖坡，中山县唐家湾人，1931 年夏毕业于暨南大学，孙科 1933 年初出任立法院院长时他曾经任立法专员，后来到纪念中学任老师，同时也参与中山县立乡村师范学校的校务，之后担任过该校校长。再比如刘毅勋，也是暨南大学毕业，曾在中山县立乡村师范学校做教员。有了这样一批教员，学校的教学水平和管理水平大为提高。

3. 学生活动

学校在改办中山县立乡村师范学校时，还设立了学生自治组织——模范村，"以培养自治能力，训练合作精神，整肃共同生活的纪律，增进团体行动的效能，及养成改造乡村教育实施才干为宗旨"。"全校学生均为村民，应尽村民之义务与权利，全村行政设村长一人，村制以村民大会为立法机关，同时为最高权力机关，全村村民皆得行使其选举权、罢免权、创制权、复决权。"模范村是当时乡村建设运动的产物，中山县立乡村师范学校把学生自治组织命名为"模范村"，学生都是"村民"，体现了让学生与乡村融合的理念和以乡村学校自治带动乡村自治的意图，践行了陶行知"乡村学校做改造乡村生活的中心"的主张。

中山县立乡村师范学校的学生有着"改造社会的精神"，积极投身到抗日活动中，学生中涌现了一批抗日先进分子。中山市档案馆保存了一份《抗日宣言》，是"九·一八"事变之后中山县立乡村师范学校宣传部制作的，宣言文辞鞭辟入里、情感磅礴，展现了学子们强烈的爱国意识和社会责任感。林天任、谭则刚、袁世根等在同学之间发起成立 ABC 学术研讨会，组织同学阅读进步书籍、报刊，投身到宣传抗日救亡的行列中。袁世根、谭则刚等几个三区的同学寒假期间组成抗日宣传队，在本区和附

---

① 《本校续由纪念校负责代办之确息》，《翠亨》1934 年创刊号，第 15 页。

近的江门、台山、新会等地区开展抗日宣传，募捐筹得数百元现款支援东北抗日义勇军。[①]

（二）中山县立乡村师范学校与翠亨的社会改造

乡村师范学校的一个特点是服务乡村、促进乡村建设。中山县立乡村师范学校在教授课业之外，特别重视社会实践活动对学生品格的塑造。当时"翠亨附近街道，经年不修，每遇天雨，道路泥泞，行人裹足"，[②] 中山县立乡村师范学校发起了在翠亨修路的活动。学校负责地面筑路工作，翠亨乡和中山农事试验场负责修渠工作。[③] 1934年5月1日，学校全体学生一百七十余名仿照军队形式分成三个军团，分三路进行修筑。[④] 当天上午九点到十二点、下午两点到五点，学生们一天之内修完了翠亨全长五千尺的三条道路，"使翠亨乡焕然一新，乡人叹为观止"，充分展现了他们团结协作、服务周边社会的精神。

（三）郑洪年对翠亨乡村师范学校的规划

黄中廑作为暨南大学的教授，和学生一道放弃上海的优渥生活来到千里之外普通的乡村办理中等教育，这在今天有点难以想象。除了他受孙科委托之外，更重要的是，当时暨南大学的一批优秀知识分子，希望在孙中山的故乡翠亨树立建设全国乡村教育事业的楷模，进而推广开来推动整个国家教育事业的进步。

郑洪年是有名的教育家，也是暨南大学的创办人之一。1932年时任暨南大学校长的郑洪年游历翠亨之后，在《暨南校刊》上发表长文《对于中山县翠亨乡教育实施设计纲要》，为把翠亨打造成全国乡村教育的模范出谋划策。他写在文章开头的话可以代表这批知识分子在翠亨发展乡村教育的用心：

> 洪年游翠亨乡，虽仅作短时间之观察，然欲于斯地实施建国根本之三民主义的乡村教育事业，实为一大好场所，将由一乡一邑推而至楷模全国，事固非难也，惟兹奠基伊始，苟措施稍一失当，适足以蹈近代教育之病态，其弊害所底，或有过而能改甚焉者……

除了建设乡村教育的楷模之外，郑洪年也希望在翠亨的教育试验可以走一条创新的道路，纠正近代教育的通病。纲要指出，适应生活环境、保持固有美德、造成社会中心，是在翠亨办学校必具之原则，可以"入其境，观其俗，而知其为模范闾里也"，

---

① 中共中山市委党史研究室编：《中国共产党中山地方史》（第1卷），北京：中共党史出版社，2010年，第112页。
② 《本校员生修筑附近乡村道路》，《翠亨》1934年创刊号，第17页。
③ 《求学问和学做人：四月廿三日纪念周校长训辞》，《翠亨》1934年创刊号，第3页。
④ 《本校员生修筑附近乡村道路》，《翠亨》1934年创刊号，第17页。

主张乡村学校要保护和适应乡村的自然环境，保持淳朴风气，摒弃城市享乐主义的不良习气，抵抗人口外流城市而乡村衰败的潮流。

郑洪年提到的乡村师范学校的目标是"养成农夫的身手，科学的头脑，艺术的兴趣，改革社会的精神"，正是陶行知的观点，可见郑洪年对翠亨乡村师范学校的规划，受到陶行知的影响。郑洪年针对翠亨的实际情况，提出了一些针对性的建议，如让学生承包翠亨的农田自己生产，每日读书半天耕作半天，都是因地制宜的。他提出让乡村师范学校的校长兼任教育局局长，赋予乡村师范学校校长很大的权限，体现了他对在翠亨设立乡村师范学校的重视。从他设计的纲要来看，在翠亨设立的乡村师范学校的重要性，甚至胜过孙科筹设的总理故乡纪念中学。

郑洪年让学校"造成社会活动的中心"，主张学校主动开放介入乡村事务之中，承担一些社会改造职能。比如学校要组织村民开展卫生运动，对村民进行农业生产培训、军事培训、公民常识培训，领导自治会等。民国时期不再有科举制度，地方乡村社会秀才、举人这一类"乡贤"人物逐渐缺失，新时期需要一批具有新知识结构的人领导乡村社会，郑洪年把希望寄托在了中等学校的师生身上，希望学校能担负起过去"乡贤"的一些职能。这个方案赋予了乡村里的中等学校更大的权力和更大的义务，和我们今天所理解的"乡村学校"大大不同。

（四）小结

中山县立乡村师范学校在翠亨存在的时间和中山建设模范县的时间相重合，时人对这所位于孙中山故乡的乡村师范学校寄予厚望，为其设计了纲要，希望它成为全国乡村教育的楷模。然而受环境限制，该校条件简陋，虽有一批优秀的知识分子短暂主持校务，实际办学情形难当"模范"两字，没能产生较大影响。学校在翠亨办学时间虽短，却也发挥了应有的作用，留下一些宝贵的思想资源。

中山县立乡村师范学校培养了一大批中小学师资，解决了小学师资匮乏的问题。学校培养的一批杰出校友，如谭桂明、杨日韶、袁世根等，也曾在中山县的抗日战争中做出突出贡献。

中山县立乡村师范学校在办学过程中，不仅教书育人，更注重社会活动对学生思想品格的启发，重视对乡村的服务作用，这在现在看来也是非常先进的教育理念。郑洪年对翠亨的乡村师范学校也有擘画，主张让学校成为乡村活动的中心，承担一些社会改造的职能，提供了认识民国时期乡村学校的另一种视角。

三、农林经济——中山农事试验场

如果说设立中山县立乡村师范学校是从教育方面着手提升乡村文化软实力，那1931年在翠亨设立的中山农事试验场就是从农林经济出发打造乡村经济科技硬实力。中山农事试验场是广东省建设厅农林局跨区域设置的一个农业试验场所，其建立初衷就是要采用西方先进的科学技术促进农业发展，为凋敝的广东农业起到示范带头作用。

中山农事试验场汇集了外来的高学历、高技术农学人才，大力开拓翠亨周边荒山进行各项农林试验，开发范围广、项目规模大、技术含量高，取得了不错的成果，形成了可观的农林产业。试验场在发展过程中也面临自然环境不适宜、人员流失和地权纠葛等困境，虽一度改名转变发展方向也难挽颓势。1937年，广东省建设厅农林局放弃了在翠亨的经营，将其移交给总理故乡纪念中学管理，至此，翠亨建设模范农业的试验黯然收场。

（一）中山农事试验场的沿革

1931年11月5日，广东省建设厅农林局中山农事试验场在翠亨设立，归农林局下设的农艺系管辖。1935年8月，鉴于各大学有不少研究试验方面的工作，该试验场的最重要目的还是大量繁殖经济作物、供给人民优良种子，所以改名为中山经济作物蕃殖场。①

1937年，经总理故乡纪念中学呈请，报广东省政府委员会批准，中山经济作物蕃殖场拨归总理故乡纪念中学接管，全部经费也拨归该校领支。② 总理故乡纪念中学接管后疏于管理，中山经济作物蕃殖场多次出现了苗木被盗的情形。③ 1940年3月，因为日军侵华，翠亨等地相继沦陷，总理故乡纪念中学不得已将农场、校舍等借予中华圣公会港粤教区难民救济会应用。④ 至此中山经济作物蕃殖场的情形每况愈下。

（二）中山农事试验场的运作情形

中山农事试验场位于翠亨的东面，水口山是农场的中心地点，包括金槟榔山、牛山、夏山等荒山，连接海坦，有四千多亩地。从初期规划来看，试验场规模较大，范围延伸到翠亨之外的竹头园村等地。

农场进行三方面的试验：一是在竹头园东南平坡辟地二百余亩作为水稻试验区，在海坦一带先完成堤基一处，防止海水倒灌，计划用沙田千亩进行沙田稻作试验。二是在竹头园东南平坡辟地二百余亩作为甘蔗试验区。三是畜种试验，地点定在试验场对面山岗上，划地约五百亩设风缎园，进行果树、园艺、蔬菜等试验，同时在场内建筑牧场进行畜产试验。规划的试验中，包括直播与移植比较试验、沙田稻作纯系种育

① 秦孝仪：《革命文献》第105辑《抗战见过史料·农林建设·四》，台北："中央"文物供应社，1986年，第5页。冯锐：《序》，广东省建设厅农林局中山经济作物蕃殖场：《广东省建设厅农林局中山经济作物蕃殖场专刊》，1936年，第1页。
② 《广东省政府第七届委员会第六十次议事录》，广东省档案馆：《民国时期广东省政府档案史料选编4》，1988年。
③ 《查私立总理故乡纪念中学农场被匪徒偷斩树木一案》，中山市档案馆藏，档案号1/A1.4/564/13。
④ 《函定伯院长、所有翠亨中小学校舍、农场及贮存家私校具并繁殖统借贵院》，中山市档案馆藏，档案号1/A1.4/578/52。

成等二十余种，具备相当的专业性与技术含量。[1]

中山农事试验场的职员，设有主任一人、技士一人、技佐并监工一人、其他人员若干。许多技术人员由广东省建设厅农林局从广州派到中山农事试验场工作。[2] 农事试验场主任是古桂芬，曾在岭南大学农科、加利福尼亚大学学习农学，在秘鲁开过农场，应钟荣光之邀参与筹备岭南大学农学院。1931 年时，他担任岭南大学农学院副院长兼岭南大学农艺系主任和广东省建设厅农林局技正兼农艺主任。[3] 他可以说是当时岭南地区最优秀的农学家之一，富有经营经验，由他来担任中山农事试验场的主任，可见农林局对中山农事试验场的重视。

图 1　广东建设厅农林局中山经济作物蕃殖场
廿五年度（1936 年）垦殖图

根据 1936 年中山经济作物蕃殖场的垦殖图（见图 1），当时农场面积非常大，有农作物区、草麻区、绿肥种子蕃殖区、园林区、龙眼区、荔枝区、苗圃、畜牧场八大区域。除了翠亨之外，中山农事试验场还与南雄县政府合作，在当地合办了烟作试验场，推出了给烟民贷款扶持种植的政策。

中山经济作物蕃殖场发展到后期的情形，可以从总理故乡纪念中学接管时期的清册窥探一二。移交清册里记录，中山经济作物蕃殖场资产中畜牧养殖很少，果蔬、树木的数量众多，名目数百种，有上十万株的规模。其中荔枝、合欢、土松、森树、琼州菠萝、新种琼州菠萝、菠萝这些经济作物的种植规模每种都超过了万株。中山经济作物蕃殖场内设标本林和温室，树木分了好几个区种植，还有贩卖大叶尤加利的记载。[4]

① 《举办广东建设厅农林局中山农事试验场计划》，广东省档案馆藏，档案号 006 - 003 - 0720 - 105 ～ 112。
② 《举办广东建设厅农林局中山农事试验场计划》，广东省档案馆藏，档案号 006 - 003 - 0720 - 105 ～ 112。
③ 区权达：《古桂芬传略》，《珠海文史》（第 15 辑），中国人民政治协商会议珠海市委员会文史资料委员会，2005 年。
④ 《私立总理故乡纪念中学代办中山经济作物繁殖场及其他公物移交清册及农场公物移交清册》，中山市档案馆藏，档案号 1/A1.4/564/8。

该场科研和经济效益并重，在手续交接前保持了非常可观的种植数量，应当产生了不少的经济效益。

（三）中山农事试验场与岭南大学农学院

模范县建设时期，中山吸引了不止一个试验农场入驻。1932年3月，经中山人钟荣光活动，新县长唐绍仪批准中山县拨一万亩荒地给岭南大学作为农场，地点位于会同乡至牛栏坡一带，古桂芬担任岭南大学会同农场主任。

中山人古桂芬当时既是岭南大学农学院的副院长，又兼任广东省建设厅农林局技正兼农艺主任，主持翠亨中山农事试验场的工作，因此中山农事试验场与岭南大学农学院共享人才和资源，产生了密不可分的联系，岭南大学农学院和广东省建设厅农林局的新技术都能在中山农事试验场加以应用，翠亨的农业发展取得长足进步。例如，岭南大学农学院在会同农场应用了世界领先的生产设备，租借了著名的美国克得必拉公司垦荒筑路机。中山农事试验场因为与岭南大学农学院的特殊关系，就借到了这台先进机器，用于翠亨路、皓东路及场浦支路的修筑工程，不到两星期修好了三万四千英尺的道路。古桂芬称赞克得必拉垦荒筑路机比建设厅拨给的美国福特垦荒机更为好用。[①]

中山农事试验场依靠广州的广东省建设厅农林局和岭南大学，拥有全省顶尖的技术人才，采用先进的生产设备，代表了当时广东农业发展的先进水平，是广州与中山两地资源和技术互补、互惠互利开展农业合作的典范。

（四）中山农事试验场的困境

虽然中山农事试验场在建设过程中取得了一定成绩，1937年农场已经具有数十万株林木的可观规模，却最终被广东省建设厅农林局放弃，这样一个宏大的农业振兴计划就此夭折，其原因可能有以下几个方面：

自然条件不适宜。中山农场地形多是坡地丘陵，因为附近农民常年伐草烧山，水土流失严重，土壤贫瘠，难以蓄水。这些地之前都是荒地，在初垦时虫害又特别严重。而农场临海滨，风力强劲，大部分地区也饱受风灾影响。为了克服自然条件的弱点，技术人员只能实施绿肥提高土壤肥性的试验。[②] 当初靠行政之力在翠亨设立场址，并没有充分考虑自然条件对农业区位选择的重要影响，以至于试验过程不甚理想，这也许是农场被放弃的一个重要原因。

人员问题流失。派驻到中山农事试验场工作的人员多来自广州，他们习惯了大城市繁华方便的生活，到翠亨这一小山村生活多有不便。古桂芬直言："惜间有技术员

① 古桂芬：《本场施业概况》，广东省建设厅农林局中山经济作物蕃殖场：《广东省建设厅农林局中山经济作物蕃殖场专刊》，1936年。

② 古桂芬、谭仲约：《本场工作过程与今后设施计划》，广东省建设厅农林局中山经济作物蕃殖场：《广东省建设厅农林局中山经济作物蕃殖场专刊》，1936年。

不惯乡村生活，或因职务关系，时有更调。致场之进展，稍受影响。"广东省档案馆藏有中山农场园艺系技佐王哲夫的呈请，来翠亨后不到一个月，他就以水土不服、发生腹痛等症为理由，请求调回广州工作。① 虽然建设农业示范点的理想十分高远，普通的办事员却不能都依赖情怀工作，乡居生活不易，人员流失变动也会给农场建设带来麻烦。

农场与周边村民地权之争。按照时任农林局局长冯锐的说法，中山农事试验场创办之初不愿收用农民的土地，择址荒山作为农场，想成为各地开发荒山的模范。在勘察划定场址之后，邻近各乡都无异议，但是崖口的乡绅表示反对。农场开辟荒地到达崖口一带时，"起出疍民骸骨多具，正拟择地另为安葬"，却不料崖口乡绅"借事生风，架以毁骸灭骨大题目，纠合该乡无赖，围困本场办事处凡二次，及摧残果木数十株，后由建厅令中山县政府派兵弹压，事乃寝息"。② 中山农事试验场只得借助地方政府派兵弹压平息事端。调查报告显示，产生纠纷的地区并不都是乡民坟场，如沙岗区域有九成是村民新挖的假坟。事情的结果是，广东省建设厅命令中山农事试验场做出了让步，将原来圈进中山农事试验场界址内的沙岗片区划出农场范围之外。③ 古桂芬感慨："为土地权纠纷与乡村间之复杂问题，使有心垦殖者，每因是项问题之难于解决，而至裹足不前。"④ 作为一个外来机构在翠亨进行建设，中山农事试验场在本地遇到地权纠纷，没能获得一个良好的外部环境，处理矛盾时也处于下风，自然影响了农场开荒发展的步伐，也打击了外来人才干事创业的积极性。

（五）小结

中山农事试验场创办时定位很高，希望通过开展农业育种等科学试验找到提升农作物质量和产量的途径，树立全国农业发展的模范，拯救日益疲敝的农业。农场的规划宏大，建设规模非常可观，足足划定了四千亩地的发展范围，将翠亨与竹头园、崖口等周边村落连成一片，远远超出了现在翠亨任何一个项目的规模。农场非常重视人才和科技的作用，从广州调来了省内顶尖的农业技术人才，采用最新式的外国生产机器，开展缜密的科学农业试验。在建设过程中充分因地制宜，开发荒山获得活动空间，根据自然条件及时调整试验方向。可以说，中山农事试验场的定位有远见，规划有气魄，实施有策略。

---

① 《关于呈请调回广东省农林局园艺系工作一事的呈文》，广东省档案馆藏，档案号 006 – 003 – 0025 – 061 ～ 064。
② 古桂芬：《本场施业概况》，广东省建设厅农林局中山经济作物蕃殖场：《广东省建设厅农林局中山经济作物蕃殖场专刊》，1936 年。
③ 《广东省政府建设厅关于划分中山农场和保留墓地的界线一事的训令》，广东省档案馆藏，档案号 006 – 003 – 0721 – 005 ～ 006。
④ 古桂芬、谭仲约：《本场工作过程与今后设施计划》，广东省建设厅农林局中山经济作物蕃殖场：《广东省建设厅农林局中山经济作物蕃殖场专刊》，1936 年。

然而农场从创办到放弃管理，建设时间只有短短六年。受到自然条件、人才流失、地权纠纷等因素掣肘，农场取得一定成绩后没能延续下去，实属遗憾。中山农事试验场的发展过程中，扩大建设规模、引进人才技术、开展跨区域合作、因地制宜保护生态等思想仍然值得今天借鉴学习，也证明了翠亨新区和南朗发展生物医药、现代农业产业具有悠久的历史渊源。

四、旅游观光——模范县的展示窗口

（一）作为模范县旅游窗口的翠亨

翠亨进行模范县建设之后声名远播，吸引了来自全国的目光。加之岐关车路的修筑大大便利了交通，给翠亨带来了来自广州、香港、澳门、上海等各地的游客。

诸多史料表明，民国时期翠亨是一个著名的旅游胜地，往来游客众多。除了孙中山故居那一栋两层的小楼之外，中山农事试验场、总理故乡纪念中学、中山县立乡村师范学校也是当时的游客参观翠亨的目的地。翠亨作为一个旅游景点已脱离了单纯的伟人故里的属性，成为展示中山模范县建设的一个窗口。

（二）翠亨诗文作品拾遗

往来翠亨的众多社会名流留下了大量的游记、历史照片、绘画和诗歌等文艺作品，整理和利用这些文艺作品，对当今推广中山和翠亨旅游具有积极意义。部分新发现的作品极具历史和艺术价值，国民党元老于右任的翠亨组诗三首就是其中代表。

1933 年于右任在《文社月刊》上发表了《恭谒总理故居》一诗："山环海绕翠亨，郭外朝西故宅存。世界劳民思救主，同来瞻拜圣人门。"这首诗第一句描绘翠亨周围优美的地理环境；第二句很特别，点明了孙中山故居朝西这一打破常规的特色；最后两句高度赞扬孙中山，表达人民对他的缅怀之情。

又据李楚材《忆于右任先生二三事》一文，于右任游览翠亨作了《翠亨杂诗五首》，他只记得其中两首，一首即《恭谒总理故居》，另一首是："当年首义同堂者，大节骁骁天下闻。一代人豪争想

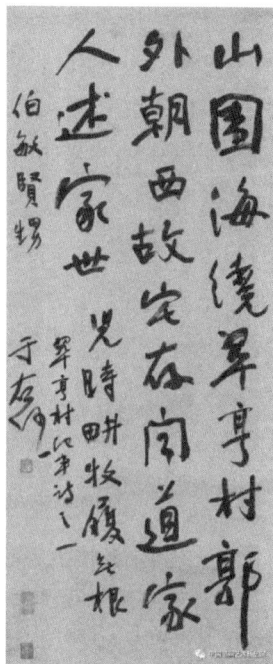

图 2　于右任：《行书翠亨村纪事诗之一诗轴》，纸本行书 125 cm × 52.4 cm，台北故宫博物院藏

象，犁头尖畔（下）陆公坟。"① 这首诗称赞了翠亨孙中山和陆皓东两人革命"首义"的功绩，提到了翠亨地名"犁头尖"，是少有的名人赞扬陆皓东的旧诗。

《于右任诗词集》收录了《诣翠亨村》三首，比李楚材的记录又多了一首："犹有遗闻寡姊传，墙隅手种树参天。井旁两世降生地，老屋翻修三十年。"② 这首诗第一句高度概括了孙中山胞姐孙妙茜在民国时期守护孙中山故居、保存孙家文物和传播孙中山事迹的贡献；第二句提到了孙中山亲手种植百年古木酸子树的故事；第三、四句则涉及孙中山祖屋旧址和1892年孙中山亲自设计主持建造的西装屋，体现了孙中山在翠亨的居所发生改变这一史实。根据"三十年"判断，于右任来翠亨游览的时间应当为1922年。

于右任的这组诗优美工整，最值得称道的是，翠亨及孙中山故居的景点名称、旅游特色、人文故事都被涵盖在内，加之诗句晓畅易懂，非常适合作为讲解或者文化旅游资源推广的素材使用。

更让人惊喜的是，《恭谒总理故居》一诗还有于右任书法作品《行书翠亨村纪事诗之一诗轴》传世，款识有"题赠伯敏贤甥"的字样，但是诗的内容有所变化："山围海绕翠亨村，郭外朝西故宅存。闻道家人述家世，儿时耕牧履无根。"诗的最后两句由直接歌颂孙中山变为追忆他艰苦的童年生活来引人追思，诗理上更加含蓄委婉。于右任是近现代书法史上绕不开的重要人物，他1931年成立草书社从事历代草书的研究与整理工作，并致力于标准草书的书写与推广，被誉为"当代草圣""近代书圣"，《行书翠亨村纪事诗之一诗轴》笔法生动、顺乎自然，被视为于右任的书法精品，被多个书法集收录，它的出现显著提升了翠亨相关文物资源的艺术水准。

五、思想遗产——翠亨模范县建设的当代启迪

模范县时期翠亨作为孙中山先生的故乡，成为许多仁人志士探索试验的重点区域，在历史上的重要意义不亚于唐绍仪进行重点建设的唐家湾中山港区。检视时人对翠亨的开发计划和两个机构的运行情况，有以下启迪：

（一）格局高远——翠亨作为乡村楷模的发展思路

翠亨与唐家湾虽然地隔不远，但在模范县时期似乎代表了两种截然不同的发展路径。唐家湾中山港区进行了交通、工业建设，希望中山有着更加城市化、工业化的发展区域。翠亨则因地制宜，进行中山农事试验场、中山县立乡村师范学校建设，让乡村更加乡村，朝着全国乡村模范的方向而努力。可以说，这一时期的发展思路另辟蹊径，发展定位志存高远。

---

① 李楚材：《忆于右任先生二三事》，中国人民政治协商会议陕西省委员会文史资料委员会等编：《于右任先生》，西安：陕西人民出版社，1991年，第165页。
② 于右任著，杨博文辑录：《于右任诗词集》，长沙：湖南人民出版社，1984年，第198－199页。

在经济方面，翠亨利用山清水秀的环境发展大型农场。而文化教育方面，则是希望建设乡村学校凝聚乡里，带动乡村政治、文化水平的进步。让翠亨成为一个更美好的乡村，这样的发展宗旨和民国时各地游客来到翠亨的第一印象是相符的——孙中山先生的故乡是一个朴素优美的乡村，中山先生简朴的故居、宁静的故乡与他卓越的地位成就形成强烈的反差，让游客们生起更加浓烈的敬佩爱戴之情。[1] 翠亨可以说是当时中国最特殊的一个乡村，这里是孙中山的故乡，爱国的知识分子们选择翠亨作为改革试验的基地"践行遗教"，是想把翠亨建设成为中国乡村的楷模，进而推广到全国其他区域，抵抗乡村衰败的潮流。

这样的做法在今天也具有很强的启迪意义。从民国到今天，珠三角地区各地都不缺高耸入云的摩天大楼和规模庞大的产业园区，反而缺少生态优美、环境整洁、村容美丽、底蕴浓厚的新式村庄。翠亨在历史上一直是一个小而美的乡村，无论从保护孙中山成长的历史地理环境出发，还是从在大湾区发展中找到独特立足点着眼，最适合翠亨的路线就是保护好自然生态环境，将翠亨打造成大湾区最负盛名的乡村，在城市化浪潮中保持一份原始和纯朴，大搞钢筋水泥的同质化建设只会破坏翠亨独特的历史地理环境，让这个钟灵毓秀的村庄"泯然众人矣"。当然，让乡村更加乡村，并不是意味着就是贫穷和落后，乡村也能优美、富有和文明。

（二）向海拓展——更加广阔的伟人故里开发区域

从现存中山农事试验场的记载和农场勘界地图来看，模范县时期的开发范围早已超越了小小的翠亨，延伸到附近的竹头园和东边的海边一带，甚至到了崖口的边缘。

古桂芬关于中山农事试验场的一个设想非常有意思，他提议从农场修路到崖口山海滨，终点在最近的通海口六顷涌口。因为条件限制他的设想没能成功，但是给了我们一些启示：孙中山故里的开发不用局限于一村一路，可以跳出旧岐关路对地埋格局的割裂，让翠亨与周边的金槟榔山、牛头山、竹头园乃至崖口、石门连片开发，甚至延伸到海边，给孙中山故里旅游区域一个出海口。这既可以展现孙中山成长环境中海洋因素的重要性，又可以在旅游开发过程中发展海上交通、拓宽景观资源。

六、结语

综上所述，20 世纪 30 年代一批先进知识分子远离城市的喧嚣来到翠亨，从教育、农业两个方面入手，设立中山县立师范学校和中山农事试验场两所机构，它们虽然分属不同机构管辖，但在翠亨的发展却有一些共同之处。比如都因翠亨是孙中山故乡而选址；都想在这里实践"总理遗教"，开展当时最先进的教育或农业实践，为这个小小的山村带来了优秀的人才和先进的技术理念；都引起了社会瞩目，成为中山模范县

---

[1] 如许复七《新年中的旅行》、心灵《今日的圣地》、白熊《恭谒总理故乡》等文均表达了这样的感情。

建设的展示窗口，提升了翠亨的经济社会发展质量，充实了翠亨的旅游观光资源。

希望将孙中山故里翠亨建成全国乡村建设的楷模，代表了一批知识分子想发展总理故乡的主张，背后也隐藏着他们从基层入手改造社会进而影响全国的迫切愿望，这样的决心是伟大的，是可歌可泣的。翠亨的试验虽没有取得预期的成就，只影响了乡里而未能成为全国标杆，但是他们为翠亨设计的发展路径在今天看来也具有许多的闪光点，试验中涌现的重视科教与人才、因地制宜保护生态、跨区域合作等思想，今天依然值得借鉴。

铭记这段壮志未酬的发展历史，汲取前人的经验教训，学习前人筚路蓝缕的奉献精神，发掘前人留下的思想资源，对于今天翠亨乃至中山在大湾区发展框架下树立文化自信、找准发展定位，具有积极的现实意义。这篇文章只是整理了一些基础史实、表达了一点粗糙的想法，希望能抛砖引玉，引起对这段历史的进一步发掘和整理。

中山探花牌坊探疑

易建鹏*

摘要： 中山沙溪的探花牌坊被誉为中山唯一的探花牌坊，2008 年被公布为广东省文物保护单位，但牌坊的简介却漏洞百出。本文根据清代文武进士的晋升途径、官方志书的记载，对刘其昌的身份展开分析，同时就出版物、公众号文章关于刘其昌的错误介绍加以澄清。

关键词： 刘其昌　探花牌坊　武进士

中山市沙溪镇龙瑞粥城内有一探花牌坊。牌坊附简介："同治元年（1862）刘其昌壬戌科武进士，殿试一甲第三探花及第，同年皇帝赐建牌坊一座。刘其昌（1828—1902），历任二等侍卫、翰林院编修、山东道御史巡抚中丞、刑科给事中，擢贵洲、广西按察使兼护理巡抚，授云南、广西巡抚等职。"

探花牌坊于 1990 年公布为中山市文物保护单位，2008 年公布为广东省文物保护单位。相信不少初见此牌坊者，会为省级文物保护单位中出现"贵洲"这种低级的错误而略感遗憾。略懂文史者，或许还能发现"山东道御史巡抚中丞"这个职务的怪异。清朝把全国划分为京畿、河南、江南、浙江、山西、山东等若干道（即监察区），每道设监察御史若干人。监察御史的职责是监督地方和中央的官吏。山东道监察御史，属于谏官、言官之类，负责稽核山东刑名及刑部、太医院事务。这类官吏虽品秩不高（从五品），但有"风闻言事"的权力，可以直接向皇帝上疏条陈。所以，监察御史一般由那些年纪轻、学问佳、直言敢谏的人士担任。清代巡抚多带副都御史衔，与御史中丞地位相当，故常用中丞称呼巡抚，但未见过"山东道御史巡抚中丞"这种表述。

以上错误只是这座牌坊露出的冰山一角。往细处深究，会发现更离谱的错误正被掩在这牌坊文本之后。

一、新科进士与赐建牌坊

对历史稍有了解者，对明清科举考试应不陌生。考生从县一级考试到省再到中

＊　作者简介：易建鹏，广东人民出版社《岭南文库》编辑部编辑。研究方向：香山历史与文化。

央，经院试、乡试到会试，身份由秀才到举人再到进士，面对的竞争极为激烈。能进入会试而未被淘汰者，即为进士。会试之后的殿试，是对进士排名的最后确定，其中前三甲赐进士及第，第一名称状元，第二名称榜眼，第三名称探花。清朝的读书人有几百万，进士一般三年考一次，一次录取三四百人。也就是说，全国平均每年不过才出 100 多名进士。根据学者何炳棣的研究，进士占总人口的比例是 0.000 048%，即百万分之零点四八。① 相对而言，今天的高考和公务员考试，已经简单很多。所以考进士不但要有实力，还要有运气。一旦考中进士，便意味着身份、地位、待遇从此与之前不同。除可步入仕途、经济上免除徭役、见了县官不用下跪等众人皆知的特权，新科进士可参加由礼部举行的恩荣宴，进士的姓名、籍贯和名次将被刻到国子监的进士碑上供后人瞻仰。与举人一样，新科进士还能得到旗匾银和冠服的奖赏。旗匾银又称牌坊银、坊价银，是供新科进士竖旗、挂匾、建牌坊的费用，使他们能光宗耀祖，显荣乡里。根据规定，清代新科进士赏给旗匾银 30 两，从户部领取。后来，一甲三名增加 50 两，共计 80 两。②

为新科进士建牌坊，可追溯到明太祖朱元璋时。根据顾祖训编《状元图考》："任亨泰，湖广襄阳人。有司推荐赴应天，由监生中式。廷试条对详切，即以天下为己任。上亲擢为第一，宠遇特隆。授修撰，每召建议，即赐手诏，书'襄阳任'，而不名'襄阳任亨泰状元及第'。太祖曰：'新状元得人。'敕有司立牌坊以荣之。故坊上特揭圣旨字，他坊惟恩荣小扁。此我朝天下牌坊之始。"③ 这里的任亨泰，是湖北襄樊明代唯一的一名状元。他开了以圣旨建牌坊表彰状元的先河。后来各地效仿，不但状元，进士乃至举人中式后都在家乡或所在的州县城里通衢建牌坊（通称科第坊）。到万历时，除个别文化落后、科第不振的偏远地区，全国多数府州县城都可见到科第坊。清承明制，为新科进士建牌坊的做法，也得到了继承。

根据牌坊提供的简介，刘其昌是同治元年的探花。如果资料属实，按照清朝的制度，"皇帝赐建牌坊一座"是完全没有问题的。诡异之处就在于，牌坊简介又称刘其昌是"壬戌科武进士"。这里的武进士和我们平时所说的"进士"是一回事吗？

答案显然是否定的。

二、武探花的含金量

较少人知道的是，古代的科举考试，除了文科，还有武科一途。清代的武举考试，始于顺治时代。"武科如同文科，分童试、乡试、会试、殿试四级考试。考中者

① 转引张宏杰：《曾国藩传》，北京：民主与建设出版社，2018 年，第 10 页。
② 孙立群：《中国古代的士人生活》，北京：商务印书馆，2014 年，第 75 页。
③ 郭皓政、甘宏伟编著：《明代状元史料汇编》（上），武汉：武汉大学出版社，2015 年，第 122 页。

也有武童生（武秀才）、武举人、武进士的称号。"① 具体而言，武科童试在县府举行，合格者为武秀才；武科乡试在省城举行，合格者为武举人；武科会试在京城举行，合格者为武进士；武科殿试在皇宫举行，殿试前三甲为武状元、武榜眼、武探花。②

历史学者茅海建在《天朝的崩溃：鸦片战争再研究》一书中，简略介绍了清朝的武举考试："武科分外场和内场。外场考骑射、步射、拉弓、举石、舞刀诸项。外场合格后，入内场，考策、论两篇，以'武经七书'（《孙子》《吴子》《司马法》《尉缭子》《唐太宗李卫公问对》《三略》《六韬》）为试题。"

宋代以来，崇文抑武成为社会风尚，"好铁不打钉，好男不当兵"可谓深入人心。流风所及，参加武科考试的人员多为文化素质较低的武员，军官（即使是武状元出身）被视为一介鲁莽武夫，"不学无术"成了军官的基本标志。考试中将"一旦"两字写作"亘"，将"丕"字写作"不一"的比比皆是。许多考生入内场不知如何下笔，更是司空见惯之事。鉴于考生们在内场的糟糕表现，嘉庆年间，内场考试改为默写《武经》百余字。"定例武科以外场为重，弓力强弱最要，马步箭以一时之长短次之，默写武经特其余事。"内场由此而成虚设。道光帝更是明确下旨"武科之设，以外场为主"，将武科举的名次集中于一项，即拉硬弓。选择军官的标准，基本就局限于膂力了。③ 以至于有中式者根本不识字。到武殿试环节，皇帝亲阅"马步箭""弓刀石"，"甲第以马步箭弓刀石之高下为准，一甲、二甲及三甲前十余名，皆在校阅时钦定"。④ 也就是说，即使是到了皇帝亲自面试的殿试环节，武试考的仍主要是膂力。周星驰主演的电影《武状元苏乞儿》中，主角苏灿参加武科考试，一度因武功而胜出，最后被指连自己的名字也不会写，由是构成欺君之罪而被贬为乞儿。其实在历史上，像苏灿这样中武举却不识字者不在少数。可笑的是，有些文章对刘其昌的描写，精彩程度堪比武侠小说：

据说，同治元年武状元开考那天，同治皇帝御驾亲临，观看武进士比武。轮到刘其昌舞长剑时，只见剑光不见人影，忽然，刘其昌手中的长剑甩手飞向空中，旁观者皆失声大叫。只见刘其昌纵身一跃，伸出右脚一勾，顺手便把长剑抓回手中。武罢，同治皇帝问刘其昌："爱卿这一套剑，朕从未见过，到底是何套

---

① 茅海建：《天朝的崩溃：鸦片战争再研究》，北京：生活·读书·新知三联书店，2005 年，第 66 页。
② 言九林：《清代十万武举，不过是十万无知壮汉》，https://mp.weixin.qq.com/s/MRLGbb5qNRTLFnIIhGP8DA，2020 年 5 月 21 日。
③ 茅海建：《天朝的崩溃：鸦片战争再研究》，北京：生活·读书·新知三联书店，2005 年，第 66 页。
④ 商衍鎏：《清代科举考试述录》，北京：故宫出版社，2014 年，第 228、228 页。

路？"他叩首回答："皇上，那是我师傅传授的，名为'魁星踢斗'，今日演此，是为了借此祝颂大清在皇上的治理下，国泰民安，国富民强！"同治皇帝龙颜大悦："爱卿能武能文，真是难得的人才。"遂钦点刘其昌为武探花。

且不说武举考不考剑术，稍微具备史识的人应该知道，1862 年同治皇帝才 6 岁，一个小孩子能和考生这样交谈吗？

武进士中第后，也有相应的赏赐，但显然不能和文进士相比。商衍鎏著《清代科举考试述录》详录：殿试结束后，"赐武状元盔甲，巡捕营送武状元归第。次日在兵部赐会武宴，赏状元盔甲、腰刀、伞袋、鞋带、靴袜等项，诸进士银两。会武宴派领侍卫内大臣一人主宴，护军统领一人管宴，并多派人员看管"。① 相对于文状元由皇帝金口唱名赐第，新科进士与王公百官在皇宫正殿太和殿接受皇帝赏赐和检阅，武进士乃至武状元受到的礼遇显然差很多。会武宴的规格更不能和恩荣宴相提并论。至于武进士所受赏银中，是否包含建牌坊的费用，我们就不得而知了。

三、刘其昌究竟是文探花还是武探花

经过以上资料梳理可知，清代的武进士与文进士虽然都有进士之名，但含金量却有很大差别。在文官看来，武员不学无术，要严加看管，若稍事优容，必然志得意满，不是纵兵生事，就是自作聪明，冒领军功，事事与人为难。而在后人看来，武进士只是一群会骑马、能射箭、力气大、能默写一点指定书籍（默写内容一般百余字）的壮汉。② 因此，弄清楚刘其昌究竟是文探花还是武探花便非常重要。如果刘其昌是武进士，进翰林院当编修的可能性是微乎其微，更不用说官至云南、广西巡抚。这里面涉及文武进士的职业晋升问题。

武进士定甲第后，分别以武职录用。顺治三年（1646），一甲一名授参将（正三品），二名授游击（从三品），三名授都司（正四品）；二甲均授守备；三甲均授署守备。十二年（1655）定一甲一名至一百名选授营官武职，其余选授卫官武职。康熙十一年（1672）又改前半选营职，后半选卫职。二十九年（1690）于新武进士内选擢侍卫若干人，余补参将、游击、守备等官。雍正五年（1727）定一甲一名授一等侍卫，二名三名授二等侍卫；二甲选十名授三等侍卫；三甲选十六名授蓝翎侍卫；其余武进士以营、卫守备分别在兵部注册选用。乾隆元年（1736）简派大臣将注册之武进士再行考试拣选，分为三等，一、二等用营守备，三等用卫守备。③ 刘其昌任二等侍卫（正四品），正符合清制。据《高宗纯皇帝实录》记载，一、二等汉侍卫皆以行走三

---

① 商衍鎏：《清代科举考试述录》，北京：故宫出版社，2014 年，第 228、228 页。
② 言九林：《清代十万武举，不过是十万无知壮汉》，https://mp.weixin.qq.com/s/MRLGbb5q NRTLFnIIhGP8DA，2020 年 5 月 21 日。
③ 商衍鎏：《清代科举考试述录》，北京：故宫出版社，2014 年，第 228、228 页。

年为满，三等侍卫皆以四年为满。期满之后，部分分发到地方补武员缺，却未见过能入翰林院任编修的。

翰林院初置于唐代，本为内廷供奉之处，安置文学、经术、卜医、僧道、书画、弈棋人才，陪侍皇帝游宴娱乐。随着时代的发展，翰林院的职能发生了变化。清沿明制，翰林院掌编修国史、起居注，进讲经史，草拟有关典礼的文件。其长官为学院学士，以大臣充任，属官侍读学士、侍讲学士、侍读、侍讲、修撰、编修、检讨和庶吉士等统称"翰林"。翰林虽然没有实权，是为清贵之职，但门槛却极高。按清制，点翰林必为进士。一般情况下，修撰只能由状元担任，编修只能由榜眼、探花担任。在翰林院的官职上，修撰为正六品，编修、检讨皆为七品很难进入翰林院。二甲授职编修，三甲授职检讨，至正二品的内阁学士，内转侍郎，外放巡抚，可决其必将大用。但在翰林院的官职上，除状元特授"修撰"为正六品以外，编修、检讨皆为七品。就品位来说，修撰、编修、检讨都不如二等侍卫高。但就前途来说，翰林可外放为知府，或转"科道"成为言官，也可留馆为文学侍从之士，优异者内转侍郎、外放巡抚都有可能。

由以上文武进士职业晋升路径来看，牌坊中的简介明显存在异于传统之处。"二等侍卫"与"翰林院编修""云南、广西巡抚"不可兼得。我们再借助地方志书，很容易便能发现其中的问题。

四、史书中破谜团

根据牌坊简介，刘其昌是同治元年进士（暂不论文武），距离这个时间点最近的地方志书是同治十三年（1874）开始纂修、光绪五年（1879）完成的《光绪香山县志》。

《光绪香山县志》卷十一"选举表"，收录了顺治到同治年间香山县获得过功名的人物。在体例编排上，选举表分上下两列，上列录通过文科考试获得功名者，下列录通过武举人员名单。下列起始处有如下文字："以倪元璐言，时方需才，奏请殿试传胪，悉如文例，乃赐王来聘等及第出身有差。武举殿试自此始。"也是在下列，我们可以清楚看到刘其昌的身份介绍："隆都山谿角人，元年壬戌科第三十二名进士。殿试一甲第三名，二等侍卫。"① 由此可知，刘其昌为武进士无疑。注意，这里并没有刘其昌进翰林院的记载（事实上也不可能有）。要知道，进翰林院是极为光荣的事，如果刘其昌真有此殊荣，官方修撰的县志是不会不记载的。② 再查民国十二年（1923）刊印的《民国香山县志》，也未能找到刘其昌入翰林、任巡抚的记载。在读秀数据库

① 《中国地方志集成（光绪香山县志　民国香山县志续编）》，上海：上海书店、成都：巴蜀书社、南京：江苏古籍出版社，2013 年。
② 《中国地方志集成（光绪香山县志　民国香山县志续编）》，上海：上海书店、成都：巴蜀书社、南京：江苏古籍出版社，2013 年。

搜索关键字"刘其昌 进士"，可以查到，在章开沅主编的《清通鉴（同治朝 光绪朝 宣统朝）》有刘其昌武进士及第的记录："甲申（初五日），赐一甲史天祥、徐寿春、刘其昌三人武进士及第，二甲孟志远等八人武进士出身，三甲赵景清等三十二人同武进士出身。"① 在王炜编校的《〈清实录〉科举史料汇编》里也有刘其昌武进士的记录。②

由此可知，刘其昌确是武进士。那么，有没有可能刘其昌以武进士的身份出任巡抚呢？按照常规，这是很难的。巡抚为省级地方政府长官，总揽一省军事、吏治、刑狱等，绝非只懂几个字的武员所能胜任。除非刘其昌文武双全，能力超群，否则武进士出任巡抚绝对属于超小概率事件。

巡抚为地方大员，要在官方记载里找到证据并不难。《清代大学士部院大臣总督巡抚全录》（以下简称《全录》）收录清代自顺治至宣统 260 多年间曾任"大学士、尚书、总督、巡抚这四种官职"的 5 300 多名官员的简历。其中大部分人物史料取材于朱彭寿［1869—1950，光绪二十四年（1898）进士，历任内阁中书、侍读，官至典礼院直学士］所著之《皇清纪年五表》《皇清人物考略》和《皇清人物通检》。要查阅地方巡抚名单，《全录》是再适合不过的参考书了。笔者查阅《全录》中"云南巡抚""广西巡抚"目录，并未发现有刘其昌的名字。除了《全录》，陈淑所辑《光绪建元以来督抚年表》也是比较可靠的版本。检阅此书，也未发现刘其昌的名字。

综上，刘其昌确是武探花无误，但谓其历任"翰林院编修""刑科给事中""云南、广西巡抚"等职，并没有可靠的史料可支撑。那么，刘其昌后面这一串履历从何而来呢？这一系列经历，不像随意捏造出来的，最大的可能是编者张冠李戴，将其他人的经历当作刘其昌的。考虑到刘其昌是香山人，编者将其他香山进士的简历误作刘其昌的可能性更大。笔者尝试以"香山县 广西巡抚"为关键词在数据库中搜索，结果有了意外收获：一位名叫黄槐森的香山人曾出任广西巡抚。再查阅《全录》和《光绪建元以来督抚年表》，黄槐森赫然在列。

《全录》里介绍道：

> 黄槐森，字作銮，号植庭。广东香山人。道光十八年（1838）七月初六日生。同治元年壬戌科二甲进士。任（翰林院）编修，云南迤东道。光绪十六年（1890）授贵州按察使，迁广西布政使。二十一年（1895）八月授云南巡抚，二十三年（1897）十月改广西巡抚。③

---

① 章开沅主编：《清通鉴（同治朝 光绪朝 宣统朝）》，长沙：岳麓书社，2000 年，第 30 页。
② 王炜编校：《〈清实录〉科举史料汇编》，武汉：武汉大学出版社，2009 年，第 895 页。
③ 《清代大学士部院大臣总督巡抚全录》，北京：国家图书馆出版社，2010 年，第 843 页。

不难发现，黄槐森、刘其昌两人不但都是同治元年壬戌科进士（在《光绪香山县志》"选举表"中，黄和刘出现在同一页，黄位于上列，表明是文进士，刘位于下列，表明是武进士），而且黄出任的官职与牌坊中刘的官衔颇多重合：（翰林院）编修、贵州按察使、云南巡抚、广西巡抚。近年出版的某部专述香山进士的图书，同时收录了黄槐森与刘其昌的事迹。吊诡的是，书里两人不仅官职雷同，连出任的时间都基本相同。试比较：

> 刘其昌……后补山东道御史巡视中城，转掌云南道事，授刑科给事中。历任顺天文武乡试同考监试官、文武会试监试官、考试汉学教习官。光绪二年（1876）后，选直隶大顺广道、四川川北道，转任云南迤东道。历任贵州、广西按察使，护理广西巡抚，云南巡抚等职。光绪二十八年（1902）在家去世，终年74岁。
>
> 黄槐森……同治三年（1864）甲子科任顺天乡试同考官。同治七年（1868）戊辰科任会试同考官……同治九年（1870）四月补授山东道监察御史。同治十一年（1872）七月奉旨巡视中城。同治十二年（1873）五月调任云南道监察御史，……闰六月补授刑科给事中。光绪元年（1875）乙亥恩科任顺天乡试同考官。光绪二年（1876）正月奉旨补授直隶大顺广道。……光绪十年（1884）九月奉旨补授四川川北道。光绪十五年（1889）十二月奉旨补授云南迤东道。光绪十六年（1890）奉旨护理贵州巡抚。光绪十八年（1892）奉旨补授广西布政使。

很难想象这世上有两个人的仕途完全相同。合理的解释是，编者把黄槐森和刘其昌的事迹弄混了。而根据各方面的资料，任广西巡抚的只能是黄槐森，而不是刘其昌。值得一提的是，在广西巡抚任上，黄槐森在桂林倡办体用学堂（广西大学前身），这是广西近代史上第一所中西结合的新型学堂。

五、疑团未尽解

厘清刘其昌的真实身份后，我们将目光对准牌坊。根据介绍，探花及第牌坊是同治皇帝为表彰刘其昌的功名而赐建，刘其昌于1862年回乡兴建。但武探花含金量如此之低，也就谈不上什么功名，朝廷有无可能下旨赐建牌坊？如果刘其昌1862年就回乡兴建了牌坊，为何在光绪和民国版的《香山县志》里都找不到此座牌坊的记录？（县志里有设专节收录地方名建筑物，包括桥梁、寺庙、牌坊等）南区树涌村有探花墓，墓碑阴刻"显廿一世祖皇清例封探花考其昌刘公、一品夫人姓何氏全墓"。按旧制，夫人从夫品级，刘其昌为二等侍卫四品衔，他的夫人有可能为诰封一品夫人吗？

最后，既然牌坊简介中的大部分内容是伪造的，为何还能堂而皇之挂上去，牌坊简介的内容是否通过有关部门核查？以上疑点，期待有识之士提供令人信服的解答。

后 记

《中山社会科学论丛》是由中共中山市委宣传部主管、中山市社会科学界联合会主办、暨南大学出版社出版的哲学社会科学类学术出版物，专注刊登学术论文，其目的是提高中山社会科学研究水平和进行学术文化交流。

《中山社会科学论丛》前身是《中山社科》杂志，为社科理论研究类连续性内部资料性出版物，创刊于 1990 年，先后于 2010 年、2013 年更名为《中山人文社科》《中山社会科学》，并由季刊调整为双月刊。《中山社会科学》是中山市社会科学理论研究刊物的一个重要的品牌，在社科理论界以及省内同行中均享有良好的声誉和广泛的影响。至 2020 年 12 月，共编印出版 106 期，编发理论研究类文章 354 篇、社会治理类文章 216 篇、经济社会发展类文章 246 篇、历史文化类文章 312 篇。从 2021 年起，中山市社科联按照相关规定，将《中山社会科学》从内部资料性刊物调整为一年一本的学术集刊公开出版，名称变更为《中山社会科学论丛》。

本书是《中山社会科学》变更出版方式后的首次出版，在编写过程中，得到了中共中山市委宣传部、中共中山市委党校、电子科技大学中山学院、中山职业技术学院、中山火炬职业技术学院、中山开放大学，以及中山市有关部门、企事业单位和专家学者的大力支持。

《中山社会科学论丛》以粤港澳大湾区建设、文化兴城、孙中山研究、香山文化、社会治理、生态文明发展等为主体，同时兼顾哲学社会科学其他领域。本书将立足中山，辐射粤港澳大湾区，面向全国，为广大社科工作者提供优质的学术研究和交流平台。

感谢暨南大学出版社的编校人员对本书编辑排版多次提出宝贵建议。囿于编者水平及篇幅所限，本书恐有错漏之失，恳请大家指正！

本书编委会
2021 年 10 月